ALEXANDRA EHRLICHER

Die Finanzpolitik 1967-1976 im Spannungsfeld zwischen konjunkturpolitischen Erfordernissen und Haushaltskonsolidierung

Untersuchungen über das Spar-, Giro- und Kreditwesen

Abteilung A: Wirtschaftswissenschaft

Herausgegeben von

G. Ashauer, W. Ehrlicher, H.-J. Krümmel, F. Voigt

Band 143

Die Finanzpolitik 1967-1976 im Spannungsfeld zwischen konjunkturpolitischen Erfordernissen und Haushaltskonsolidierung

Von

Dr. Alexandra Ehrlicher

Duncker & Humblot · Berlin

CIP-Titelaufnahme der Deutschen Bibliothek

Ehrlicher, Alexandra:
Die Finanzpolitik 1967 - 1976 im Spannungsfeld zwischen konjunkturpolitischen Erfordernissen und Haushaltskonsolidierung / von Alexandra Ehrlicher. – Berlin: Duncker und Humblot, 1991
(Untersuchungen über das Spar-, Giro- und Kreditwesen: Abt. A, Wirtschaftswissenschaft; Bd. 143)
Zugl.: Freiburg (Breisgau), Univ., Diss., 1989
ISBN 3-428-07083-6
NE: Untersuchungen über das Spar-, Giro- und Kreditwesen / A

Fremddatenübernahme: Berliner Buchdruckerei Union GmbH, Berlin 61
Druck: Alb. Sayffaerth – E. L. Krohn, Berlin 61
Printed in Germany

ISSN 0720-7336
ISBN 3-428-07083-6

Inhaltsverzeichnis

Vierter Hauptteil

Die Konsolidierung 1976/77

Tabellen- und Abbildungsverzeichnis

Einführung

In der Finanzpolitik der Nachkriegszeit traten erstmals Spannungen zwischen konjunkturpolitischem Expansions- und haushaltspolitischem Konsolidierungsbedarf während der Rezession der Jahre 1966/67 auf. In der darauf folgenden Zeit wiederholten sich solche Konfliktsituationen zwischen konjunkturpolitischen Erfordernissen und haushaltspolitischen Wünschen oder Notwendigkeiten in kurzen Abständen unter den verschiedensten Konstellationen. Nach der Regierungsübernahme der sozialliberalen Koalition, deren erster Kanzler Brandt in seiner Regierungserklärung vom 20. Oktober 1969 ein umfassendes Reformprogramm angekündigt hatte, bildete sich bald ein Konflikt zwischen expansiven wohlfahrtspolitischen Wünschen und kontraktiven konjunkturpolitischen Erfordernissen heraus. Während der Abschwächung der Konjunktur Anfang der 70er Jahre zeigte sich ein — nach meiner Auffassung allerdings nur vermeintliches — Dilemma zwischen realwirtschaftlichem Expansions- und preispolitischem Kontraktionsbedarf.

Einen gewissen Höhepunkt erreichte diese Entwicklung in den finanzpolitischen Maßnahmen zur Bekämpfung der Rezession 1974/75 und der ab Herbst 1975 eingeleiteten Konsolidierung. In den Rezessionsjahren 1974/75 stieg die Verschuldung der Gebietskörperschaften (Bund, Länder und Gemeinden), die Ende 1966 92,3 Mrd. DM betragen hatte, von 167,8 Mrd. DM Ende 1973 sprunghaft auf 256,4 Mrd. DM Ende 1975 an. In Prozent des Bruttosozialprodukts bedeutete dies von 1973 bis 1975 eine Zunahme von 18,3 % auf 24,9 %. Besonders dramatisch stellt sich diese Entwicklung dar, wenn man die Nettoneuverschuldung, die sich von 8,8 Mrd. DM im Jahr 1973 über 27,3 Mrd. DM in 1974 auf 63,8 Mrd. DM im Jahr 1975 erhöhte, ins Verhältnis zu den Gesamtausgaben der Gebietskörperschaften setzt: Während 1973 nur 3,1 % der Gesamtausgaben aus Kreditaufnahme finanziert wurden, stieg dieser Anteil im Jahr 1974 auf 8,6 % und erreichte 1975 schließlich 17,7 %.

Angesichts der Schärfe des konjunkturellen Einbruchs — die Wachstumsrate des realen Bruttosozialprodukts (in Preisen von 1980) ging von 4,7 % in 1973 über 0,2 % 1974 auf –1,4 % im Jahr 1975 zurück — ist eine derartige Entwicklung in ihrer grundlegenden Tendenz keineswegs überraschend: Ein Konjunkturrückgang führt zwangsläufig zu konjunkturbedingten Steuermindereinnahmen und konjunkturbedingten Ausgabenerhöhungen. Die letzteren können dabei z.T. durch gesetzliche Regelungen vorprogrammiert oder in ad hoc beschlossenen Maßnahmen begründet sein. Das war tendenziell auch in diesen Jahren der Fall. Der Umfang der im Jahre 1975 zur Deckung der öffentlichen Haushaltsdefizite erforderlichen Kreditaufnahme war allerdings sowohl für die zuständigen finanzpolitischen Instanzen wie auch für die breite Öffentlichkeit, insbesondere die Kreditwirtschaft, überraschend. Am frühesten scheint die Entwicklung noch von der Deutschen Bundesbank erkannt worden zu sein. So schreibt sie in ihren Monatsberichten bereits im März: „Der Bundeshaushalt stand bereits in den ersten Monaten d.J. im Zeichen der starken Zunahme des Defizits, die für das ganze Jahr 1975 zu erwarten ist“ [1]. Im 1. Vierteljahr 1975 war die Verschuldung der Gebietskörperschaften um 10,0 Mrd. DM, im 2. Quartal um 13,7 Mrd. DM angestiegen. Diese Tendenz setzte sich im Jahresverlauf fort: So erhöhte sich die Kreditaufnahme im 3. Jahresviertel um 17,6 Mrd. DM und im 4. Quartal um 22,3 Mrd. DM [2].

Die Finanzpolitik hatte eine Zunahme der öffentlichen Verschuldung in dieser Größenordnung weder in der mittelfristigen Planung noch unter kurzfristigen Aspekten vorgesehen. Im mittelfristigen Finanzplan 1974 - 1978 des Bundes war für 1975 ein Finanzierungssaldo von 16,2 Mrd. DM angesetzt, im Haushaltsplan für 1975 von 22,8 Mrd. DM; der Haushalt schloß schließlich mit einem Finanzierungsdefizit von 33 Mrd. DM ab. Die Steuerreform, die zum 1. Januar 1975 in Kraft trat, war zunächst aufkommensneutral geplant. Da über die Finanzierung der geplanten Entlastungen bei der Einkommensteuer und der Kindergeldzahlungen keine Einigung zu erzielen war, wurde mit der Begründung, daß ein Defizit „in die aktuelle konjunkturelle Landschaft passe“, ein Beschluß gefaßt, der zu erheblichen Steuermindereinnahmen führte. Zunächst rechnete man für das Jahr 1975 mit Steuerausfällen von ca. 14 Mrd. DM, tatsächlich wurden es dann rund 18 Mrd. DM. Mehr als die Hälfte dieses Betrages, rund 10 Mrd. DM, entfielen auf zusätzliche Ausgaben für Kindergeldzahlungen, die restlichen 8 Mrd. DM resultierten aus reformbedingten Mindereinnahmen. Dazu kamen im Laufe des Jahres noch auslastungsbedingte Steuermindereinnahmen von 13,5 Mrd. DM sowie erhebliche Mehrausgaben, so daß sich schließlich das genannte Defizit von 63,8 Mrd. DM ergab.

Ob dieses Defizit für die finanzpolitischen Instanzen wirklich überraschend kam oder ob die höheren politischen Ebenen diese Entwicklung nur nicht wahrhaben wollten und ohne nähere Begründung auf eine Wende hofften, sei dahingestellt. Tatsache ist jedenfalls, daß die Information der Öffentlichkeit über die zu erwartende Entwicklung des öffentlichen Kreditbedarfs sehr zögernd und damit in Form immer neuer „Hiobsbotschaften“ erfolgte. Darin war es dann letztlich auch begründet, daß die für eine Rezession typische rückläufige Entwicklung des Kapitalzinses (Umlaufrendite der festverzinslichen Wertpapiere insgesamt) im Jahr 1975 plötzlich abbrach und von einer ansteigenden Tendenz abgelöst wurde, die nur durch massive Interventionen der Bundesbank — sie kaufte von

---

[1] Monatsberichte der Deutschen Bundesbank, Heft Nr. 3, März 1975, S. 11.

[2] Monatsberichte der Deutschen Bundesbank, Heft Nr. 8, August 1975, S. 59* und Heft Nr. 3, März 1975, S. 59*.

Juni bis November rund 7,5 Mrd. DM öffentlicher Anleihen auf — in Grenzen gehalten werden konnte.

Auch die Tatsache, daß sich im Bundesfinanzministerium angesichts des Zinsanstiegs in der zweiten Jahreshälfte Sorgen über die Möglichkeiten der Deckung verbreiteten, spricht dafür, daß die Situation unvollständig erkannt wurde. Tatsächlich bereitete die Finanzierung dieser Defizite, die zunehmend über Verkauf von Schuldscheinen an die Bankwirtschaft erfolgte, keinerlei Schwierigkeiten.

Wie stark die Besorgnis über die Entwicklung des Defizits war, geht am deutlichsten daraus hervor, daß die Bundesregierung, die noch im August 1975 ein „Programm zur Stärkung von Bau- und anderen Investitionen" über 5,75 Mrd. DM beschlossen hatte, am 10.9.1975 einen „Maßnahmenkatalog zur Verbesserung der Haushaltsstruktur" vorlegte. Dieser Maßnahmenkatalog wurde dann, als sich die konjunkturelle Situation in der zweiten Jahreshälfte mit einer leichten Zunahme der Investitionstätigkeit und der Auslandsnachfrage verbesserte, im Dezember in Form eines „Haushaltsstrukturgesetzes", das zum 1.1.1976 wirksam wurde, und verschiedener Steuererhöhungen, die zum 1.1.1977 in Kraft treten sollten, in Gesetzesform umgesetzt. Man erwartete sich von diesen Maßnahmen eine Kürzung der öffentlichen Finanzierungsdefizite in den Jahren von 1976 bis 1979 um etwa 96 Mrd. DM[3]. Für diesen geplanten Abbau der Nettoneuverschuldung hat sich die Bezeichnung Konsolidierung bzw. Konsolidierungspolitik durchgesetzt.

Ab Herbst 1975 zeichnete sich in Ansätzen ein neuer Aufschwung ab, der sich im Jahr 1976 mit einer Wachstumsrate von 5,6 % kräftig fortsetzte. Schon gegen Ende 1976 verlangsamten sich die Auftriebstendenzen zusehends und im Jahre 1977 wurde nur noch eine Wachstumsrate von 2,7 % erreicht.

In der Öffentlichkeit wurde die Konsolidierungspolitik der Regierung zunächst von verschiedenen Seiten nachhaltig unterstützt. So hielt der Wissenschaftliche Beirat beim Bundesministerium der Finanzen in seinem Gutachten „Zur Lage und Entwicklung der Staatsfinanzen in der Bundesrepublik Deutschland" vom 5. Juli 1975 in seinen Überlegungen zusammenfassend fest, „daß durch die nicht unerheblich über die Wachstumsrate des nominellen Sozialprodukts hinausgehende Steigerungsrate der Staatsausgaben einerseits und die Steuererleichterungen der Steuerreform andererseits ein strukturelles Finanzierungsdefizit des Staates entstanden ist, dessen Beibehaltung in der Aufschwungsphase des kommenden Wachstumszyklus zu einer wirtschafts-, sozial- und gesellschaftspolitisch bedenklichen Entwicklung führen müßte. Um diese zu verhindern, ist es erforderlich, daß Maßnahmen rechtzeitig ergriffen werden, die zu einem wesentlichen Abbau des zukünftigen Finanzierungsdefizits der öffentlichen Gebietskörperschaften führen. In Anbetracht der zur Überwindung der stukturellen Arbeitslosigkeit erforderlichen hohen Investitionstätigkeit kommen dafür vor allem eine Ein-

3 Bundestagsdrucksache 7/4101, S. 3.

schränkung der konsumtiven Staatsausgaben (einschließlich der Zuschüsse an die Parafisci) und / oder eine Erhöhung von Einnahmen, die auf eine Einschränkung der Konsumausgaben der Privaten zielen, in Frage"[4]. Als der Aufschwung jedoch dann, bevor er sich voll entfaltet hatte, wieder ins Stocken kam, mehrten sich schnell die Stimmen, die das frühzeitige Erlahmen der Auftriebskräfte der Konsolidierungspolitik zuschrieben. Später setzte sich weitgehend die Auffassung durch, daß im Herbst 1975 die erforderliche Intensität der Konsolidierung, deren generelle Notwendigkeit im allgemeinen nicht bestritten wird, noch nicht genau abschätzbar war und insofern die Maßnahmen der Regierung kaum zu kritisieren seien; aus rückschauender Betrachtung müsse man jedoch konstatieren, daß der Konsolidierungskurs zu hart war und damit wesentlich zum frühzeitigen Abbruch der Konjunktur beigetragen hat.

Die Stellungnahmen weichen dabei bei mehr politisch orientierten Autoren — je nachdem, ob sie der Regierung oder der Opposition näher stehen — nicht unerheblich voneinander ab. Das gleiche gilt für wissenschaftlich orientierte Äußerungen zwischen Autoren, die mehr angebotspolitische oder mehr nachfragepolitische Vorstellungen vertreten.

Aufgabe der vorliegenden Untersuchung soll es sein, die Spannungen zwischen konjunkturpolitischen Erfordernissen und Haushaltskonsolidierung in der Zeit von 1967 bis 1977 auf der Grundlage eines möglichst breiten Datenmaterials gründlicher zu untersuchen. Aus dem zeitlichen Abstand von gut einem Jahrzehnt und der Kenntnis der Entwicklungen, die sich seitdem vollzogen haben, ergeben sich zusätzliche Aspekte hinsichtlich des längerfristigen Rahmens, in den aus heutiger Sicht die damalige Konjunkturpolitik, insbesondere die Konsolidierungsphase 1975-77, zu stellen ist. Es seien hier besonders drei Aspekte hervorgehoben, die insofern miteinander zusammenhängen, als man aus heutiger Sicht feststellen kann, daß die Rezession 1974/75 nicht nur ein Konjunktureinbruch war, der den Abschwungsphasen der bis dahin in der Nachkriegszeit gezählten fünf Wachstumszyklen entsprach, sondern einen wesentlichen Einschnitt in der Nachkriegswirtschaftsentwicklung darstellt:

— Die im Januar 1975 erreichte Arbeitslosenzahl von 1,35 Mio. wurde in der folgenden Aufschwungsphase nur vorübergehend auf 0,9 Mio. im September 1976 abgebaut. Sie stieg dann erneut im Januar 1977 auf 1,25 Mio., erreichte in der Rezession 1981/82 im Januar 1982 1,95 Mio., überschritt im November 1982 erstmals die Zweimillionengrenze und konnte auch in dem gegenwärtigen Wirtschaftsaufschwung nur geringfügig abgebaut werden.

— Bis zur Rezession 1974/75 hatte sich im Bereich der Politik wie auch der Wissenschaft weitgehend die Vorstellung durchgesetzt, daß der Wirtschafts-

---

[4] Wissenschaftlicher Beirat beim Bundesministerium der Finanzen (1975): Zur Lage und Entwicklung der Staatsfinanzen in der Bundesrepublik Deutschland, in: BMF-Dokumentation, Nr. 15 vom 7. August 1975, S. 4.

ablauf durch geeignete wirtschaftspolitische Maßnahmen in Richtung auf einen einigermaßen stetigen Verlauf gestaltbar sei, daß der Wirtschaftsprozeß „machbar“ wäre, und insbesondere, daß schwerere Einbrüche relativ leicht aufzufangen seien. Dieses Vertrauen ist seit diesen Jahren nicht nur erheblich zurückgegangen, sondern teilweise ins Gegenteil umgeschlagen.

— Die Rezession stellt schließlich auch insofern einen Einschnitt dar, als sich das Muster der Wachstumszyklen, das für die Nachkriegsentwicklung bis dahin als charakteristisch angesehen wurde, nicht wieder voll durchgesetzt hat, ja daß sich nach Meinung mancher Autoren neue Ablaufsformen unter veränderter Determination herausgebildet haben.

Die folgende Untersuchung ist in vier Hauptteile gegliedert:

— Im ersten Teil wird ein Überblick über die wichtigsten Theoreme der Lehre vom öffentlichen Kredit gegeben, auf die sich diese Untersuchung in der kritischen Interpretation der Finanzpolitik von 1967 bis 1977 stützt. Von meiner Fragestellung her interessieren in erster Linie die Unterscheidung von Defizitarten, die schuldenpolitischen Konzeptionen und die konsolidierungspolitischen Strategien. Da die politische wie auch die wissenschaftliche Auseinandersetzung über die Finanzpolitik dieser Jahre entscheidend von der Kontroverse zwischen Angebots- und Nachfragetheoretikern geprägt war, stelle ich bei der Erörterung der drei Problembereiche auf die divergierenden Vorstellungen dieser Richtungen ab.

— Im zweiten Teil untersuche ich die „Konflikte der Finanzpolitik von 1967 bis 1974“. Die Analyse wird mit einem Überblick über die konjunkturelle Entwicklung während dieses Zeitraums eingeleitet. Anschließend wird die Konfliktsituation der Jahre 1967/68 unter dem Aspekt der „Konsolidierung bei expansiver Politik“ erörtert. In den Jahren 1969/70 stellt sich die Spannung zwischen konjunkturpolitischen und haushaltspolitischen Wünschen als „Konflikt zwischen kontraktivem konjunkturpolitischem Handlungsbedarf und expansiver wohlfahrtspolitischer Haushaltsgebarung“ dar. Die Jahre 1970/71 sind durch ein „Vermeintliches Dilemma zwischen realwirtschaftlichem Expansions- und preispolitischem Kontraktionsbedarf“ gekennzeichnet. In den Jahren 1972 bis 1974 bildet sich ein „Konflikt zwischen Inflation und Rezession“ heraus.

— Im dritten Teil mit dem Titel „Weitere Steigerung des Konsolidierungsbedarfs 1974/75“ führe ich die historische Untersuchung mit der Analyse der Rezession 1974/75 fort. Dieser kurze Zeitraum wird in Form eines eigenen Teils hervorgehoben, weil sich hier die konsolidierungspolitischen Probleme verstärkt aufbauen, die die Politik der folgenden Jahre bestimmen. In einem ersten Abschnitt werden die in hektischer Folge ergriffenen konjunkturpolitischen Maßnahmen dargestellt; in den beiden folgenden Abschnitten analysiere ich die wirtschaftliche Entwicklung dieser beiden Jahre im Hinblick auf das konjunkturpolitische und das schuldenpolitische Ergebnis.

— Im vierten Teil, der mit „Analyse der Konsolidierungspolitik 1975/77" überschrieben ist, wird eine eigene Stellungnahme zu der in der Konsolidierungsphase verfolgten Finanzpolitik versucht. Da die vorliegenden Urteile über die Konsolidierungspolitik zum Teil von Instituten erarbeitet wurden, die über einen großen Stab von Forschern verfügen, kann von vornherein nicht erwartet werden, daß sich grundlegend neue Einsichten ergeben. Gewisse Modifikationen in den bisherigen Interpretationen mögen dadurch anfallen, daß ich zum einen frage, worin die Unterschiede in der Beurteilung der Konsolidierungspolitik begründet sind; zum anderen hoffe ich, daß sich für die Interpretation dieser Politik aus dem inzwischen erreichten zeitlichen Abstand und der dadurch möglichen Einbettung in den weiteren historischen Rahmen einige zusätzliche Akzente setzen lassen.

In einem abschließenden Abschnitt will ich in Form eines Ausblicks andeuten, inwieweit sich meine Interpretation aus der wirtschaftlichen Entwicklung nach 1977 rechtfertigen läßt.

ERSTER HAUPTTEIL

Zur Theorie der Staatsverschuldung

I. Zur Entwicklung der Theorie der öffentlichen Verschuldung

In der Lehre von der Staatsverschuldung haben die Kontroversen zwischen Monetaristen und Keynesianern bzw. zwischen Angebots- und Nachfragetheoretikern nachhaltig Niederschlag gefunden. Die vertretenen Theorien, die Urteile über die in der Vergangenheit praktizierte Schuldenpolitik und die zur Lösung der aktuellen Probleme sowie für die künftige Politik vorgelegten Vorschläge gehen weit auseinander und lassen meist deutlich die „Herkunft" oder „Richtung" der Autoren erkennen. So weichen in der Politikberatung die monetaristisch-angebotspolitischen Vorstellungen des Sachverständigenrates meist weit von der keynesianisch-nachfragepolitischen Auffassung des DIW ab.

Auf einen vereinfachten Nenner gebracht — diese Kennzeichnung wird später differenziert — weisen die Nachfragepolitiker der Staatsverschuldung eine hohe Bedeutung für die Steuerung des Wirtschaftsablaufs zu und fordern einen entsprechenden diskretionären, an kurzfristigen Bewegungen der Wirtschaft orientierten Einsatz; die Angebotstheoretiker sehen in einer zunehmenden Staatsverschuldung eher ein Störelement des Wirtschaftsverlaufs und empfehlen eine längerfristige Orientierung der Finanzpolitik.

Die nachfragetheoretische Position hat ihre Wurzeln in der keynesianischen Theorie, insbesondere in der für ihre Konzeption entscheidenden Vorstellung, daß das Niveau der Wirtschaftstätigkeit von der monetären Gesamtnachfrage bestimmt wird. In den verschiedenen auf dieser Grundlage entwickelten Budgetkonzepten wird gefordert, daß der Staat die Schwankungen der privaten Nachfrage durch erhöhte eigene Nachfrage oder durch Maßnahmen, die die private Nachfrage anregen, stabilisieren solle; die zusätzlichen Ausgaben und / oder die Einnahmenausfälle seien aus Kreditaufnahme zu finanzieren. Für diese „situationsbezogenen" Anleiheprinzipien bzw. Budgetgrundsätze war ihre Kurzfristigkeit charakteristisch, die ja für die keynesianische Wirtschaftstheorie typisch ist.

Die monetaristisch-angebotstheoretischen Vorstellungen gehen auf die neoklassische Theorie zurück. Neue Fragestellungen wurden von der Wachstumstheorie aufgeworfen, die zunächst — insbesondere von Domar und Harrod — aus postkeynesianischer Sicht konzipiert wurde, später in der neoklassischen Variante

Solows stärkere Verbreitung fand. Im Zusammenhang mit der damit verbundenen Wiederaufnahme einer längerfristigen Betrachtung traten auch in der Finanzwissenschaft wieder die langfristigen Aspekte der Staatsverschuldung in den Vordergrund. Kennzeichnend dafür war etwa die Auseinandersetzung um das intergeneration-equity-Prinzip oder das pay-as-you-use-Prinzip[1]. Diese Rückbesinnung auf die längerfristigen Probleme der Staatsverschuldung hatte zur Folge, daß sich wieder eine skeptischere Einstellung gegenüber der staatlichen Kreditaufnahme durchsetzte.

In der jüngsten Entwicklung wird eine synthetische Behandlung der kurz- und langfristigen Aspekte durch Unterscheidung einer „strukturellen" und einer „konjunkturellen" Komponente des öffentlichen Kredits angestrebt. Diese Unterscheidung der Verschuldung zielt darauf ab, „welcher Anteil seiner Entstehung nach vorübergehender Natur ist, d.h. also nur im aktuellen Haushalt (oder solange der konjunkturelle Einbruch anhält) auftritt und welcher Anteil aufgrund der Ausgaben- und Einnahmeentscheidungen, die das aktuelle Defizit auslösen, als dauerhafte Deckungslücke auch in künftigen Haushalten verbleiben wird"[2]. Die konjunkturelle Komponente wird dabei in ein konjunkturbedingtes, konjunkturell-passives oder automatisches und ein antizyklisches, konjunkturell-aktives oder diskretionäres Defizit unterteilt.

II. Defizitarten

1. Vorbemerkung

Die Unterscheidung der Defizitarten in konjunkturelle und strukturelle ist im wissenschaftlichen und politischen Bereich heute allgemein verbreitet; in der präzisen Abgrenzung gehen die Auffassungen jedoch auseinander. Die Interpretationen, denen ich mich in den folgenden Abschnitten anschließe, sind weniger in bestimmten theoretischen Vorstellungen über die Steuerung des Wirtschaftsablaufs begründet, sondern aus der Definition der Konjunktur als „Auslastung eines gegebenen Produktionspotentials" und des Wachstums als „Ausweitung des Produktionspotentials" abgeleitet. Wenn man genauere konjunktur- oder ablaufstheoretische Vorstellungen zugrundelegt, kommt man zu differenzierteren Definitionen, in die dann schon die Ansätze schulden- oder konsolidierungspolitischer Konzeptionen eingehen. So kommt W. Scherf[3] vom kreislauftheoretischen Ansatz

---

1 Vgl. R. A. Musgrave (1958): Theorie der öffentlichen Schuld. Handbuch der Finanzwissenschaft (Hrsg.: W. Gerloff / F. Neumark), 2. Auflage, Bd. 3, Tübingen 1958, S. 68-137, S. 68 ff.

2 W. Ehrlicher (1979): Grenzen der Staatsverschuldung, in: Wirtschaftswissenschaft als Grundlage staatlichen Handelns. Heinz Haller zum 65. Geburtstag (Hrsg.: P. Bohley / G. Tolkemitt), Tübingen 1979, S. 27-46, S. 30.

her zu einem sehr viel weiter aufgefächerten Katalog von Defizitbegriffen; aus markttheoretischer Sicht würden sich andere Untergliederungen anbieten.

2. Das konjunkturbedingte Defizit

Unter dem konjunkturbedingten, konjunkturell-passiven oder automatischen Defizit werden die Mindereinnahmen und Mehrausgaben des Staates zusammengefaßt, die auf die konjunkturbedingte Unterauslastung der Produktionskapazitäten zurückzuführen sind. Die Einnahmenrückgänge des Staates kommen dabei durch die Verringerung des Aufkommens an Steuern und sonstigen Einnahmen zustande, die auf die Verminderung des Sozialproduktes bei unterstellt unveränderter Struktur des Steuersystems zurückzuführen sind. Bei hoher built-in-flexibility des Steuersystems reduzieren sich die Steuereinnahmen — wenn man Stabilität des Preisniveaus unterstellt — prozentual stärker als das Sozialprodukt. Geht man von einer inflationären Entwicklung aus, dann nehmen die Steuereinnahmen in der Regel zwar nicht absolut ab; sie bleiben jedoch hinter den Einnahmen zurück, die bei Vollbeschäftigung des Sozialprodukts anfallen würden. Die Mehrausgaben des Staates im Konjunkturrückgang ergeben sich durch vermehrte Transferzahlungen, zu denen der Staat im Rahmen gesetzlicher Regelungen bei Rückgang der privaten Einkommen verpflichtet ist. Wird der Haushalt der Sozialversicherung in die Betrachtung mit einbezogen, so sind zusätzlich die rückläufigen Beitragseinnahmen und die erhöhten Zahlungen an Arbeitslose zu berücksichtigen. Würde man die öffentlichen Ausgaben an den konjunkturbedingten Rückgang der öffentlichen Einnahmen anpassen und keine Transferzahlungen zum Ausgleich der ausfallenden oder rückläufigen privaten Einnahmen leisten, also kein konjunkturbedingtes Defizit zulassen, dann ginge von dieser Haushaltsgebarung des Staates ein zusätzlicher kontraktiver Einfluß auf den Wirtschaftsablauf aus.

Das konjunkturell-passive Defizit berechnet der Sachverständigenrat — er bezeichnet es als „konjunkturneutrales" Defizit — aus der Summe der „auslastungsbedingten Steuermindereinnahmen", der „Minderung im Deckungsbeitrag der ‚sonstigen Einnahmen'" und der „Normalverschuldung" abzüglich der „inflationsbedingten Steuermehreinnahmen". Die Problematik der Normalverschuldung lasse ich hier außer Ansatz; ich komme später darauf zurück. Im Übrigen besagt das so abgegrenzte konjunkturneutrale Defizit, daß mit Hilfe einer Kreditaufnahme in dieser Höhe die unabhängig vom Konjunkturverlauf geplanten Staatsausgaben aufrechterhalten werden können: die konjunkturell bedingten Mindereinnahmen müssen durch Kreditaufnahme ausgeglichen werden; die Ver-

3 W. Scherf (1989): Zur Abgrenzung und finanzpolitischen Bedeutung verschiedener Arten der Staatsverschuldung, in: Jahrbuch für Nationalökonomie und Statistik, Bd. 206, Stuttgart 1989, S. 136-159, S. 139 ff.

ausgabung der inflationsbedingten Mehreinnahmen, deren Entstehung auf die „kalte“ Progression des Steuersystems zurückgeht, hätte einen expansiven Effekt auf die Konjunktur, weshalb sie bei der Berechnung des konjunkturneutralen Defizits abgezogen werden müssen.

3. Das antizyklische Defizit

Unter antizyklischem, konjunkturell-aktivem oder diskretionärem Defizit versteht man jene Haushaltsfehlbeträge, die sich aus der kreditären Finanzierung diskretionärer, stabilisierungspolitischer Budgetmaßnahmen ergeben. Dieses Defizit stellt also neben dem konjunkturbedingten Defizit eine eigenständige schuldenpolitische Komponente dar; sie ist durch ein aktives Eingreifen in Form konjunkturpolitisch geplanter, antizyklischer Budgetmaßnahmen gekennzeichnet. Es kann sich dabei sowohl um die Finanzierung zusätzlicher staatlicher Nachfrage in Form von Ausgaben für Güter und Dienste wie auch um erhöhte Transferzahlungen oder um Steuersenkungen im Interesse einer Steigerung der privaten Ausgaben für Konsum- und Investitionsgüter infolge der höheren Verfügungseinkommen handeln. Die passive Reaktion des konjunkturbedingten Defizits stellt demgegenüber nur auf die Vermeidung eines prozyklisch wirkenden Rückgangs der staatlichen Ausgaben durch Anpassung an die sinkenden (bzw. langsamer zunehmenden) Steuereinnahmen und durch Verhinderung eines weiteren Rückgangs der privaten Nachfrage durch Unterstützungszahlungen ab. Abweichungen in der Definition bestehen insofern, als manche Autoren nur solche Defizite als antizyklisch einstufen, mit denen reversible Maßnahmen — also einmalige Ausgabenprogramme oder zeitlich befristete Steuersenkungen — finanziert werden; Defizite zur Finanzierung irreversibler Maßnahmen werden als strukturelle Defizite bezeichnet. Andere Autoren definieren grundsätzlich alle in einer Rezession anfallenden (über die konjunkturbedingte Verschuldung hinausgehenden) Defizite als antizyklisch; irreversible Ausgabenerhöhungen oder Steuersenkungen interpretieren sie als „Vorgriffe“ auf sich in einem künftigen Wachstumsprozeß selbst konsolidierende Maßnahmen. Ich schließe mich aus Gründen, die in den späteren Ausführungen deutlich werden, der ersteren Definition an.

Da es sich bei den beiden Defizitarten konjunkturbedingte und antizyklische Verschuldung um eigenständige Defizitkomponenten handelt, entspricht die zur Einleitung einer aktiven Konjunkturpolitik erforderliche Kreditaufnahme der Summe aus konjunkturbedingtem und antizyklischem Defizit. Die Berechnung der zur Behebung eines Konjunktureinbruchs erforderlichen Höhe der antizyklischen Kreditaufnahme, wie sie in der Vorstellung eines „konjunkturgerechten Defizits“ vertreten wird[4], ist nicht mit der Genauigkeit, wie sie für das konjunktur-

---

[4] Z. B. D. Biehl u. a. (1978): Konjunkturelle Wirkungen öffentlicher Haushalte. Kieler Studien, Nr. 146, Tübingen 1978, S. 87 ff.

bedingte Defizit angegeben wurde, möglich. Man hätte dazu von der Differenz zwischen der zur Vollauslastung des Produktionspotentials erforderlichen monetären Gesamtnachfrage, wie sie im Vollbeschäftigungssozialprodukt Ausdruck findet, und der aktuellen Gesamtnachfrage, wie sie sich in der Höhe des tatsächlichen Sozialprodukts niederschlägt, auszugehen. Weiterhin wären die Multiplikatoren zu schätzen, die für verschiedene Arten von Staatsausgaben und Steuersenkungen unterschiedlich hoch sind. Darüber hinaus müßte man berücksichtigen — und hier liegen die größeren Schwierigkeiten für eine genauere Abschätzung der erforderlichen Höhe eines antizyklischen Defizits —, daß man von den finanzpolitischen Impulsen (einschließlich der von ihnen ausgehenden Multiplikator- und Akzeleratorwirkungen) eine gewisse Behebung der Störfaktoren erwarten kann, die den konjunkturellen Nachfrageeinbruch bewirkt haben. Letztere Wirkungen sind besonders schwer abzuschätzen. Generell wird aus diesen Gründen heute kaum noch die Auffassung vertreten, daß durch das antizyklische Defizit (einschließlich der Multiplikator- und Akzeleratorwirkungen) die fehlende private Nachfrage voll kompensiert werden soll.

4. Das strukturelle Defizit

Das strukturelle Defizit als dritte Komponente der öffentlichen Kreditaufnahme wurde einleitend als jener Teil der Staatsverschuldung definiert, der bei Annäherung der Wirtschaft an die Normalauslastung weiter bestehen bleibt. Beim strukturellen Defizit handelt es sich nach dieser Definition also um jenen dauerhaften Finanzierungssaldo, der aus der längerfristigen Ausgabenplanung einerseits und aus der gegebenen Steuerstruktur andererseits resultiert, d. h. also auch bei Vollbeschäftigung besteht, wenn weder ein konjunkturbedingtes noch ein antizyklisches Defizit vorliegt; dementsprechend wäre die gesamte Nettoneuverschuldung, die der Staat bei Normalauslastung der Produktionsfaktoren eingeht, als strukturelles Defizit einzustufen.

In der Literatur finden sich neben dieser Definition des strukturellen Defizits auch andere Abgrenzungen, die nicht unerheblich voneinander abweichen. Dies ist darin begründet, daß in die Abgrenzung dieses Begriffs bestimmte Aspekte schuldenpolitischer Konzeptionen wohl unvermeitlich eingehen. Das wird besonders deutlich bei der Definition des Sachverständigenrats, der das strukturelle Defizit rein normativ abgrenzt, wenn er sagt: „Den Teil des Haushaltsfehlbetrags, den es zu konsolidieren gilt, nennen wir strukturelles Defizit“[5].

Die oben wiedergegebene Definition schließt — wie erwähnt — an die Kennzeichnung des Konjunkturphänomens als Problem schwankender Auslastung des Produktionspotentials an und ergibt sich aus der Definition der beiden konjunktu-

---

[5] SVR: JG 1983/84, TZ 235.

rellen Defizitarten gewissermaßen als komplementärer Begriff. Das Defizit, das nach Überwindung des Konjunktureinbruchs noch verbleibt bzw. auf Grund der irreversiblen Ausgestaltung der damit finanzierten Maßnahmen noch verbleiben würde, wird als strukturell bezeichnet, weil nach Erreichung der Vollbeschäftigung konjunkturelle Defizite ex definitione nicht mehr bestehen können[6]. Strukturelle Defizite bauen sich im Wirtschaftswachstum bei progressivem Steuersystem und konstanter Staatsquote ab.

Oberhauser geht bei seiner Definition des strukturellen Defizits — wobei er diesen Begriff generell als mißverständlich bezeichnet — mehr von konsolidierungspolitischen Vorstellungen aus. Er vertritt die Auffassung, daß konjunkturpolitisch motivierte Steuersenkungen oder Ausgabenerhöhungen auch in irreversibler Form vorgenommen werden können, wenn diese als Vorgriff auf den erweiterten Finanzierungsspielraum gelten können, der sich nach Überwindung des Konjunktureinbruchs im Rahmen des sich dann fortsetzenden Wachstumsprozesses ergibt. Er definiert das strukturelle Defizit deshalb nicht in Hinblick auf die Situation nach Überwindung, sondern vor dem Konjunktureinbruch als jene Kreditaufnahme des Staates, „die bereits vor Beginn des wirtschaftlichen Rückschlags bestand und seitdem andauert"[7].

Die Berechnung der strukturellen Komponente des Gesamtdefizits in der Definition, die auf die Situation nach Überwindung des Konjunktureinbruchs abstellt, mag in der Rezession mit gewissen Schwierigkeiten verbunden sein. Zum einen müssen die Daten der mittelfristigen Ausgabenplanung, an denen sich eine solche Berechnung orientieren müßte, u. U. durch die aktuellen Haushaltsplanungen korrigiert werden; zum anderen hängt die Höhe des Vollbeschäftigungssteueraufkommens bei einem progressiv ausgestalteten Steuersystem in einer tendenziell wachsenden Wirtschaft davon ab, wann die Vollauslastung der Produktionskapazitäten wieder erreicht wird. Die „ex-ante" Definition scheint insofern problematisch, als sie an den Schuldenstand eines bestimmten Zeitpunktes, nämlich „vor Beginn des wirtschaftlichen Rückschlags" anknüpft und damit alle Veränderungen, die sich bis zu einem späteren Zeitpunkt „vor Beginn eines neuen konjunkturellen Rückschlags" ereignen, unberücksichtigt läßt. Damit wird sie zunehmend unaktuell. Für eine „Fortschreibung" müßte nach dieser Definiton das künftige Wachstumstempo sowie die nach Überwindung des Konjunktureinbruchs zu erwartende Entwicklung der Staatsausgaben und der damit mögliche Konsolidierungsspielraum für die vorgezogenen irreversiblen konjunkturpolitischen Maßnahmen geschätzt werden.

---

[6] Eine weitere theoretische Fundierung dieser Definition ergibt sich erst aus später zu erörternden stabilitäts- und konsolidierungspolitischen Vorstellungen.

[7] A. Oberhauser (1985 a): Das Schuldenparadox, in: Jahrbuch für Nationalökonomie und Statistik, Bd. 200, Stuttgart 1985, S. 333-348, S. 342.

III. Schuldenpolitische Konzepte

1. Divergierende ablaufstheoretische und ordnungspolitische Vorstellungen

Die unterschiedlichen schuldenpolitischen Konzepte sind in divergierenden ablaufstheoretischen und ordnungspolitischen Vorstellungen begründet. Die theoretische Diskussion, die zu Beginn der 70er Jahre noch unter der Bezeichnung „Monetarismus-Keynesianismus-Kontroverse" geführt wurde, erfuhr später unter der neuen Bezeichnung „Angebots- versus Nachfragetheorie" manche Modifikation[8].

Die Angebotstheoretiker gehen in Fortführung des Say'schen Theorems davon aus, daß die wirtschaftliche Entwicklung primär von der Angebotsseite, insbesondere den autonomen Investitionen, getragen und daß mit der Steigerung des Angebots über die dabei entstehenden Einkommen auch die Nachfrage geschaffen wird, die zum Absatz der steigenden Produktion erforderlich ist. Soweit bei Fehlentwicklungen der Wirtschaft steuernde Eingriffe empfohlen werden und diese sich auf eine Förderung der Investitionstätigkeit richten, ist damit nicht eine Ausweitung der monetären Nachfrage, sondern die Schaffung neuer Arbeitsplätze und neuer Kapazitäten beabsichtigt. Von den davon ausgehenden Impulsen erwarten die Angebotstheoretiker Anstoßeffekte für einen sich selbst tragenden Aufschwung. Einer kreditfinanzierten staatlichen Nachfrageexpansion stehen sie skeptisch gegenüber, da sie damit rechnen, daß die aus der staatlichen Kreditaufnahme resultierenden Zinssteigerungen über crowding-out-Effekte zum Ausfall privater Nachfrage führen oder daß die zusätzliche Nachfrage partiell auf noch vollbeschäftigte Kapazitäten trifft und damit eher Preis- als Mengeneffekte auslöst. Sie bezweifeln auch, daß die durch expansive Haushaltspolitik geschaffene zusätzliche Nachfrage als Indikator für verbesserte Absatz- und Gewinnerwartungen betrachtet wird, und neigen zu der Auffassung, daß die Unternehmer die erhöhte Nachfrage als temporär betrachten und auch dort, wo unausgelastete Kapazitäten vorhanden sind, nicht mit einer verstärkten Auslastung, sondern mit Preisanhebungen reagieren.

Die Vorstellungen der Nachfragetheoretiker fußen meist auf einer Kombination von keynesianischer Beschäftigungstheorie, Domar-Harrod'scher Wachstumstheorie und kaldorianischer Verteilungstheorie. Sie vertreten die Auffassung, daß sowohl die kurzfristigen Schwankungen der Wirtschaftsaktivität in Form unterschiedlicher Auslastung der Produktionskapazitäten als auch die Schaffung neuer

---

8 Zum folgenden vgl. Wissenschaftlicher Beirat beim Bundesministerium der Finanzen (1984): Gutachten zu den Problemen einer Verringerung der Netto-Neuverschuldung, Schriftenreihe des Bundesministeriums der Finanzen, Heft 34, Bonn 1984, S. 15 ff. und W. Ehrlicher (1985): Ein neuer Methodenstreit?, in: Jahrbuch für Sozialwissenschaften, Bd. 36, Göttingen 1985, S. 109-127, S. 109 ff.

Kapazitäten und damit die längerfristige Wirtschaftsentwicklung in erster Linie von der Entwicklung der monetären Gesamtnachfrage abhängt. Sie neigen dementsprechend dazu, den größeren Teil der Investitionen dem nachfrageabhängigen Typ der induzierten Investitionen zuzuordnen. Ohne die Bedeutung der Investitionen für die Schaffung neuer Arbeitsplätze zu verkennen, befürworten sie die Förderung der Investitionstätigkeit vielfach mehr im Hinblick auf die damit verbundenen Einkommens- und Nachfrageeffekte. Sie sind der Meinung, daß eine expansive Finanzpolitik überwiegend zu Mengeneffekten, d.h. also zu einer Ausdehnung des Outputs und nicht zu verstärkten Preissteigerungen führt. Die Gefahr eines crowding-out setzen sie überwiegend niedrig an und sind überzeugt, daß eine Politik des deficit-spending die Absatzerwartungen der Unternehmer nachhaltig verbessert und damit relativ schnell eine Wiederbelebung der Wirtschaftstätigkeit einleitet bzw. das wirtschaftliche Wachstum fördert.

Im Hinblick auf die finanzpolitischen Konsequenzen liegt der zentrale Gegensatz zwischen der angebots- und der nachfragetheoretischen Position im Unterschied der unterstellten Determinanten der Nettoinvestitionen: Angebotstheoretiker sehen das Vertrauen in die Erhaltung bzw. Wiederherstellung stabiler Rahmenbedingungen für die Entfaltung der — nach ihrer Meinung — tendenziell immer vorhandenen Unternehmerinitiative als den wichtigsten Bestimmungsgrund an; sie stufen dementsprechend die meisten Investitionen als autonom ein. Nachfragetheoretiker halten dagegen die Entwicklung der Gesamtnachfrage für die entscheidende Determinante; sie klassifizieren den größten Teil der Nettoinvestitionen als induzierte Investitionen.

Mit diesen divergierenden ablaufstheoretischen Vorstellungen hängen die kontroversen ordnungspolitischen Auffassungen eng zusammen. Die Angebotspolitiker vertreten die Auffassung, daß die Wirtschaft bei Beschränkung der staatlichen Regulierung auf die Festsetzung der Rahmenbedingungen zur Stabilität tendiert, daß exogene Schocks relativ schnell absorbiert werden und daß steuernde Eingriffe in den Wirtschaftsablauf — da der Zeitpunkt des Eintritts und die Intensität der Wirkungen unbestimmt sind — zur Übersteuerung der Wirtschaftsentwicklung führen können und damit eher destabilisierend wirken. Die Vertreter dieser Auffassung — sie wird von den Alt-Liberalen über die Neo-Liberalen und Monetaristen bis zu den Angebotspolitikern gepflegt — setzten sich im Rahmen ihrer ordnungspolitischen Vorstellungen dafür ein, daß die Staatsquote möglichst niedrig gehalten wird. Ihre ablehnende Haltung gegenüber dem Einsatz einer interventionistischen Politik begründen sie vor allem mit dem Hinweis auf die Gefahr eines crowding-out privatwirtschaftlicher Aktivität sowie der Möglichkeit von Inflationstendenzen.

Demgegenüber neigen die Befürworter einer interventionistischen Politik der Auffassung zu, daß der Wirtschaftsablauf ohne steuernde Eingriffe zur Instabilität tendiert, daß exogene Schocks durch multiplikative und akzelerative Mechanismen verstärkt werden und daß Gleichgewichtslagen bei Unterbeschäftigung möglich sind. Sie fordern dementsprechend steuernde Eingriffe der Geld- und Finanzpolitik, gelegentlich wird auch eine begleitende Einkommenspolitik für nötig gehalten[9]. Die Vertreter dieser Richtung — sie reicht von den Merkantilisten über die historischen Schulen zu den keynesianisch orientierten Nachfragetheoretikern — stehen einer gewissen Erhöhung der Staatsquote, die aus einer solchen Politik resultieren kann, nicht grundsätzlich skeptisch gegenüber.

Die hier als „reine" Typen gezeichneten gegensätzlichen Positionen wurden von einzelnen Autoren mit unterschiedlicher Strenge vertreten und zeigen in der „Mitte" fließende Übergänge.

Im folgenden werden mit den Konzepten des stabilisierenden, des antizyklischen, des kompensatorischen und des intergenerativen Budgets vier schuldenpolitische Modelle wiedergegeben, auf deren Grundlage seit den 50er Jahren das Spektrum der grundsätzlichen finanzpolitischen Orientierung von der Neutralität bis zu verschiedenen Formen und Graden des Interventionismus diskutiert wird. Die hier einleitend skizzierten kontroversen ablaufstheoretischen und ordnungspolitischen Auffassungen sollen dabei weiter über einige zur Rechtfertigung und zur Kritik der vier Konzepte vorgetragenen Argumente vertieft werden.

2. Das Konzept stabilisierender Budgetpolitik

Nach dem Konzept des stabilisierenden Budgetausgleichs wird gefordert, daß konjunkturbedingte Mindereinnahmen und Mehrausgaben durch Kreditaufnahme ausgeglichen und daß konjunktur- und inflationsbedingte Mehreinnahmen stillgelegt werden sollen. Bei den nach diesem Konzept geforderten Defiziten handelt es sich also um konjunkturabhängige Defizite im Sinne der oben erörterten Definition.

Die Forderung nach stabilisierender Budgetpolitik wird heute allgemein als die Minimalforderung an eine Finanzpolitik, die das Konjunkturgeschehen berücksichtigt, betrachtet. Sie hat ihre Rechtfertigung darin, daß der Staat durch seine Finanzgebarung mögliche Schwankungen der privaten Nachfrage nicht durch prozyklisches Handeln verstärken soll, indem er seine eigene Nachfrage im Abschwung den Mindereinnahmen, im Aufschwung bzw. bei Inflation den Mehreinnahmen anpaßt. Man kann deshalb sagen, daß sich die Forderung nach stabilisierender Budgetpolitik bzw. die Rechtfertigung konjunkturbedingter Defizite aus der Forderung nach Neutralität der Finanzgebarung ergeben. Insofern besteht hinsichtlich dieses Konzepts auch kein Dissens zwischen Angebots- und Nachfragepolitikern.

---

[9] Vgl. A. Oberhauser (1985 b): Lohnsteigerungen und Beschäftigung. Zur Absicherung wachstums- und beschäftigungspolitischer Strategien durch Lohn- und Vermögenspolitik, in: Wirtschaftspolitik und wirtschaftliche Entwicklung. Festschrift für Walter Hesselbach (Hrsg.: J. Langkau / C. Köhler), Bonn 1985, S. 201-216, S. 209 ff.

Neumark beschreibt die Praxis einer stabilisierenden Budgetpolitik folgendermassen: „Man geht von dem Zustand eines hohen Beschäftigungsstandes („an agreed high level of employment and national income“) aus und fixiert die Steuersätze dergestalt, daß die Steuererträge[10] unter diesen Umständen eine volle Deckung sämtlicher Staatsausgaben zuzüglich einer gewissen Schuldentilgung gestatten. Ohne Rücksicht auf Konjunkturschwankungen werden dann die Steuertarife solange aufrechterhalten, wie keine größeren Veränderungen in den für die Struktur der Staatswirtschaft entscheidenden Bedingungen und Faktoren eintreten, da, wie man glaubt, die Rückwirkungen, die eine Depression oder eine Aufschwungsbewegung ‚automatisch‘ auf den Staatshaushalt ausübt, in Verbindung mit den durch sie erforderten Deckungs- bzw. Schuldentilgungstilgungsmaßnahmen genau das sind, was zur Verstetigung oder ‚Stabilisierung‘ des Wirtschaftsablaufs notwendig erscheint“[11].

Wenn mit der stabilisierenden Budgetpolitik — in der hier dargestellten schematischen Sicht — erstmals in der Hochkonjunktur eingesetzt wird und bisher vom Staat keinerlei Kredite aufgenommen wurden, ergibt sich überhaupt kein konjunkturelles Defizit, da im Laufe der Hochkonjunktur die Überschüsse angesammelt werden, die dann in der nächsten Rezession zur Deckung des konjunkturbedingten Finanzierungssaldos wieder aufgebraucht werden können. Diese schematische Überlegung wäre in mancher Hinsicht zu relativieren: So könnte man sich — wie es ja in den Aufstiegsphasen der säkularen Kontradieff-Wellen der Fall war — vorstellen, daß die Zahl der Jahre guter Konjunktur über die Zahl der Rezessionsjahre hinausgeht oder daß — wie es während der Abschwungsjahre des Kontradieff der Fall war — die Krisenjahre überwiegen. Im letzteren Falle würden die Überschüsse der Aufschwungjahre nicht ausreichen, die Defizite der Baissejahre abzubauen. Es müßte also entweder die durchschnittliche Steuerquote angehoben werden oder es verbliebe nach jedem Konjunkturzyklus ein Restdefizit, das dann — soweit sich die längerfristige Konstellation nicht ändern würde — als strukturelles Defizit anzusehen wäre. In einer wachsenden Wirtschaft würden sich solche strukturellen Defizite — bei progressiv gestaltetem Steuersystem und konstanter Steuerquote — schnell konsolidieren.

Aus der uns heute geläufigen realwirtschaftlich-kreislauftheoretischen Sicht sind gegen konjunkturbedingte Defizite keine Einwände zu erheben — es sei denn, die Kritik richtet sich gegen die zu schwache Dosierung dieser Art der Kreditaufnahme, von der kein expansiver Impuls ausgeht. Der Staat hält mit Hilfe dieser Kredite seine Nachfrage nur auf dem Niveau (bzw. in einer dynamischen Wirtschaft auf dem Trend), das (den) sie vor dem konjunkturellen Einbruch

---

10 Im Original teilweise gesperrt.

11 F. Neumark (1952): Grundsätze und Arten der Haushaltsführung und Finanzbedarfsdeckung, in: Handbuch der Finanzwissenschaft (Hrsg.: W. Gerloff / F. Neumark), 2. Aufl., Bd. 1, Tübingen 1952, S. 606-669, S. 640.

hatte, und versucht, durch Transferzahlungen an Arbeitslose einen stärkeren Rückgang der privaten Konsumausgaben zu bremsen.

Die monetäre Alimentierung dieser Defizite beinhaltet — wenn die Zentralbank die Geldmenge mit einer konjunkturneutralen Rate, die sich etwa am Wachstum des Produktionspotentials orientiert, zunehmen läßt — allenfalls insofern Probleme, als bei einem Rückgang der Konjunktur die Umlaufsgeschwindigkeit des Geldes sinkt; dies müßte durch eine entsprechende Elastizität der Geldversorgung aufgefangen werden, die die Zentralbanken — auch im Rahmen von Geldmengenkonzepten — in der Regel einräumen. Probleme können auftreten, wenn die Zentralbank im Interesse der Bekämpfung eines Inflationsprozesses durch restriktive Geldpolitik zum Abbruch der Konjunktur beigetragen hat und bei verzögertem Rückgang der Inflationsrate diese Politik fortführt.

3. Das Konzept antizyklischer Budgetpolitik

Im Gegensatz zu den Anhängern „des ‚stabilising budgeting' geht ... die Lehre vom ‚budget cyclique' davon aus, daß es nicht genügt in Depressionszeiten ein dann ‚automatisch' auftretendes Defizit einfach ‚hinzunehmen' und darauf zu warten, bis ein neuer, irgendwie zur Entfaltung kommender Aufschwung ebenso ‚automatisch' Budgetüberschüsse erzeugt, vielmehr, daß man versuchen müsse, den Gang der Konjunktur durch finanzpolitische Maßnahmen aktiv zu beeinflussen“[12].

Während die Forderung nach stabilisierender Budgetpolitik heute allgemein als die Bedingung konjunkturneutraler Finanzgebarung akzeptiert wird, gehen die Vorstellungen über die Rechtfertigung und die Wirkungen einer antizyklischen Politik auseinander. Die oben beschriebenen divergierenden ablaufstheoretischen und ordnungspolitischen Vorstellungen schlagen sich dabei

1. in der Beurteilung der wirtschaftlichen Situation,
2. in den Empfehlungen zum Instrumenteneinsatz und
3. in der Einschätzung der Wirkungen antizyklischer Politik

nieder.

zu 1.:

In der *Beurteilung der wirtschaftlichen Situation* und der daraus abgeleiteten Notwendigkeit antizyklischer Politik wirken sich die unterschiedlichen Vorstellungen über die Effizienz der Marktkräfte insbesondere in der abweichenden Einschätzung vorhandener Arbeitslosigkeit aus. Nachfragetheoretiker neigen da-

---

[12] ebenda, S. 637.

zu, einen wesentlichen Teil einer anhaltend hohen Arbeitslosigkeit — insbesondere wenn noch gewisse freie Kapazitäten vorhanden sind — als „konjunkturell" einzustufen und sind deshalb der Meinung, daß sie mit nachfragepolitischen Maßnahmen reduzierbar sei. Angebotstheoretiker tendieren mehr dazu, bei anhaltend hoher Arbeitslosigkeit „strukturelle" Ursachen — wie immer diese definiert werden — zu vermuten und gewisse freie Restkapazitäten eher als technisch oder wirtschaftlich überholte Anlagen, die nicht mehr rentabel nutzbar sind, einzustufen[13].

zu 2.:

Hinsichtlich des *Instrumenteneinsatzes* legen Angebotstheoretiker großen Wert darauf, daß die antizyklischen Ausgabenerhöhungen und Steuersenkungen reversibel gestaltet werden, wie es bei konjunkturpolitischen Sonderprogrammen oder zeitlich begrenzten Steuersenkungen der Fall ist. Diese Maßnahmen sollen einen Impuls initiieren und deshalb auch so dosiert werden, daß dieser Impuls einschließlich der dadurch ausgelösten multiplikativen und akzelerativen Wirkungen ausreicht, aber auch nicht über die Größenordnung hinausgeht, die erforderlich ist, um die Normalauslastung des Produktionspotentials wieder zu erreichen. Die Ablehnung irreversibler Maßnahmen ist vor allem in der Sorge begründet, daß mit dem politisch eingängigen Argument der konjunkturpolitischen Notwendigkeit Steuergeschenke oder dauerhafte Ausgabenerhöhungen, die aus politischen Gründen erwünscht sind, durchgesetzt werden. Darüber hinaus wird argumentiert, daß zusätzliche Impulse, die bei Annäherung an die Vollbeschäftigung, geschweige denn nach Erreichung derselben noch anhalten, zu keiner mengenmäßigen Steigerung des Sozialprodukts, sondern nur zur Erhöhung der Inflation führen. Soweit nach Überwindung eines Konjunktureinbruchs bei voller Auslastung der Produktionskapazitäten noch Unterbeschäftigung besteht, wird diese als strukturell bedingt interpretiert und nur der Einsatz angebotspolitischer Mittel — etwa Maßnahmen zur Umschulung oder zur Schaffung neuer Arbeitsplätze — als geeignete Therapie angesehen.

Nachfragepolitiker stimmen dieser Argumentation im Prinzip zu. Divergenzen zur angebotspolitischen Position bestehen zum einen insofern, als in der keynesianischen Theorie die Grenze zwischen konjunktur- und wachstumstheoretischen Problemen nicht so scharf gezogen wird; zum anderen fordern die Nachfragepolitiker eine Ergänzung der Finanz- und Geldpolitik durch eine flankierende Einkommenspolitik. Darin ist es begründet, daß Nachfragepolitiker auch irreversible Maßnahmen wie etwa konjunkturpolitisch motivierte Steuersenkungen, wenn sie

---

[13] Eine diesbezüglich extreme Position wird von einigen Monetaristen eingenommen, die jede über ein gewisses Maß an „Sucharbeitslosigkeit" hinausgehende Unterbeschäftigung als „freiwillig" (u. a. in zu hohen Lohnforderungen bedingt) angesehen haben wollen.

sich in angemessenen Grenzen halten, als konjunkturpolitisch vertretbar ansehen. Sie interpretieren diese als „vorgezogene Maßnahmen“, die sich in einem späteren Wachstumsprozeß selbst wieder konsolidieren; darauf wird im folgenden Abschnitt zurückzukommen sein. In der weniger scharfen Trennung zwischen Konjunktur- und Wachstumsprozessen ist die Meinung begründet, daß sich — jedenfalls in bestimmten Situationen — auch höhere Wachstumsraten (im Sinne einer Steigerung des Produktionspotentials) erreichen lassen, wenn die Wirtschaft der Zugkraft einer höheren Nachfrage ausgesetzt wird.

zu 3.:

Die Möglichkeit, in bestimmten Situationen mittels antizyklischer Schuldenpolitik *Konjunktur- und Beschäftigungswirkungen* zu erzielen, wird auch seitens der Mehrheit der Angebotspolitiker nicht in Frage gestellt. Der Dissens zu den Nachfragepolitikern besteht in erster Linie darin, daß die Angebotspolitiker die Ursache der Unterbeschäftigung — wenn überhaupt — nur unter sehr restriktiven Bedingungen und damit seltener in mangelnder Nachfrage sehen. Sind diese Bedingungen nicht gegeben, dann rechnen sie damit, daß die erhöhte Kreditaufnahme des Staates zu crowding-out-Effekten und / oder zur Inflation führt.

Realwirtschaftliches crowding-out tritt nach ihrer Auffassung ein, wenn die zusätzliche kreditfinanzierte Nachfrage des Staates mangels ausreichender Elastizität der Produktion bei generell oder in speziellen Bereichen weitgehend ausgelasteten Kapazitäten zu direkter oder (über Preiserhöhungen) zu indirekter Verdrängung der privaten Nachfrage von den Konsum- oder Investitionsgütermärkten führt. Monetäres crowding-out wird durch Verknappung von Kapitalmarktmitteln oder steigenden Zinssätzen ausgelöst, wodurch insbesondere die private Investitionstätigkeit betroffen wird.

Neben diesen realen Verdrängungswirkungen sehen die Angebotspolitiker die Gefahr einer in der „falschen“ Situation oder „unangebracht lange“ betriebenen antizyklischen Schuldenpolitik vor allem in der Auslösung oder Verstärkung von Inflationsprozessen, die insbesondere dann auftreten, wenn die antizyklische Finanzpolitik von einer expansiven Geldpolitik unterstützt wird.

Die Nachfragepolitiker — im Rahmen ihres Gedankengebäudes wurde die Idee der antizyklischen Budgetpolitik ja konzipiert — sehen die Wirkungen antizyklischer Politik auf dem Hintergrund der oben angedeuteten konjunktur- und wachstumstheoretischen Vorstellungen in erster Linie in der Steigerung der Produktion, der Zunahme der Beschäftigung, der verstärkten Auslastung des Produktionspotentials und — in gewissen Grenzen — in der Ausweitung der Kapazitäten. Unterstellen sie schon generell eine erhöhte Reagibilität der Produktion auf Nachfrageschwankungen, so wird durch die Einbeziehung zusätzlich induzierter Investitionen unterstellt, daß im Laufe dieses Prozesses auch die Produktionskapazität erweitert wird. Den Reaktionen der Geldpolitik messen die

Nachfragepolitiker insoweit entscheidende Bedeutung zu, als sie eine hohe Elastizität der Geldversorgung als Voraussetzung für die angestrebte mengenmäßige Expansion halten. Inwieweit es im Laufe dieser Prozesse zu Preissteigerungen kommt, halten sie jedoch weniger für eine Frage der Geldversorgung als der autonomen Preissetzungsmacht der Unternehmungen und — noch stärker — der Lohnpolitik der Tarifpartner. Zur Vermeidung dieser Wirkungen wird — wie oben angedeutet — einer flankierenden Einkommenspolitik — sei sie nur absichernd oder aktiv steuernd — eine wichtige Rolle zugeschrieben. In diesem Sinne wurde von verschiedenen Autoren und Institutionen der Abschluß geeigneter Vereinbarungen zwischen den Tarifparteien unter Einbeziehung bestimmter Zusagen des Staates angeregt. So hat Oberhauser den Abschluß eines „Stabilitätspaktes" zwischen den Beteiligten zur Überwindung der Arbeitslosigkeit bei Stagflation vorgeschlagen. Danach soll sich der Staat dazu verpflichten, für eine Nachfrageexpansion zu sorgen, wobei es keine Rolle spielt, ob er selbst aktiv wird oder nur zusätzliche private Nachfrage initiiert. Die Gewerkschaften verpflichten sich, ihre Lohnforderungen am zusätzlich zur Verfügung stehenden Konsumgütervolumen auszurichten und verzichten damit auf einen Inflationsausgleich. Den Unternehmen wird nahegelegt, eine investive Gewinnbeteiligung anzubieten und schließlich soll die Zentralbank mit einer adäquaten Geldpolitik diese Vorhaben unterstützen[14].

4. Das Konzept kompensatorischer Budgetpolitik

Während die antizyklische Budgetpolitik nur einen gelegentlich vorübergehenden Eingriff des Staates — in Rezessionen und bei Überhitzung — fordert und davon ausgeht, daß die zur Finanzierung dieser Maßnahmen aufgenommenen Kredite wieder getilgt werden, geht das Konzept der kompensatorischen Budgetpolitik, wie es im Rahmen der von Abba P. Lerner und Alvin Hansen konzipierten functional finance entwickelt wurde, davon aus, daß eine störungsfreie Wirtschaftsentwicklung ein permanentes deficit-spending erfordert. „... das Konzept der Funktionalen Finanzpolitik weist die traditionellen Doktrinen einer ‚gesunden Finanzpolitik' ebenso strikt zurück wie das Prinzip, daß das Budget innerhalb eines Sonnenjahres oder eines anderen willkürlich gewählten Zeitraumes auszugleichen sei. An ihre Stelle wird gesetzt: Erstens die Anpassung des Gesamtausgabenvolumens ... zur Verhinderung von Inflation und Arbeitslosigkeit ... Zweitens, die Steuerung des privaten Besitzes von Geld und Staatspapieren durch Ausgabe von Anleihen oder Schuldenrückzahlungen seitens der Regierung, damit ein Zinsniveau erreicht wird, das die erwünschte Investitionsrate hervorruft; und drittens das Drucken, Horten und Vernichten von Geld, je nachdem wie es für die Durchführung der ersten beiden Teile des Programms notwendig ist"[15]. Die

---

14 Näheres hierzu bei A. Oberhauser (1985 b), S. 213.

Aufgabe der Finanzwirtschaft wird hier nicht mehr darin gesehen, öffentliche Güter bereitzustellen und für ihre Finanzierung zu sorgen. „Die wichtigste finanzielle Aufgabe für die Regierung (da diese Aufgabe von niemandem sonst erfüllt werden kann) liegt darin, sicherzustellen, daß das Ausmaß, mit dem in einer Wirtschaft Ausgaben für Güter und Dienstleistungen getätigt werden gleich jenem ist, bei dem zu gegebenen Preisen alle Güter, die erzeugt werden können, gekauft werden“[16].

Diese Theorien, die zum Konzept des kompensatorischen Budgets geführt haben, wurden in den 30er und 40er Jahren unter dem Eindruck der nach der Weltwirtschaftskrise in vielen Ländern anhaltenden Depression entwickelt. Sie beruhen wesentlich auf der Überzeugung, „daß in Nationalwirtschaften eines bestimmten Typs — sogen. ‚maturing economies‘ — eine strukturelle Depression mit dauernder Tendenz zur Unterbeschäftigung herrscht. Derartige Wirtschaften befinden sich m. a.W. im Zustand einer ‚secular stagnation‘ . . . , der im wesentlichen darauf zurückgeführt wird, daß ein Sinken der Geburtenüberschußrate zusammentrifft mit einem Schwinden der Möglichkeiten, wirtschaftlich unterentwickelte Gebiete kapitalistisch zu erschliessen, ferner mit einem Vordringen kapitalsparender Erzeugungsmethoden, die tendenziell zu Lasten zusätzlicher Investitionen gehen, einer technisch-ökonomischen Entwicklung, die mehr auf die Verbesserung bestehender Einrichtungen und Güter aus ist, als daß sie sich auf kapitalintensive ‚large-scale inventions‘ stützte, sowie schließlich mit der Tatsache, daß aus einer Reihe politisch-soziologischen Gründen der moderne Staat in immer stärkerem Maße Träger von Investitionen für Zwecke wird, die entweder essentiell neuartig sind oder aber früher zur Domäne der Privatinitiative gehörten“[17]. Aus all diesen Faktoren folgern die Theoretiker der Säkularen Stagnation, daß die Privatinitiative immer weiter nachlassen würde und die dadurch ausfallende private Nachfrage durch staatliche Nachfrage kompensiert werden müsse. „Makroökonomisch spiegeln sich alle diese Stagnationsfaktoren in einer tendenziell größer werdenden Lücke zwischen Sparen und Investieren; die Sparneigung der Privaten übertrifft laufend ihre Investitionsneigung, so daß immer wieder eine ‚ex ante Lücke‘ zwischen Sparen und Investieren auftritt. Die überschüssige Sparsumme, die von den Privaten nicht mehr nachgefragt wird . . . führt zu Einkommensausfällen und bringt jene säkulare Stagnation mit sich, die ein Gleichgewicht bei Vollbeschäftigung unmöglich macht“[18].

Die Entwicklung der Wirtschaft in allen industrialisierten Staaten in der Zeit nach dem Zweiten Weltkrieg hat die Vorstellung, daß reife Volkwirtschaften

---

15 A. P. Lerner (1979): Funktionale Finanzpolitik und Staatsschuld. Wiederabgedruckt in: Öffentliche Verschuldung (Hrsg.: E. Nowotny), Stuttgart, New York 1979, S. 87-94, S. 88.

16 ebenda, S. 87.

17 F. Neumark (1952), S. 639.

18 K.-H. Hansmeyer (1984): Der öffentliche Kredit I, 3. Auflage, Frankfurt 1984, S. 84.

generell zu einer Stagnation tendieren, so gründlich widerlegt, daß darauf nicht näher eingegangen werden muß. Auch die Ende der 70er, Anfang der 80er Jahre im Gefolge der 2. Ölkrise aufgetretenen Wachstumshemmungen werden kaum ernsthaft als säkulare Stagnation in diesem Sinne gedeutet. Soweit engagierte Nachfragepolitiker eine sehr extensive Einstellung gegenüber öffentlicher Kreditnahme vertreten, begründen sie diese Therapien doch mehr im Sinne des antizyklischen Budgetkonzepts.

Wenn hier trotzdem näher auf die kompensatorische Budgetpolitik eingegangen wird, dann deshalb, weil der Sachverständigenrat in der Begründung seines *Normaldefizits*[19] eine — wenn auch stark abgemilderte Form des kompensatorischen Budgetkonzeptes vertritt und diese Vorstellung — indem sie extensiver ausgelegt wurde — zu einer großzügigeren Einstellung gegenüber einer dauerhaften Kreditfinanzierung von Staatsausgaben und damit zur Steigerung der strukturellen Defizite beigetragen haben könnte.

Er postuliert dabei allerdings keine ablaufspolitische Notwendigkeit oder Verpflichtung der Regierung zu einer kompensatorischen kreditfinanzierten Nachfrageschaffung, sondern spricht nur von der „Zulässigkeit" oder „Unbedenklichkeit" einer gewissen Kreditquote des Staates. „Es ist stabilitätspolitisch durchaus unbedenklich, daß der Staat nicht nur in Zeiten der Konjunkturabschwächung oder der Rezession, sondern auch im konjunkturellen Gleichgewicht seine Ausgaben nicht voll durch laufende Einnahmen deckt, sondern — wie dies für den Unternehmenssektor als selbstverständlich gilt — teilweise durch Kredite finanziert, wenn die Volkswirtschaft hieran angepaßt ist"[20]. Als Begründung für die Zulässigkeit einer konjunkturneutralen Kreditfinanzierungsquote wird immer wieder angeführt, daß sich die Wirtschaft an diese Kreditaufnahme „gewöhnt", „angepaßt", auf sie „eingestellt" hat. Ob diese „Gewöhnung" mehr nachfragetheoretisch oder mehr markttheoretisch zu verstehen ist, wird nicht ausgeführt, manchmal klingen die Äußerungen mehr in die eine, manchmal mehr in die andere Richtung. Nachstehende Aussage ist mehr markttheoretischer Art: „... ist davon auszugehen, daß die Kreditmärkte darauf eingestellt sind, daß der Staat laufend einen bestimmten Teil anlagebereiter Mittel durch seine Kreditaufnahme beansprucht"[21]. Eine mehr nachfragetheoretische Sicht liegt folgendem Satz des Sachverständigenrats zugrunde: „In dem Maße, wie das Produktionspotential wächst,

19 Eine solche Interpretation mag — angesichts der heute ausgeprägt angebotstheoretischen Position des Sachverständigenrates — überraschen. Dies relativiert sich, wenn man sich vergegenwärtigt, daß das Konzept des konjunkturneutralen Haushalts, in dessen Rahmen das Normaldefizit ein integraler Bestandteil ist, in der ersten Hälfte der 60er Jahre, als die keynesianische Theorie noch herrschende Lehre war, entwickelt wurde und dementsprechend rein nachfragetheoretisch konzipiert ist. Überraschen könnte somit nur, daß der Sachverständigenrat — abgesehen von der Anpassung zeitlicher Bezugnahmen — an der grundlegenden Konzeption bis heute nichts geändert hat.

20 SVR: JG 1972/73, TZ 274.

21 SVR: JG 1974/75, TZ 214.

kann der Staat auch seine Ansprüche erhöhen, ohne daß sich daraus stabilitätspolitische Probleme ergeben; hielte er sich zurück, könnte sich eine Unterauslastung des Produktionspotentials einstellen“[22].

Eine theoretische Auseinandersetzung mit der Rechtfertigung des Normaldefizits ist insofern schwer möglich, als der Sachverständigenrat das „Gewöhnungsargument“ nicht nur recht unbestimmt definiert, sondern selbst einräumt, daß sich die Wirtschaft an andere Größenordnungen gewöhnen kann. „Auf die vielfältigste Weise — im Bereich der Finanzierungsströme, bei der Einkommensverteilung, in der Produktionsstruktur — ist die Volkswirtschaft daran angepaßt, daß der Staat ständig, also auch in konjunkturellen Normaljahren, einen Teil seiner Ausgaben durch Kredite finanziert. Aber wie groß ist dieser Teil?“[23]

Die grundsätzliche Kritik, die die Rechtfertigung einer Normalverschuldung in Höhe eines bestimmten Prozentsatzes des Produktionspotentials in Frage stellt, liefert der Sachverständigenrat selbst: „Denn hier ist nicht nur zu analysieren, sondern wertbezogen zu entscheiden, zu entscheiden darüber, an welche Normalverschuldung des Staates man die Wirtschaft unter Berücksichtigung der verteilungspolitischen Aspekte und der wachstumspolitischen Risiken, die in einer solchen Entscheidung liegen, zu gewöhnen versuchen will. Wer sich für eine hohe Staatsquote und eine hohe Normalverschuldung des Staates entscheidet, geht das Risiko ein, daß es zu unerwünschten konjunkturellen Reaktionen, kostenreichen Stabilisierungsaktionen oder gar zu dauerhafter Wachstumsschwäche kommt, die dann auf andere Weise wieder bekämpft werden muß ... Man kann den Eindruck gewinnen, daß der Staat in der Gewöhnungsphase durch Konjunkturprobleme und Wachstumsschwäche so viele Steuerausfälle und Ausgabenmehrbelastungen erleidet, daß der Ausgabenspielraum, den eine erhöhte Normalverschuldung schaffen soll, dadurch weitgehend aufgezehrt wird“[24].

Aus diesen Überlegungen zur kompensationstheoretischen Begründung eines dauerhaften Defizits zieht eine Reihe von Autoren den Schluß, daß man die Wirtschaft besser an kein Normaldefizit „gewöhnt“.

5. Das Konzept intergenerativer Budgetpolitik

Während die bisher diskutierten Budgetkonzepte auf die ablaufspolitische Steuerung des Wirtschaftsprozesses durch öffentliche Kreditaufnahmen abstellten, zielen die intergenerativen Budgetkonzepte auf intertemporale Verteilungs- und Belastungsprobleme. Da die kontroversen Richtungen der Angebots- und Nachfragetheoretiker zu diesen Fragen keine speziellen Positionen bezogen ha-

[22] SVR: JG 1976/77, Anhang V, S. 202.
[23] SVR: JG 1979/80, TZ 229.
[24] SVR: JG 1981/82, TZ 251.

ben, ist hier auch nicht darauf zu rekurrieren. Ablaufstheoretische Gesichtspunkte spielen allenfalls insofern herein, als mit zunehmendem Schuldenstand der Spielraum für ablaufstheoretisch orientierte Schuldenpolitik eingeschränkt wird.

In der Diskussion über die Möglichkeit einer zeitlichen Lastverschiebung durch öffentliche Kredite wird häufig der berühmte Satz von Lorenz v. Stein zitiert: „Ein Staat ohne Staatsschuld tut entweder zu wenig für seine Zukunft, oder fordert zu viel von seiner Gegenwart“[25]. Mit diesem Satz wird das Lastverschiebungsargument dahingehend definiert, daß durch Aufnahme langfristiger Staatskredite eine Verschiebung der Lasten heutiger Aufwendungen von der gegenwärtigen auf die zukünftige Generation, die den Nutzen dieser Leistungen genießt, erfolgt.

In der Lastverschiebungsdebatte wurde zunächst durch Unterscheidung in Real- und Nominallast eine Begriffsklärung und damit gleichzeitig eine weitere Auffächerung der angesprochenen Sachverhalte vorgenommen. Als Reallast wird die Inanspruchnahme von Ressourcen durch den Staat bezeichnet; da diese in der Gegenwart erfolgt, ist eine Verschiebung der Reallast in die Zukunft nicht möglich. Soweit in der Gegenwart ein crowding-out privater Investitionen erfolgt, wird ein zusätzliche Reallast auf die Zukunft durch Einschränkung des Wachstums der kommenden Perioden verschoben.

Unter nomineller Lastverschiebung wird die Belastung der späteren Generation in Form der Verzinsung und Tilgung der Kredite, die die frühere Generation aufgenommen hat, verstanden. Die gegenwärtige Generation wird bei einer Kreditfinanzierung im Verhältnis zu einer Steuerfinanzierung zusätzlicher Staatsausgaben einkommens- und vermögensmäßig entlastet; die zukünftige Generation muß die Zahlungen für Tilgung und Zinsen über Steuererhöhungen oder Ausgabensenkungen aufbringen. Diese nominelle Lastverschiebung wird mit dem Argument der intergeneration equity gerechtfertigt und als intertemporaler Verteilungsmodus das pay-as-you-use-Prinzips empfohlen.

Der wichtigste — seit Riccardo — gegen dieses Argument vorgetragene Einwand ist der „meritorische“ (Gandenberger) Aspekt. Mit der Kreditfinanzierung räumt der Staat dem Bürger eine Gegenwartserleichterung und eine Zukunftsbelastung ein. Da die Wirtschaftssubjekte — wenn der Staat die Zukunftsprojekte mit Steuern finanzieren würde — in der Lage wären, durch eigene, privatwirtschaftliche Kreditaufnahme eine Lastverteilung nach ihren Präferenzen vorzunehmen, werden ihnen offenbar Informationsmängel hinsichtlich der zu treffenden intertemporalen Entscheidung, verzerrte Präferenzen bzgl. der Kreditaufnahme, unzulängliche Berücksichtigung der Interessen der Nachwelt, falsche Bewertung sozialer Dringlichkeiten usw. unterstellt[26].

---

[25] Zitiert nach K.-H. Hansmeyer (1984), S. 125.

[26] O. Gandenberger (1983): Thesen zur Staatsverschuldung, in: Staatsfinanzierung im Wandel, Schriften des Vereins für Socialpolitik, N.F. Bd. 134, Berlin 1983, S. 843 - 865, S. 863 f.

IV. Konsolidierungspolitische Strategien

Unter Konsolidierung hat man in der Lehre vom öffentlichen Kredit früher die Umwandlung schwebender (kurzfristiger) Kredite in fundierte (langfristige) Anleihen oder die Zusammenfassung mehrerer, auf verschiedenen Laufzeiten und / oder Zinssätze lautender Anleihen zu einer einzigen Anleihe verstanden. Seit der starken Zunahme der öffentlichen Verschuldung in den Jahren 1974/75 und der dadurch ausgelösten schuldentheoretischen und -politischen Diskussion wird der Begriff der Konsolidierung im Sinne einer Zurückführung der Nettoneuverschuldung des Staates verwendet.

Die Diskussion über geeignete Wege der Konsolidierung nahm schon im Rahmen der damaligen Debatte breiten Raum ein. Sie erhielt neue Akzente, als die Regierung der sozialliberalen Koalition nach dem nochmaligen Versuch einer expansiven Nachfragepolitik in den Jahren 1978/79 mit den Beschlüssen vom 30. Juni und 20./21. September 1981 erneut auf Konsolidierungskurs zurückkehrte, der unter der neuen Regierungskoalition von CDU / CSU und FDP verstärkt weitergeführt wurde. Die unterschiedlichen Vorstellungen näherten sich dabei weder durch den Austausch von Argumenten, noch durch die Analyse der aktuellen Entwicklung einander an. Man gewinnt beim Studium der Diskussion im Gegenteil den Eindruck, daß die gegensätzlichen Positionen weiter ausgebaut wurden. Der Wissenschaftliche Beirat stellte in seinem „Gutachten zu den Problemen einer Verringerung der öffentlichen Netto-Neuverschuldung" vom 4. Mai 1984 fest, daß die unterschiedlichen Strategien für einen möglichen Abbau der Defizite, die sich aus den kontroversen theoretischen Vorstellungen ergeben, jeweils spezifische Vor-und Nachteile hätten, so daß keine als die von vornherein überlegene angesehen werden könne. Der Beirat unterschied nachstehende vier Strategien, wobei konsolidierungspolitische und schuldenpolitische Argumente im Sinne der in diesem Teil verwendeten Abgrenzung ineinander übergehen.

„— die Strategie des automatischen Abbaus (Strategie I),

— die Strategie eines Abbaus über expansive Konjunkturpolitik (Strategie II),

— die Strategie eines diskretionären Abbaus (Strategie III) und

— die Strategie einer strukturellen Veränderung des öffentlichen Haushalts (Strategie IV)"[27].

— Die I. Strategie vertraut darauf, daß die Konsolidierung der öffentlichen Haushalte mit der Wiederbelebung der Wirtschaft automatisch, d.h. ohne aktives Zutun des Staates eintritt. Mit einem einsetzenden Konjunkturaufschwung würden die Steuereinnahmen bei progressiv gestaltetem Steuersystem überproportional zum Wachstum des Sozialprodukts ansteigen und die konjunkturabhängigen Ausgaben zurückgehen, so daß der Staat von alleine

[27] Wissenschaftlicher Beirat beim Bundesministerium der Finanzen (1984), S. 26.

wieder finanziellen Handlungsspielraum gewinnt. Diese passive Konsolidierungsstrategie, die auf eine automatisch eintretende Haushaltsverbesserung zählt, setzt voraus, daß es ohne aktives Eingreifen des Staates zu einer konjunkturellen Erholung kommt. Bleibt die Wiederbelebung der Wirtschaft aus oder kommt es sogar zu einer weiteren konjunkturellen Verschlechterung, dann ist diese Strategie ungeeignet, einen Abbau des Haushaltsdefizits herbeizuführen.

— Die II. Strategie möchte die Staatsverschuldung durch ein zusätzliches Finanzierungsdefizit mittel- bis langfristig abbauen. Ihr liegt das nachfragetheoretisch begründete schuldenpolitische Konzept zugrunde, daß wirtschaftliche Rezessionen durch eine expansive Finanzpolitik, d.h. durch Ausgabenerhöhungen und / oder Einnahmensenkungen des Staates überwunden werden können. Durch zusätzliche Haushaltsdefizite, die eine entsprechende Ausweitung der Staatsnachfrage bzw. Initiierung privater Nachfrage bewirken, soll über die Belebung der Konjunktur und des Wirtschaftswachstums nicht nur ein Abbau des bestehenden strukturellen Defizits, sondern auch eine Selbstkonsolidierung der zusätzlichen Steigerung der Nettoneuverschuldung erreicht werden.

Während die Strategie I offensichtlich an das stabilisierende Budgetkonzept anknüpft, vertraut Strategie II auf die expansive Wirkung des antizyklischen Budgetkonzeptes. Hinsichtlich der Effizienz gelten dementsprechend zunächst die oben bei Besprechung dieser schuldenpolitischen Konzepte aufgezeigten Restriktionen, daß die zusätzliche Nachfrage, die über eine Erhöhung der Staatsausgaben bzw. eine Senkung der Steuereinnahmen entsteht, möglichst nur Mengen- und keine Preissteigerungen zur Folge hat und daß der weitere Anstieg des Haushaltsdefizits keine Zinserhöhungen und damit crowding-out-Effekte nach sich zieht. Darüber hinaus wird — jedenfalls von den Nachfragepolitikern — einer flankierenden Einkommenspolitik entscheidende Bedeutung zugemessen.

Hinsichtlich der spezifischen konsolidierungspolitischen Vorstellungen besteht zwischen den Strategien I und II insoweit kein Unterschied, als sie beide auf dem Gedanken der Selbst- bzw. Überkonsolidierung beruhen. Unterschiede bestehen insofern, als die erstere auf eine konjunkturendogene Automatik vertraut, die im Wiederaufstieg die Selbstkonsolidierung des konjunkturbedingten Defizits bewirkt. Die letztere geht davon aus, daß sich ohne antizyklische Defizite kein Konjunkturaufschwung einstellen würde; durch die kreditfinanzierten Maßnahmen wird die Erholung eingeleitet, in deren Verlauf die Steuereinnahmen steigen und die rezessionsbedingten Mehrausgaben wegfallen. Ob man dabei argumentiert, daß zunächst bis zur Erreichung der Vollauslastung das antizyklische und erst in einem anschließenden Wachstumsprozeß (unter der Bedingung eines progressiven Steuersystems bzw. eines schnelleren Wachstums der Einnahmen gegenüber den Ausgaben) das konjunkturbedingte Defizit abgebaut wird, oder ob schon durch den ersten Anstoß (u. U. sogar die Ankündigungseffekte) der antiyzklischen Maßnahmen endogene Konjunkturmechanismen wieder mobilisiert werden und damit sofort auch ein Abbau der konjunkturbedingten Defizite eintritt, ist eine Frage der Ursachen des Konjunktureinbruchs und der unterstellten Konjunkturtheorie. Gandenberger sagt zum Problem der Selbstkonsolidierung: „Könnte man in heutiger Lage mit nachhaltigen und nicht nur vorübergehenden realen Kreislaufwirkungen ... rechnen, so ergäbe sich eine Freudenbotschaft, die ich als Konsolidierungsparadox bezeichnen möchte: Bei durchschnittlichen Staatsausgabenquoten von fast 42 % (einschließlich Sozialversicherungsbeiträgen) und bei einem eingesparten Betrag für jeden vermiedenen Arbeitslosen von derzeit rund 14 000 DM im Jahr führen zusätzliche Defizite infolge ihres expansiven Effekts über ihre Beschäftigungswirkungen zu Haushaltsverbesserungen in ihrer eigenen Größenordnung: Die Defizite konsolidieren sich selbst"[28]. Oberhauser stellt dazu fest, daß sich antizyklische Defizite schon bei Einkommensmultiplikatoren zwischen 1,5 und 2 (einschließlich der Akzeleratorwirkungen) selbst konsolidieren und fügt hinzu, daß aber auch Multiplikatoreffekte möglich sind, die weit über 2 hinausgehen, „wenn die akzelerativen Folgewirkungen hoch sind und wenn die primäre Nachfragesteigerung die anfängliche Haushaltsbelastung des Staates wesentlich übersteigt"[29].

Gandenberger ist allerdings skeptisch, ob die Annahmen, unter denen ein solcher Selbstkonsolidierungsprozeß eintreten kann, nach einer Zeit anhaltender bzw. zunehmender Staatsverschuldung noch realistisch sind. Seine Skepsis richtet sich zunächst gegen die Effizienz der antizyklischen Schuldenpolitik. Bei anhaltend erhöhter Staatsverschuldung würden sich mittelfristige Verdrängungswirkungen durch „Erwartungen vom Indikatortyp" herausbilden, die mit fortschreitender „Dekonsolidierung" rechnen[30] und „verschärfend sowohl auf die nachfrageseitigen als auch die angebotsseitigen Rezessionsursachen"[31] wirken.

Betreffen diese Überlegungen zunächst wieder das schuldenpolitische Konzept, so führt er gegen den Gedanken der Selbstkonsolidierung die Erfahrung an, daß in Zeiten guter Konjunktur, in denen nach den Rezepten der antizyklischen Finanzpolitik die in Rezessionsjahren aufgebauten konjunkturbedingten und antizyklischen Defizite zu konsolidieren wären, dies nicht nur nicht stattfindet, sondern eher noch verstärkt strukturelle Defizite eingegangen werden: „Die Hochkonjunktur ... ist die hohe Zeit des politischen Mißbrauchs der Staatsverschuldung"[32].

Die theoretischen Voraussetzungen der Theoreme einer Selbst- oder Überkonsolidierung irreversibler konjunkturpolitischer Maßnahmen sind — je nach Art der ergriffenen Maßnahmen:

---

28 O. Gandenberger (1983), S. 848.

29 A. Oberhauser (1985 a), S. 336.

30 O. Gandenberger (1983), S. 853.

31 ebenda, S. 855.

32 ebenda, S. 847.

— die Progression des Steuersystems (oder zumindest ein im Trend schnelleres Wachstum der Einnahmen gegenüber der Zunahme der Ausgaben),

— die Konstanz der Staatsquote (oder ein im Trend langsameres Wachstum der Staatsausgaben gegenüber der Zunahme der Einnahmen) und

— die Annahme ausreichender Multiplikator- und Akzeleratoreeffekte.

Sind diese Bedingungen nicht gegeben, kommt es zu keiner Selbstkonsolidierung.

Die Progression des Steuersystems bzw. das schnellere Wachstum der Einnahmen gegenüber dem Ausgabenzuwachs ist Voraussetzung für eine Selbstkonsolidierung von irreversiblen *Ausgabenerhöhungen,* wenn die Ausgaben im Trend proportional zur Zunahme des Produktionspotentials ansteigen. Bei propotional ausgestaltetem Steuersystem, Indexierung oder kontinuierlichen diskretionären Tarifanpassungen und konstanter Staatsquote würde nach Überwindung der Rezession und Rückkehr auf einen Wachstumstrend ein strukturelles Defizit verbleiben, es sei denn, die bisherige Zunahme der Staatsausgaben wurde reduziert, so daß die in der Rezession beschlossenen zusätzlichen irreversiblen Ausgaben in diesen Spielraum hineinwachsen können.

Während des Untersuchungszeitraums wurde die Steuerquote — trotz progressiver Ausgestaltung des Steuersystems — u. a. über diskontinuierliche Anpassungen annähernd konstant gehalten. Soweit die antizyklische Politik mit irreversiblen Ausgabenerhöhungen betrieben wurde, mußte das, da die Ausgaben vor Einleitung der aktiven Konsolidierungspolitik überproportional zum Produktionspotentials wuchsen, zu einer weiteren Steigerung der Staatsquote und des strukturellen Defizits führen.

Die Konstanz der Staatsquote bei progressivem Steuersystem (oder zumindest eine geringere Steigerung der bisherigen Staatsausgaben gegenüber den Einnahmen) ist Voraussetzung für eine Selbstkonsolidierung der irreversiblen Maßnahmen, wenn diese in Form einer dauerhaften *Steuersenkung* vorgenommen wurden; dies gilt für eine Senkung von Steuern sowohl mit proportionalem als auch mit progressivem Tarif. Nach Überwindung der Rezession und Rückkehr auf einen Wachstumstrend nimmt das Steueraufkommen überproportional zu; eine Konsolidierung tritt nur ein, wenn die Staatsquote konstant bleibt oder jedenfalls weniger steigt als die Steuerquote[33]. Diese Bedingung war während des Untersuchungszeitraums nicht gegeben, die Staatsquote und das strukturelle Defizit stiegen. Die Staatsquote (als Verhältnis der Staatsausgaben zum Bruttosozialprodukt) nimmt zwar in der Rezession auf Grund der konjunkturbedingten Mehrausgaben bei Rückgang bzw. geringerer Steigerung des Bruttosozialprodukts zu und dem-

[33] Man könnte sich eine antizyklische Politik in der Weise vorstellen, daß der Tarif der progressiven Einkommensteuer und damit die Steuerquote in der Rezession gesenkt wird und daß die Steuerquote in der folgenden Aufschwungs- bzw. Wachstumsphase wieder auf das alte Niveau zurückkehrt.

entsprechend im Wiederanstieg ab. Mit zunehmender Erholung besteht jedoch die Tendenz, daß sich — wenn in Rezessionszeiten eine gewisse Zurückhaltung geübt wurde — die Anmeldungen von vermeintlichem oder tatsächlich „zurückgestautem" Bedarf häufen. Die folgende Hochkonjunktur wird dann im Sinne des obigen Zitats von Gandenberger nicht die „hohe Zeit" der Selbstkonsolidierung, sondern der Aufnahme neuer struktureller Defizite.

Hinsichtlich der für eine Selbstkonsolidierung erforderlichen Multiplikator- und Akzeleratorwerte wurde schon erwähnt, daß Oberhauser einen erforderlichen Multiplikator von 1,5-2 errechnet. Wenn er darauf hinweist, daß dieser auch höher sein kann, wäre umgekehrt anzumerken, daß er auf Grund von „Dekonsolidierungserwartungen" erheblich darunter bleiben kann. Inwieweit — unabhängig von kompensierenden Einschränkungen privater Nachfrage auf Grund solcher Dekonsolidierungserwartungen — überhaupt ein (realer) Multiplikatorprozeß stattfindet, ist vor allem davon abhängig, ob eine stabilitätsadäquate Lohnpolitik betrieben wird, da ansonsten Inflationsprozesse auftreten und die Zentralbank versuchen würde, über restriktive Maßnahmen den expansiven Prozeß zu unterbrechen. Aus diesem Grunde wird in theoretischen Erörterungen[34] eine solche Politik vorausgesetzt. In mehr finanzpolitischen Erörterungen wird das Selbstkonsolidierungstheorem meist in Verbindung mit der Forderung nach flankierender Einkommenspolitik — etwa über den Abschluß eines Stabilitätspaktes — vorgetragen.

— Die III. Strategie wird von den Angebotstheoretikern vertreten. Hierbei wird dafür plädiert, mit dem Abbau zumindest des strukturellen Defizits durch Ausgabensenkungen und / oder Einnahmenerhöhungen bereits in der Rezession zu beginnen. Von der Verminderung der öffentlichen Neuverschuldung erwarten die Vertreter dieser Strategie eine Anregung der privaten Investitionen durch eine Zinssenkung und eine Stärkung des Vertrauens in die Kontinuität und Solidität der Wirtschaftspolitik. Dahinter steht die Vorstellung, daß anhaltende Rezessionen weniger die Folge einer gesamtwirtschaftlichen Nachfrageschwäche, sondern auf angebotsseitige Störungen zurückzuführen seien. Zu diesen Fehlentwicklungen wird auch die hohe Verschuldung der öffentlichen Haushalte gerechnet, da sie aufgrund ihrer zinssteigernden Wirkungen und ihrer negativen Einflüsse auf die Zukunftserwartungen der Privaten deren Investitionsverhalten beeinträchtige.

  Der Beirat führt gegen diese Strategie selbst eine Reihe möglicher Einwände an, die teils mehr die budgetpolitischen, teils mehr die konsolidierungspolitischen Aspekte betreffen. Der wichtigste und aus kreislauftheoretischer Sicht nächstliegende Einwand geht dahin, daß durch die „Sparbeschlüsse", über die eine Konsolidierung erreicht werden soll, eine Senkung der Gesamtnach-

---

[34] S. etwa W. Scherf (1985): Budgetmultiplikatoren, in: Jahrbuch für Nationalökonomie und Statistik, Bd. 200, Stuttgart 1985, S. 349-363.

frage eintritt, die zu einem weiteren Konjunkturrückgang und damit zu einer weiteren Steigerung der konjunkturbedingten Defizite führt. Bei Senkung der öffentlichen Ausgaben tritt diese Wirkung unmittelbar, bei Erhöhung der Steuern mittelbar über die Reduktion der privaten Ausgaben ein. Vom Ansatz her ist diese Politik ja Parallelpolitik. Die Wirkungen können noch verstärkt werden, wenn sich die Unternehmer auf Grund „keynesianischer" Erwartungshaltungen in ihrer Investitionstätigkeit zurückhalten. Die Strategie III kann also nur Erfolg haben, wenn die Erwartungen „angebotstheoretisch" geprägt sind und die Konsolidierungsbemühungen crowding-in-Effekte auslösen, die die Kreislaufwirkungen der Sparbeschlüsse überkompensieren: „Die privaten Konsumenten und wichtiger noch die privaten Investoren setzen auf den wirtschaftlichen Aufschwung und schaffen ihn damit auch"[35].

— Nach der IV. Strategie soll eine Änderung der Einnahmen- und Ausgabenstruktur des Staates mittel- bis langfristig zu einer Konsolidierung der öffentlichen Finanzen führen. Dabei bleibt das Defizit der Ausgangsperiode zunächst unverändert, erst später soll diese qualitative Haushaltskonsolidierung über Veränderungen der Budgetstruktur auf der Einnahmen- und / oder Ausgabenseite zu erhöhten Einnahmen und verminderten Ausgaben und damit zu einem Abbau der Staatsverschuldung führen. Im Rahmen dieser Strategie bieten sich zwei Wege an:

  Eine Erhöhung der automatischen Steuer- und Ausgabenflexibilität kann dazu führen, daß sich bei einem beginnenden konjunkturellen Aufschwung die Steuereinnahmen stärker erhöhen und die Staatsausgaben stärker sinken als es bisher der Fall war, so daß das Gesamtdefizit abnimmt. Zum anderen können durch Strukturveränderung der Einnahmen- und Ausgabenseite positive Auswirkungen auf Wachstum und Beschäftigung erreicht werden. Die Umstrukturierung könnte so aussehen, daß das Gewicht in stärkerem Maße auf Ausgaben mit möglichst hohen Primär- und Sekundäreffekten und auf Einnahmen mit möglichst niedrigen Entzugseffekten gelegt wird. Auf der Ausgabenseite bietet sich die Substitution konsumtiver durch investive Ausgaben an, da die öffentlichen Leistungen als staatliche Vorleistungen in die Produktion eingehen und damit die privaten Investitionsbedingungen verbessern. Die Einnahmenseite kann aufkommensneutral so umstrukturiert werden, daß die Geldkapitalbildung be- und die Realkapitalbildung entlastet wird.

  Auch gegen diese Strategie lassen sich manche Einwände anführen. Aus nachfragetheoretischer Sicht ist anzumerken, daß zwar primär kein Nachfrageausfall auftritt, daß zunächst aber auch keine unmittelbaren Impulse durch Ausgabenerhöhungen gesetzt werden; die positiven Wirkungen einer erhöhten Ausgaben- und Einnahmenflexibilität werden aber erst effizient, wenn die Wirtschaft wieder stärker expandiert. Mittelbare Impulse auf die Nachfrage

---

[35] Wissenschaftlicher Beirat beim Bundesministerium der Finanzen (1984), S. 30.

können von der Umgestaltung des Ausgaben- und Einnahmensystems in konjunktur- und wachstumsfördernder Richtung ausgehen. Der Beirat diskutiert eine Vielzahl solcher Umgestaltungsmöglichkeiten zur Förderung der privaten Wirtschaftsaktivität, kommt aber zu dem Ergebnis, daß viele dieser Maßnahmen insofern „zweischneidig" sein können, weil das, was kurzfristig durch gesteigerte private Aktivität gewonnen wird, u. U. langfristig durch Effizienzverlust verloren gehen kann[36]. Generell stellt auch diese Strategie in starkem Maße darauf ab, daß erwartungsbedingte crowding-in-Effekte auftreten.

V. Abschließende Bemerkungen

Dieser Überblick über die gegenwärtig vertretenen ablaufstheoretischen Positionen und die daraus abgeleiteten schuldenpolitischen Konzepte und Konsolidierungsstrategien bestätigt die eingangs angedeutete Auffassung, daß sich im Gefolge der beiden Konsolidierungsaktionen von 1976/77 und 1981/82 die Vorstellungen gegenüber dem vorherigen Diskussionsstand nicht angenähert, sondern weiter differenziert haben. Dies legt die Schlußfolgerung nahe, daß in den Wirtschaftswissenschaften zusätzliches Erfahrungsmaterial — wie in diesem Fall die im Herbst 1975 eingeleitete Konsolidierungsaktion und die in ihrem Gefolge eingetretene Wirtschaftsentwicklung — keineswegs als Verifikations- oder Falsifikationstest zu einer Bestätigung oder Widerlegung der einen oder anderen Theorie bzw. Strategie geführt haben. Derartiges zusätzliches Erfahrungsmaterial bietet offenbar im Gegenteil, da angebots- und nachfrageseitige Zusammenhänge in der Regel gleichzeitig — jedenfalls potentiell — betroffen sind, beiden Seiten neue Anregungen, ihre überkommenen Vorstellungen auszubauen, zu verfeinern und in bestimmte Abläufe hineinzuinterpretieren.

Die Finanzpolitik der Jahre 1967 - 1977, die in den folgenden Teilen analysiert werden soll, stand immer wieder im Spannungsfeld zwischen konjunkturpolitischen Notwendigkeiten und haushaltspolitischen Erfordernissen bzw. Wünschen. Die Politik hatte in ihren Entscheidungen dementsprechend immer wieder zwischen divergierenden schuldenpolitischen Konzepten und kontroversen konsolidierungspolitischen Strategien zu wählen. Wenn diese Entscheidungen im Rückblick interpretiert und beurteilt werden sollen, dann steht man — nunmehr ex post — vor einer ähnlichen Wahl wie damals — ex ante — die Politiker. Es ist zu entscheiden, welche der kontroversen Argumente, die von Angebots- und Nachfragetheoretikern zur Begründung ihrer verschiedenen Konzepte und Strategien vorgetragen wurden, angesichts der eingetretenen Wirkungen „gegolten" haben.

---

36 ebenda, S. 31 ff.

Da die grundlegenden Positionen seit vielen Jahrzehnten diskutiert wurden, kann ausgeschlossen werden, daß die eine oder die andere in logischen Inkonsistenzen begründet ist. Die divergierenden theoretischen Erklärungen und politischen Empfehlungen beruhen vielmehr — neben vorgefaßten ordnungspolitischen Einstellungen — auf unterschiedlichen Annahmen über dominierende Verhaltensweisen. Diese können sich aber u. U. relativ schnell ändern. Damit ist schon gesagt, daß mein Anliegen in den folgenden Teilen nicht dahingeht, die Angebots- oder die Nachfragetheorie zu beweisen. Ich fasse die im vorstehenden Teil vorgetragenen Argumente vielmehr als Fragestellungen und Interpretationshilfen für das zu analysierende Datenmaterial auf.

ZWEITER HAUPTTEIL

Konflikte der Finanzpolitik von 1967 bis 1974

I. Die wirtschaftliche Entwicklung in der Zeit von 1967 bis 1974

1. Wachstums- und Konjunkturzyklen

Die Zeit von 1967 bis 1982 kann — wie angedeutet — in der Nachkriegswirtschaftsentwicklung der Bundesrepublik Deutschland als die „Periode der aktiven Konjunkturpolitik" bezeichnet werden. In der davorliegenden Phase von 1948 bis 1966 war die Finanzpolitik an verschiedenen, mehr längerfristigen Zielen orientiert: In der Wiederaufbauphase bis Mitte der 50er Jahre dominierte das wachstumspolitische Ziel, in der zweiten Hälfte der 50er Jahre setzte sich eine mehr verteilungspolitische Orientierung durch, die in den letzten Jahren vor der Krise 1966/67 durch eine auf verschiedene strukturpolitische Ziele gerichtete Politik abgelöst wurde. Die „Wende" von 1981/82, mit der die Zwischenphase der aktiven Konjunkturpolitik abgeschlossen wurde, bedeutete eine Hinwendung zu einer wieder mehr längerfristig orientierten Politik, wobei Ansätze dazu bereits in der zweiten Hälfte der 70er Jahre festzustellen sind[1].

Die Periode der aktiven Konjunkturpolitik der Jahre 1967 - 1982 kann als die Reaktion der finanzpolitischen Instanzen auf die Wiederkehr des konjunkturellen Zyklus der Vorkriegszeit angesehen werden. Dieser zyklische Verlauf, der für die Industrialisierungsphase des ganzen 19. Jahrhunderts charakteristisch war und in der Zeit nach dem Ersten Weltkrieg wieder eingesetzt hatte, fand — jedenfalls für Deutschland — mit der Weltwirtschaftskrise sein Ende. Die Zyklen der Zeit nach dem Zweiten Weltkrieg unterschieden sich dabei aber von den früheren Zyklen sowohl durch ihre Intensität als auch durch ihre zeitliche Ausdehnung. Während die Abschwungsphasen der Vorkriegszyklen in der Regel durch mehr oder weniger scharfe Einbrüche der Produktion, der Preise und der Beschäftigung gekennzeichnet waren, stellten die Zyklen der Nachkriegszeit bis 1966 nur Schwankungen in der Intensität des Wirtschaftswachstums bei auch in den Abschwungsphasen anhaltenden positiven Zuwachsraten dar. Man hat sie deshalb

---

[1] Vgl. W. Ehrlicher (1988): Wandlungen in den Konzepten der Geld-, Finanz- und Lohnpolitik 1948 - 1986, in: Herausforderungen der Wirtschaftspolitik. Festschrift zum 60. Geburtstag von Claus Köhler, Hrsg.: W. Flic / L. Hübl / R. Pohl, Berlin 1988, S. 315 - 336, S. 332 f.

auch, im Gegensatz zu den Konjunkturschwankungen der Vorkriegszeit, als „Wachstumszyklen" bezeichnet. In der zeitlichen Länge unterschieden sie sich dadurch, daß die früheren Zyklen eine Dauer von sieben bis zehn Jahren aufwiesen, während die Wachstumszyklen sich über dreieinhalb bis viereinhalb Jahre erstreckten. Auf eine — aus meiner Sicht angezeigte — Relativierung dieser Interpretation wird noch einzugehen sein.

Eine aktive Konjunkturpolitik wurde schon zu Beginn der 60er Jahre insbesondere aus Kreisen der Wissenschaft energisch gefordert. Die Deutsche Bundesbank bzw. die Bank Deutscher Länder hatte schon in den 50er Jahren eine ausgeprägt antizyklische Geldpolitik praktiziert[2]. Im Bundeskabinett waren es einerseits die Finanzminister, die sich aufgrund ihrer mehr fiskalischen Orientierung zu einer modernen Konjunkturpolitik noch nicht entschließen konnten, vor allem aber dürfte es der Bundeswirtschaftsminister Ludwig Erhard gewesen sein, der aus seiner gegen jegliche Art von Planung eingestellten Haltung eine solche Politik ablehnte. Die Phase der aktiven Konjunkturpolitik wurde mit der Regierungsübernahme durch die sogenannte Große Koalition, in der Karl Schiller Wirtschaftsminister und Franz Joseph Strauß Finanzminister waren, eingeleitet.

Nach dem groben Erscheinungsbild des Wirtschaftsablaufs in diesen fünfzehn Jahren der aktiven Konjunkturpolitik könnte man die These vertreten, daß sich der typische Verlauf der Wachstumszyklen verändert hat. Der Sachverständigenrat, der den Begriff der Wachstumszyklen geprägt und die einzelnen Zyklen der Nachkriegszeit beziffert hat, fährt zwar nach 1966 in der Zählung fort. So datiert er den Beginn des 5. Zyklus auf den Sommer 1967, des 6. Zyklus auf den Jahresbeginn 1972, des 7. Zyklus auf Sommer 1975. Nach diesem Zeitpunkt stellt er die Bezifferung ein und verwendet den Begriff des Wachstumszyklus zunehmend seltener. Man könnte gegen diese Einteilung und Kennzeichnung einwenden, daß der Rückgang der Wachstumsraten von 7,5 % im Jahr 1969 über 5,0 % in 1970 auf 3,0 % im Jahre 1971 angesichts des neuerlichen Anstiegs in den Jahren 1972 und 1973 nur eine gewisse Korrektur der zunächst überschießenden Bewegung in den Jahren 1968 und 1969 war. Es ließe sich auch die These vertreten, daß die ab 1970 einsetzende Abstiegsbewegung nur durch ein Zwischenhoch in den Jahren 1972 und '73 unterbrochen wurde. Beide Interpretationen laufen darauf hinaus, den 5. und 6. Wachstumszyklus als eine von 1967 bis 1975 reichende Konjunkturwelle zu betrachten (siehe Tabelle 1, S. 47).

Ähnlich könnte man auch die Entwicklung von 1975 bis 1982 interpretieren: Setzt man die Zählung des Sachverständigenrats fort, so würde der 7. Zyklus im Sommer 1975 einsetzen und schon Anfang 1978 sein Ende finden; auf den Jahresanfang 1978 wäre der Beginn des 8. Zyklus zu datieren, dessen Hochkonjunkturphase zum Jahresbeginn 1980 endet und der in die Rezession des Jahres

[2] Vgl. H. Schlesinger (1976): Geldpolitik in der Phase des Wiederaufbaus (1950-1958), in: Währung und Wirtschaft in Deutschland 1876-1975 (Hrsg.: Deutsche Bundesbank), Frankfurt am Main 1976, S. 555-607, S. 562.

1982 einmündet. Angesichts der zeitlichen Kürze der beiden Zyklen wäre es in diesem Fall noch naheliegender, die Bewegung von 1975 bis 1982 als eine einzige Konjunkturwelle zu interpretieren. Den Höhepunkt dieses Zyklus könnte man dann entweder schon 1976 mit der Wachstumsrate von 5,6 % ansetzen, die Jahre 1978 und '79 mit Wachstumsraten von 3,3 % bzw. 4,0 % wären dann als Zwischenhoch in der Abstiegsbewegung zu interpretieren; datiert man den Höhepunkt auf das Jahr 1979, dann wäre das Jahr 1977 mit der Wachstumsrate von 2,7 % als Zwischentief aufzufassen[3] (siehe Tabelle 1, S. 47).

Unabhängig davon, wie man diese Entwicklung interpretiert, geben diese Überlegungen zu der Frage Anlaß, ob die aktive Konjunkturpolitik dieser Periode den Wirtschaftsablauf in Form eines wie immer gearteten Musterzyklus entscheidend verändert hat. Die Beantwortung dieser Frage würde eine eigene Untersuchung erfordern und kann daher hier nicht gegeben werden.

Da der Untersuchungszeitraum zwischen beiden Rezessionen der Jahre 1966/67 und 1981/82 ausgespannt ist und innerhalb dieses Zeitraums die Rezession von 1974/75 den einzigen wirklichen Einschnitt darstellt, scheint es sinnvoll, als Hauptgliederung nach den beiden (längeren) Konjunkturzyklen zu unterscheiden. Innerhalb der dadurch abgegrenzten Abschnitte wird jedoch — schon deshalb, weil sich die Finanzpolitik stark an den Wendepunkten der Wachstumszyklen orientiert — immer wieder auch dieser kürzere Bewegungsrhythmus aufzugreifen sein.

2. Der Wirtschaftsverlauf 1967 bis 1974

In den Jahren 1966/67 ist es in der Wirtschaftsentwicklung der Nachkriegszeit erstmals zu einer Rezession mit einem Rückgang der realen Wachstumsrate gekommen. Diese Rezession bedeutete das Ende einer relativ einheitlich orientierten ersten Periode in der Wirtschaftspolitik der Nachkriegszeit. Wie schon angedeutet, lag das verbindende Element der auf wachstums-, verteilungs- oder strukturpolitische Zielstellungen gerichteten Maßnahmen in ihrer längerfristigen Ausrichtung. Kurzfristig orientierte Eingriffe in das wirtschaftliche Ablaufgeschehen lehnte der Bundeswirtschaftsminister und spätere Bundeskanzler Ludwig Erhard nachdrücklich ab und entschloß sich, auch nachdem die Inflationsrate seit 1963 stärker angestiegen war, nur zögernd zu konjunkturabschwächenden Maßnahmen.

Die neue Periode aktiver Konjunkturpolitik wurde durch die Regierung der Großen Koalition eingeleitet. Die „Magna Carta" dieser modernen Fiskalpolitik sollte eigentlich das „Gesetz zur Förderung der Stabilität und des Wachstums

[3] Es sei angemerkt, daß B. Rohwer in seiner Habilitationsschrift schon die Konjunkturbewegungen in den 50er und den 60er Jahren im Sinne solcher längeren Wellen, die durch Zwischenhochs bzw. Zwischentiefs unterbrochen sind, interpretiert. B. Rohwer (1988): Konjunktur und Wachstum. Theorie und Empirie der Produktionsentwicklung in der Bundesrepublik Deutschland seit 1950, Berlin 1988, S. 81 ff.

der Wirtschaft"[4] werden, das am 8.6.1967 verabschiedet wurde[5]. Die Planung eines solchen Gesetzes war bereits im Jahre 1964 eingeleitet worden. In den drei Jahren bis zu seiner Verabschiedung war die Wirtschaftsentwicklung von einer Phase der Hochkonjunktur in die erste stärkere Rezession der Nachkriegszeit umgeschlagen. Angesichts rückläufiger Inflationsraten und stagnierender Wirtschaftsentwicklung stand jetzt mehr die Wiederbelebung der Wirtschaft als die Stabilität des Geldes im Vordergrund, so daß die vorgesehene Kreditplafondierung für die Kreditinstitute aus der Gesetzesvorlage herausgenommen wurde[6]. Die neue Regierung legte bald einen neuen Entwurf vor, der von entsprechend veränderten Vorstellungen, die vor allem von dem damaligen Bundeswirtschaftsminister Schiller geprägt wurden, ausging. Diese Vorlage wurde dann im Juni 1967 verabschiedet. Es ist rückblickend überraschend, daß dieses Gesetz, das von Wissenschaftlern und Politikern damals als eine der fortschrittlichsten konjunkturpolitischen Regelungen angesehen wurde, in der darauf folgenden Zeit kaum angewandt worden ist. Die konjunkturpolitisch orientieren finanzpolitischen Maßnahmen, die im folgenden erwähnt werden, wurden vielmehr fast ausnahmslos in Spezialgesetzen geregelt.

In nachstehender Tabelle 1 (S. 47) sind zur Kennzeichnung dieses Konjunkturzyklus (bzw. des 5. und 6. Wachstumszyklus) die realen Wachstumsraten und die Inflationsraten, der Finanzierungssaldo der Gebietskörperschaften, der Diskontsatz, der Zinssatz, der Auslastungsgrad des Produktionspotentials und die Arbeitslosigkeit aufgeführt.

Der Verlauf der realen Wachstumsraten läßt deutlich die oben beschriebenen beiden Interpretationsmöglichkeiten der Wirtschaftsentwicklung in diesem Zeitraum erkennen: als zwei Wachstumszyklen mit einem ersten starken Hoch im Jahr 1969 und einem wesentlich schwächeren im Jahr 1973 oder als einen Konjunkturzyklus mit einem Zwischentief im Jahr 1971 während der von 1969 bis 1973 anzusetzenden Hochkonjunkturphase. Im einzelnen steigt die Wachstumsrate des realen Bruttosozialprodukts, die im Jahre 1967 noch negativ war, im Jahr 1968 stark an und erreicht im Jahr 1969 mit 7,5 % ihren Höhepunkt; sie sinkt dann bis auf 3,0 % im Jahr 1971, um im Jahr 1973 nochmals 4,7 % zu erreichen und dann auf –1,4 % im Jahr 1975 abzusinken.

Der Preisindex der Lebenshaltung war im Jahr 1967 auf 1,6 % gesunken und hielt sich im folgenden Jahr auf gleichem Niveau. Ab dem Jahr 1969 setzte sich der Preisanstieg relativ kontinuierlich bis zum Jahr 1973 fort: 1969 lag die Steigerungsrate noch bei 1,9 %, 1973 bereits bei 6,9 %. Dort verharrte die Inflationsrate dann 1974, um in 1975 auf 5,9 % abzusinken.

---

[4] Bundesgesetzblatt I, 1967, S. 582.

[5] Vgl. F. Neumark (1969): Ein neuer Kommentar zum Stabilitätsgesetz, in: Finanzarchiv, N.F. Bd. 28, Tübingen 1969, S. 321-333, S. 321.

[6] Vgl. R. Stucken (1968): Die Haushaltspolitik im Gesetz zur Förderung der Stabilität und des Wachstums der Wirtschaft vom 8. Juni 1967, in: Finanzarchiv, N.F. Bd. 27, Tübingen 1968, S. 202-219, S. 203.

Tabelle 1

Wirtschaftsdaten 1967 bis 1975

Jahre	Wachstumsrate des BSP	Inflationsrate	Finanzierungssaldo der Gebietskörperschaften 3)	Zinssatz	Auslastungsgrad	Arbeitslosigkeit
	in %	in %	in Mrd.DM	in %	in %	in Tsd.
	1)	2)	3)	4)	5)	6)
1967	-0,1	1,6	-12,1	7,0	92,5	459
1968	5,8	1,6	-7,4	6,7	95,2	323
1969	7,5	1,9	+2,5	7,0	98,9	179
1970	5,0	3,6	-8,1	8,2	100,0	149
1971	3,0	5,1	-15,6	8,2	98,6	185
1972	4,2	5,6	-13,1	8,2	97,5	246
1973	4,7	6,9	-8,8	9,5	98,0	273
1974	0,2	6,9	-27,3	10,6	95,2	582
1975	-1,4	5,9	-63,8	8,7	90,9	1074

1) reale Zunahme des Bruttosozialprodukts in Preisen von 1980.
Quelle: Statistisches Bundesamt, Fachserie 18, Reihe 1.3, Konten und Standardtabellen, 1987 Hauptbericht, Tabelle 2.5, S.200, eigene Berechnungen.
2) Zunahme des Preisindex der Lebenshaltung aller privaten Haushalte in Preisen von 1980.
Quelle: Statistisches Bundesamt, Fachserie 17, Reihe 7, Preise und Preisindices für die Lebenshaltung, 1987, Tabelle 1.6.1, S.108ff., eigene Berechnungen.
3) Quelle: SVR: JG 1987/88, Tabelle 37*, S.318f.
4) Umlaufsrendite festverzinslicher Wertpapiere insgesamt.
Quelle: Monatsberichte der Deutschen Bundesbank, Heft 5, Mai 1970, Tabelle VI.6, S.49* und Heft 5, Mai 1977, Tabelle VI.6, S.53*.
5) Auslastungsgrad des Produktionspotentials in Preisen von 1970 im Jahresdurchschnitt.
Quelle: SVR: JG 1981/82, Schaubild 10, S.57.
6) am Jahresende.
Quelle: SVR: JG 1986/87, Tabelle 19*, S.216.

Die Entwicklung der Preissteigerungsrate zeigt nicht mehr das in früheren Wachstumszyklen übliche Muster. Dieses hatte so ausgesehen, daß die Inflationsrate mit einer gewissen temporalen Verzögerung im Konjunkturaufstieg zunahm, um dann im Konjunkturabstieg mit einem zeitlichen lag abzunehmen. Das neue Muster geht nun dahin, daß die Inflationsrate im Abschwung nicht nur nicht zurückgeht, sondern über den ganzen Zyklus hinweg weiter ansteigt. Diese Bewegung setzt sich im folgenden Wachstumszyklus fort und wird erst durch die scharfe Rezession des Jahres 1975 gebrochen. Damit zeichnet sich also für die Wachstumszyklen kein typisches Muster mehr ab; für den längeren Konjunkturzyklus gilt das alte Muster mit dem Rückgang der Inflationsrate in der Rezession.

Die Veränderung in der Entwicklung der Inflationsrate geht auf einen Wandel in den Bestimmungsgründen des Preisniveaus zurück: Während bis Ende der 60er Jahre in erster Linie die Entwicklung des Verhältnisses der Gesamtnachfrage zum Gesamtangebot die entscheidende Determinante war, gewinnt nun zunehmend die Kostenseite, insbesondere die Lohnentwicklung maßgebliches Gewicht[7]. Das Klima zwischen den Tarifparteien hatte sich, nachdem die Unternehmungen trotz des unerwartet kräftigen Gewinnanstiegs im Jahre 1968 an den Tarifabschlüssen festhielten, nachhaltig verschlechtert. Es kam zu wilden Streiks und die Gewerkschaften versuchten in den Jahren rückläufiger Wirtschaftstätigkeit, die im Aufschwung „versäumten" Lohnerhöhungen nachzuholen. Dieser neue Rhythmus der Inflationsentwicklung führte zu neuen Erwartungshaltungen und damit zu neuen Verhaltensweisen bei Haushalten und Unternehmungen, die die Effizienz der Finanzpolitik in der Periode ihrer antizyklischen Ausrichtung beeinträchtigt hat.

Als Indikator der Impulse, die von der Finanzgebarung auf den Wirtschaftsablauf ausgehen, werden für diesen Überblick zunächst die Finanzierungssalden der Gebietskörperschaften bzw. — was sich aus diesen ja leicht ablesen läßt — die Veränderung zum Saldo des Vorjahres herangezogen. Dies ist sicher ein sehr grober Maßstab. Bei der detaillierten Analyse des verstärkten Aufbaus von Konsolidierungsbedarf in den Jahren 1974/75 und der Konsolidierungspolitik der Jahre 1975/76 wird er zu verfeinern sein; für den folgenden Überblick ist er jedoch zureichend und aufschlußreich.

Für die nachstehend beschriebene Entwicklung von 1967 bis 1974/75 zeigt dieser Indikator — wie oben schon angedeutet — einen gegenüber den vom Sachverständigenrat unterschiedenen Wachstumszyklen deutlich antizyklischen Verlauf. Das Haushaltsdefizit aller Gebietskörperschaften, das im Jahre 1966 7,7 Mrd. DM betragen hatte, steigt im Rezessionsjahr 1967 auf 12,1 Mrd. DM an. Im folgenden Aufschwung geht es im Jahr 1968 auf 7,4 Mrd. DM zurück

---

[7] Vgl. A. Oberhauser (1976 a): Geld- und Kreditpolitik bei weitgehender Vollbeschäftigung und mäßigem Preisanstieg (1958-1974), in: Währung und Wirtschaft in Deutschland 1876-1975, Frankfurt 1976, S. 609-642, S. 611.

und wandelt sich 1969 in einen Überschuß von 2,5 Mrd. DM. Mit den rückläufigen Wachstumsraten der Jahre 1970 und '71 steigt es über 8,1 Mrd. DM auf 15,6 Mrd. DM an; nach vorübergehender Rückführung auf 8,8 Mrd. DM im Jahr 1973 wird es in den beiden folgenden Jahren über 27,3 Mrd. DM auf 63,8 Mrd. DM erhöht.

II. Konsolidierung bei expansiver Politik (1967/68)

1. Wahlgeschenke als Ursache des Konsolidierungsbedarfs

Der Konflikt zwischen aufgelaufenem Konsolidierungsbedarf des Haushalts und konjunkturpolitisch erwünschter expansiver Politik trat erstmals zu Beginn der Untersuchungsperiode auf, als das neue Kabinett der Großen Koalition zur Überwindung der Rezession 1966/67 ein keynesianisch orientiertes Konjunkturprogramm durchführen wollte, gleichzeitig aber damit konfrontiert war, zur Bereinigung der „Altlasten" der vorherigen Regierung, die in erster Linie wegen ihrer Haushaltspolitik gestürzt worden war, Konsolidierungsmaßnahmen einzuleiten bzw. fortzuführen.

Die „Altlasten" gehen auf die Wahlgeschenke zurück, die mit dem Haushalt 1965 verteilt wurden. Mit Blick auf die Bundestagswahl 1965 war der schon unter Konrad Adenauer wiederholt praktizierte Brauch der Verteilung von Wahlgeschenken im Jahr 1964 von der Regierung Erhard wieder aufgenommen worden. Im Rahmen einer Steuerreform, die zum 1. Januar 1965 in Kraft trat, wurden die Tarife der Einkommensteuer in den verschiedenen Tarifzonen gesenkt, erhöhte Freibeträge eingeführt und durch Einfügung der § 6 b) und c) EStG die Aufdekkung stiller Reserven steuerlich erleichtert. Auf der Ausgabenseite wurden zusätzliche Sozialleistungen durch erhöhte Zuschüsse an die Sozialversicherungen, eine Neuregelung der Kriegsopferversorgung und erhöhte Ausgaben im Bereich des Verkehrswesens und der Wirtschaftsförderung insbesondere für die Landwirtschaft beschlossen[8]. Die Steuererleichterungen beliefen sich auf 4 Mrd., die zusätzlichen Ausgaben auf ca. 2 Mrd. DM[9].

Diese Maßnahmen ließen das Defizit der öffentlichen Haushalte, das im Jahre 1964 5,6 Mrd. DM betragen hatte, im Jahre 1965 — trotz des zwar rückläufigen, aber mit einer realen Rate von 5,4 % noch kräftig anhaltenden Wachstums — auf 9,4 Mrd. DM ansteigen. Die Finanzpolitik trug damit bei weiter kräftig zunehmender privater Nachfrage zu einem erheblichen Nachfrageüberhang bei. So stieg die Inflationsrate um die Jahreswende 1965/66 auf mehr als 4 % und damit auf eine seit der Korea-Krise nicht mehr erreichte Höhe.

[8] Finanzbericht 1966, S. 289.

[9] ebenda, S. 228 f.

Mit den zunehmenden Preisen schlug der Leistungsbilanzsaldo, der — mit Ausnahme des Jahres 1962 — seit eineinhalb Jahrzehnten positiv war, in ein Defizit von 6,2 Mrd. DM im Jahr 1965 um[10]. Dadurch bekam die Bundesbank, da der Leistungsbilanzsaldo nur zum Teil durch Kapitalimporte ausgeglichen wurde, wieder geldpolitischen Handlungsspielraum zurück, den sie für einen zunehmend härteren Restriktionskurs nutzte. Sie hielt diesen auch weiter durch, als sich ab Frühjahr 1966 die Konjunktur mit einem Rückgang der Investitionstätigkeit verschlechterte. Die Bundesbank sah sich zu dieser Politik vor allem deshalb veranlaßt, weil zum einen die Lohnforderungen über das Doppelte des Produktivitätsfortschritts hinausgingen und zum anderen die öffentlichen Haushalte — wie gesagt — in zunehmendem Maße Kredite aufnahmen[11]. Trotz des Haushaltssicherungsgesetzes vom 20. Dezember 1965, mit dem ein erheblicher Teil der Wahlgeschenke korrigiert wurde, erreichte das Defizit der Gebietskörperschaften im Jahr 1966 7,7 Mrd. DM. Der Präsident der Deutschen Bundesbank begründete die Geldpolitik der Notenbank damals in einer Rede vor dem Überseeclub in Hamburg am 3. Juni 1966 wie folgt: „Eine bessere Preisstabilität ist eben nur um den Preis einer Abkühlung der Konjunktur erreichbar. Dies ist bedauerlich, es ist aber so. Schöner wäre es, wenn alle sich vernünftig verhalten würden, die Unternehmer bei den Preisen, die Arbeitnehmer bei den Löhnen und die öffentliche Hand bei ihren Ausgaben, weil dann die Stabilität bei stärkerem Wachstum erreichbar wäre“[12].

Die Umlaufsrendite der festverzinslichen Wertpapiere stieg bis zum 3. Quartal 1966 auf eine für damalige Verhältnisse ungewöhnliche Höhe von 8,1 %, was zu einem weitgehenden Zusammenbruch des Kapitalmarktes führte. Die Nachfrage ging kumulativ zurück und es kam zur ersten Rezession der Nachkriegszeit. Die wirtschaftlichen Schwierigkeiten hatten gravierende politische Folgen. Die Minister der FDP schieden aus dem Kabinett aus, da man sich über den Haushalt 1966 nicht einigen konnte. Nachdem Erhard noch kurze Zeit mit einer parlamentarischen Minderheit regiert hatte, trat er am 30.11.1966 zurück. Kurt Georg Kiesinger wurde zum Bundeskanzler gewählt und bildete eine Regierung der Großen Koalition.

Die neue Regierung stand nun — wie einleitend gesagt — erstmals vor dem Konflikt zwischen Konsolidierungserfordernissen und konjunkturpolitischen Notwendigkeiten. Aus heutiger Sicht könnte man vielleicht eine Nettoneuverschuldung von 7,7 Mrd. DM, die sich auf 5,3 % der gesamten öffentlichen Ausgaben bzw. 1,6 % des Bruttosozialprodukts belief, als nicht sonderlich schwerwiegend ansehen, wenn man sich vergegenwärtigt, daß im Jahr 1981 etwa die dreifachen Schuldenquoten erreicht wurden. Ein solcher Vergleich würde die damalige Situation jedoch verkennen.

---

10 A. Oberhauser (1976 a), Übersicht auf S. 623.

11 Vgl. ebenda, S. 623.

12 Deutsche Bundesbank, Auszüge aus Presseartikeln vom 3.6.1966, S. 4 f.

2. Zweispurige Politik: Konsolidierung und Expansion

Ansätze zur Konsolidierung der Haushalte waren — wie erwähnt — schon mit der weitgehenden Zurücknahme der Wahlgeschenke durch das Haushaltssicherungsgesetz vom 20.12.1965 gelegt worden. Hierdurch sollte das Ausgabevolumen des Haushalts mit den konjunkturpolitischen Erfordernissen in Einklang gebracht werden, indem rigorose Kürzungen von Bedarfsanforderungen sowie eine Einschränkung bzw. zeitliche Hinausschiebung selbst gesetzlich beschlossener Ausgaben vorgenommen wurde, so daß der Haushalt um 3,1 Mrd. DM entlastet werden konnte[13]. Trotzdem stieg das Finanzierungsdefizit, welches 1962 noch bei 1,8 Mrd. DM lag, im Jahr 1965 auf 9,4 Mrd. DM.

Die neue Regierung setzte den Konsolidierungskurs fort, indem sie durch drei Steueränderungsgesetze vom 23.12.1966, 28.12.1966 und 29.3.1967 eine Reihe von Steuerbefreiungen aufhob oder einschränkte und Verbrauchssteuern anhob: So wurden Ende 1966 die Neuregelung der Sparförderung durch Maßnahmen im Bereich des Einkommensteuerrechts, des Sparprämiengesetzes und des Wohnungsbauprämiengesetzes, die Einschränkung der Abzugsfähigkeit der Aufwendungen für Fahrten zwischen Wohnungs- und Arbeitsstätte oder Betrieb mit eigenem Kraftfahrzeug als Werbungskosten oder Betriebsausgaben, die Beseitigung der Umsatzsteuerbefreiung im Siedlungs- oder Heimstättenwesen, die Einschränkung des umsatzsteuerlichen Mineralölprivilegs durch Besteuerung der Lieferungen von Mineralölerzeugnissen zum gewerblichen oder freiberuflichen Verbrauch, die Erhöhung der Mineralölsteuer, die Änderung des Monopolausgleichs auf Weine sowie die Erhöhung der Tabaksteuer beschlossen. Im Frühjahr 1967 wurden die Zahlungsfristen für Verbrauchssteuern und Zölle verkürzt sowie das Herstellerprivileg bei der Mineralölsteuer aufgehoben[14].

Außerdem wurden um die Jahreswende 1966/67 dem Haupthaushalt Vollzugssperren auferlegt. Diese sahen — wie in diesen Fällen üblich — vor, daß die Ausgaben 1967 nicht höher sein dürften als die Bewilligungen des Haushalts 1966 und daß dort, wo der Haushaltsplanentwurf niedrigere Ansätze als 1966 vorsähe, diese gelten sollten. Zusätzlich wurde angeordnet, daß Aufträge aus dem außerordentlichen Haushalt sowie im Hochbau nur mit vorheriger Zustimmung des Bundesfinanzministers erteilt werden konnten, daß allgemeine, einmalige und Sachausgaben nur bis zu der Höhe von 75 % der oberen Grenze getätigt werden und daß die so begrenzte Verfügungssumme kassenmäßig nur zeitanteilig, d.h. für jeden Monat nur zu einem Zwölftel, in Anspruch genommen werden durfte.

Die steuerpolitischen Maßnahmen waren in ihrer Art bzw. im Hinblick auf die geringere Preiselastizität der Nachfrage nach den betroffenen Gütern so

---

13 Finanzbericht 1967, S. 292.

14 Finanzbericht 1968, S. 171 f.

ausgestaltet bzw. gewählt, daß sie den Konjunktureinbruch nach Möglichkeit nicht durch einen weiteren Rückgang der Nachfrage verschärften. Die Vollzugssperren für den Haushalt, die später wieder aufgehoben wurden, sollten den Willen der neuen Regierung zu solider Haushaltsführung unterstreichen. Letzteres war in dieser Situation insofern von besonderer Bedeutung, als die Regierung gleichzeitig mit den auf Konsolidierung des Haushaltes zielenden Maßnahmen expansiv wirkende Programme durchführen wollte, die über zusätzliche Ausgaben die Gesamtnachfrage steigern sollten. Diese Politik konnte nur dann den gewünschten Erfolg haben, wenn bei den Wirtschaftseinheiten — insbesondere bei potentiellen Investoren — Verständnis für die Konfliktkonstellation erzielt und die zusätzlichen Ausgaben nicht als kaschierte Fortsetzung der früheren großzügigen Finanzgebarung aufgefaßt und damit das Vertrauen in die Solidität der Finanzpolitik wieder zerstört würde[15]. Insofern wird es auch verständlich, daß sich die Regierung Anfang 1967 „nicht schnell und entschieden zu einem Kurswechsel in der Finanzpolitik durchringen konnte . . .“[16]. Neben dem fiskalischen Denken bei den entsprechenden Instanzen war es wohl vor allem der Druck der öffentlichen Meinung, der aufgrund „der unsoliden Finanzgebarung vergangener Jahre und aus falsch verstandenem Gruppeninteresse heraus die Selbstbeschränkung der öffentlichen Hand noch zu einem Zeitpunkt forderte, als ein weiterer Konjunkturrückgang nur mit großzügigen expansiven finanzpolitischen Maßnahmen hätte vermieden werden können“[17].

Aus diesem Grund wurde für das erste Konjunkturprogramm mit einem Volumen von 2,5 Mrd. DM, das mit den o. g. steuerpolitischen Maßnahmen gleichzeitig beschlossen wurde, auch der Begriff „Eventualhaushalt“ geprägt. Diese etwas eigenartige Bezeichnung wurde offenbar gewählt, um in der Öffentlichkeit den Prozeß der Wiederherstellung des Vertrauens in eine solide Haushaltspolitik, um das man mit der Fortsetzung des Konsolidierungskurses warb, nicht über die Planung zusätzlicher Ausgaben (etwa in einem „Nachtragshaushalt“) zu gefährden.

Als sich die konjunkturelle Situation bis zum Frühjahr 1967 weiter verschlechterte, wurden die Vollzugssperren des Haupthaushaltes wieder aufgehoben sowie die Durchführung des Eventualhaushaltes beschlossen. Mitte des Jahres wurde als weitere konjunkturpolitische Maßnahme ein zweites Konjunkturprogramm mit einem Volumen von 5,3 Mrd. DM erwogen. Dieses Programm war zunächst sehr umstritten, da man auf der einen Seite ein stärkeres Anwachsen der Verschuldung verhindern wollte, auf der anderen Seite aber einsah, daß man die voraussichtliche konjunkturelle Entwicklung zu positiv eingeschätzt hatte. Während sich der Bund in den Konflikt zwischen Konsolidierung und konjunkturpoliti-

[15] Vgl. SVR: JG 1967/68, TZ 136.
[16] SVR: JG 1967/68, TZ 143.
[17] ebenda.

schen Erfordernissen relativ bald zugunsten der Konjunkturpolitik entschied, herrschte bei den Ländern und den Gemeinden — teils aus Absicht, teils mangels geeigneter Rückgriffsmöglichkeiten auf die Kreditmärkte — weiterhin die Konsolidierungspolitik vor. Die Länder beteiligten sich erst am zweiten Konjunkturprogramm des Bundes durch die Finanzierung von Direktinvestitionen und durch investitionsfördernde Maßnahmen. Durch die Verabschiedung von Nachtragshaushalten und Vorgriffe auf den Haushalt des Jahres 1968 wirkten sie in der zweiten Jahreshälfte zwar konjunkturstabilisierend, insgesamt war ihre Finanzgebarung jedoch eher restriktiv. Eindeutig prozyklisch und auf Konsolidierung gerichtet blieb die Finanzpolitik der Gemeinden.

Die antizyklische Politik wurde also voll vom Bund getragen, der mit seiner Haushaltsgebarung einen konjunkturellen Impuls (gemessen als Zunahme des Finanzierungssaldos gegenüber dem Vorjahr) von 6,4 Mrd. DM gab, welcher durch die Finanzgebarung der Länder und Gemeinden um 2 Mrd. DM gemindert wurde.

Die Wiederbelebung der Konjunktur trat Mitte 1967 ein. Dazu hatten die beiden Konjunkturprogramme — zum Teil durch ihre Ankündigung, mehr vielleicht durch das sich verbreitende Vertrauen in die von Karl Schiller und Franz Joseph Strauß propagierte neue Wirtschafts- und Finanzpolitik — wesentlich beigetragen. Vertrauensstabilisierend wirkte auch die im Juli beschlossene erste mehrjährige Finanzplanung des Bundes, die die Entwicklung der Defizite überschaubar und besser kontrollierbar machte[18].

Gleichzeitig hatte sich aber auch die außenwirtschaftliche Konjunktursteuerungsmechanik wieder bewährt: Mit dem Rückgang der realen Wirtschaftstätigkeit und der Inflationsraten reduzierten sich die Importe und die Exporte stiegen wieder kräftig, der Außenbeitrag des Jahres 1965 von 0,3 Mrd. DM erhöhte sich schon 1966 wieder relativ stark auf 7,4 Mrd. DM an und erreichte 1967 17,3 Mrd. DM. Der davon ausgehende Impuls war also quantitativ — d.h. ungeachtet zusätzlicher psychologischer Wirkungen der Haushaltspolitik auf die private Investitionstätigkeit — größer als der vom Finanzierungssaldo der Gebietskörperschaften ausgehende Anstieg der Gesamtnachfrage.

Im Jahr 1968 nahm das wirtschaftliche Wachstum mit einer Rate von 5,8 % kräftig zu. Da der Umfang und die Schnelligkeit des Aufschwungs nicht vorauszusehen waren, empfahlen der Finanzplanungs- und der Konjunkturrat, die zusätzlichen Steuereinnahmen nicht zu Ausgabenerhöhungen, sondern zur Reduzierung der Kreditaufnahmen zu verwenden und nur im Falle einer Überhitzung der Konjunktur mit einer Rückzahlung von Staatsschulden sowie der Bildung einer Konjunkturausgleichsrücklage entgegenzuwirken.

---

18 Vgl. R. Hagemann (1969): Chronik. Die öffentlichen Finanzen in der Bundesrepublik im Jahre 1965-1967, in: Finanzarchiv, N.F. Bd. 28, Tübingen 1969, S. 300-320, S. 311.

Die Ausgaben der Gebietskörperschaften, die im Jahr zuvor noch um 6 % angestiegen waren, erhöhten sich im Jahr 1968 nur um 3,3 % auf 158,8 Mrd. DM. Dagegen stiegen die Einnahmen mit einer mehr als doppelt so hohen Zuwachsrate wie im Vorjahr um 6,8 % auf 151,3 Mrd. DM an. Diese unterschiedliche Entwicklung der beiden Haushaltsseiten bewirkte, daß sich der Finanzierungssaldo im Jahr 1968 auf 7,4 Mrd. DM verringerte und sich damit im Vergleich zum Vorjahressaldo ein kontraktiver Impuls von 4,7 Mrd. DM ergab. Diese antizyklische Politik wurde zu etwa gleichen Teilen von Bund und Ländern getragen. Die Gemeinden nutzten nicht nur die höheren Steuereinnahmen zu einer Steigerung der Ausgaben, sondern nahmen — wenn auch nur um etwa 200 Mio. DM — vermehrt Kredite auf.

Die Bundesbank, die im Interesse der Wiedergewinnung der Preisstabilität ihre restriktive Politik bis Ende 1966 aufrechterhalten hatte, erklärte sich bereit, die Konjunkturprogramme der Bundesregierung zu unterstützen. Sie tat dies, indem sie den Banken in reichlichem Umfang Liquidität zuführte und die mittelfristigen Kassenobligationen des Bundes — soweit ihre Restlaufzeit 18 Monate betrug bzw. darunter lag — in die Geldmarktregulierung einbezog. Es ergab sich dadurch eine starke Ausweitung der Sekundärliquidität, die sich in der folgenden Aufschwungsphase bei erneut einsetzenden Preisteigerungen als erhebliches Hindernis für eine stabilitätsorientierte Geldpolitik erwies. Die Liquiditätsreserven erreichten Ende 1967 14 % ihrer Aktiva, wodurch sich der Bremsweg der in der folgenden Periode bald notwendigen restriktiven Politik stark verlängerte[19].

3. Konjunkturpolitisches Ergebnis

Ich fasse die Erfahrungen, die in der Finanzpolitik in dieser ersten Konfliktphase gemacht wurden, zusammen.

Die Regierung Erhard hatte im Hinblick auf die Bundestagswahl 1965 Wahlgeschenke in Form von Steuererleichterungen und zusätzlichen Ausgaben erteilt, die kreditfinanziert wurden. Im Jahr 1964 kam es durch die hohen Lohnsteigerungen und die damit verbundene vermehrte inländische Nachfrage zu stärkeren Inflationstendenzen. Da die Leistungsbilanz erstmals seit fünfzehn Jahren ein Defizit aufwies, gewann die Bundesbank Handlungsspielraum zurück und konnte somit restriktiv wirken. Dies hatte zur Folge, daß es im Frühjahr 1966 zu einer Umkehr der Konjunkturentwicklung kam und die erste Rezession der Nachkriegszeit 1966/67 eingeleitet wurde. Hieraus ergab sich für die Finanzpolitik das Problem, daß schon bei relativ niedrigen Defiziten der öffentlichen Haushalte ein Konsolidierungsbedarf auftrat, da das Vertrauen der Öffentlichkeit in die Solidität der Finanzgebarung erschüttert worden war. Als Ausdruck dieses Vertrauensschwundes wurde oben zum einen auf die Rede des Präsidenten der

[19] Vgl. A. Oberhauser (1976 a), S. 627 f.

Deutschen Bundesbank Mitte 1966, zum anderen auf den Sturz der Regierung Erhard Ende 1966 hingewiesen. Die Erfahrung zeigt aber auch, daß schon relativ bescheidene Maßnahmen, die der Öffentlichkeit die Einsicht der zuständigen Instanzen in die Notwendigkeit eines konsequenten Handelns und die Bereitschaft zu entsprechenden Entscheidungen zeigen, hinreichend sein können, in der Konfliktsituation von Konsolidierungsbedarf und expansiven konjunkturpolitischen Maßnahmen die letzteren erfolgreich zu ermöglichen. So gelang es der Regierung, durch gezielte expansive Maßnahmen, die sich in den Eventualprogrammen des Jahres 1967 niederschlugen, der Wirtschaft kräftige Impulse zu geben. Ob der Konjunkturumschwung mehr der Außenhandelsmechanik oder der Finanzpolitik zuzuschreiben ist, läßt sich schwer entscheiden.

III. Konflikt zwischen kontraktivem konjunkturpolitischen Handlungsbedarf und expansiver wohlfahrtspolitischer Haushaltsgebarung (1969/70)

1. Neue Konfliktsituation

Während die Finanzpolitik in der Rezession 1966/67 vor dem Konflikt zwischen Haushaltskonsolidierung und konjunkturpolitisch erwünschter Defizitfinanzierung zusätzlicher Staatsausgaben stand, bildete sich in der Hochkonjunktur des Jahres 1969 die umgekehrte Konstellation heraus: Die Haushalte wurden im Interesse eines erhöhten öffentlichen Leistungsangebots, das die neue Regierung zugesagt hatte, ausgedehnt, während die konjunkturelle Situation eine restriktivere Finanzgebarung erfordert hätte. Diese Konstellation hielt auch in den folgenden Jahren 1970 und '71 an, in denen die Wachstumsrate zwar bis auf 3 % zurückging, gleichzeitig aber die Kapazitäten überausgelastet waren und die Zahl der offenen Stellen ständig über der Zahl der Arbeitslosen lag. Die Folge war, daß die Preis- und Lohnwelle, die im Herbst 1969 angelaufen war und die eine Stärke hatte, „wie sie in den vergangenen Jahren in der Bundesrepublik ohne Beispiel war“[20], in dieser Periode nicht abebbte, sondern bis in die Jahre wieder verstärkten Wachstums 1972 und '73 weiterrollte.

2. Schnelle konjunkturelle Übersteigerung

Die wirtschaftliche Erholung im Jahr 1968 fiel wesentlich stärker aus, als allgemein prognostiziert worden war. Schon Mitte des Jahres wurde gefragt, „ob nicht der Senkrechtstart aus der Krise nur der Beginn eines neuen Wachstumszyklus sein werde. Zum Jahresende indizierten alle Sachverhalte in der Tat den

[20] SVR: JG 1971/72, TZ 233.

Beginn einer Hochkonjunktur mit boomartigen Übersteigerungen"[21]. Eine Reihe von Gründen war für diese Entwicklung verantwortlich: „Die enorme Zunahme der Bankenliquidität, das noch nicht voll realisierte zweite staatliche Konjunkturprogramm, das sich verschärfende Kosten- und Preisgefälle gegenüber dem Ausland und die ungewöhnlich stark steigenden Gewinneinkommen begründeten die Sorge um einen konjunkturellen Exzeß, um eine bis dahin noch nicht erlebte Überauslastung des gesamtwirtschaftlichen Produktionspotentials, um Währungskrisen und eine Verschärfung des Verteilungskampfes sowie um allzu späte Korrekturversuche des Staates"[22].

In der Regierung wurde diese Sorge offenbar nicht geteilt. Man war im Gegenteil der Meinung, daß man mit der zurückhaltenden Haushaltspolitik des Jahres 1968 die Wirtschaft auf einen Gleichgewichtspfad gelenkt hätte, auf dem sich Produktionspotential und gesamtwirtschaftliche Nachfrage parallel entwickeln könnten. Einen Handlungsbedarf sah man zunächst lediglich hinsichtlich der außenwirtschaftlichen Absicherung. Der Leistungsbilanzüberschuß des Jahres 1968 war noch über den des Jahres 1967 hinausgegangen. Da die Preissteigerungsrate im Inland mit 1,6 % wesentlich hinter den Inflationsraten des Auslandes zurückblieb, wurde die DM zunehmend aufwertungsverdächtig. Es kam in erheblichem Umfang zu spekulativen kurzfristigen Kapitalimporten; in den ersten drei Novemberwochen von 9,5 Mrd. DM. Die Bundesregierung konnte sich jedoch, obwohl dies von vielen Seiten nachdrücklich gefordert wurde, nicht zu einer Aufwertung entschließen[23] und erließ stattdessen Ende 1968 das „Gesetz zur außenwirtschaftlichen Absicherung", das die Exporte mit 4 % belasten und die Importe um 4 % entlasten sollte. Man befürchtete, daß diese Maßnahme die Exportwirtschaft nachhaltig beeinträchtigen würde und beschloß ein „Programm für binnenwirtschaftliche Maßnahmen zur Erleichterung der Strukturanpassung im Zusammenhang mit dem Absicherungsgesetz", das Ausgleichsmaßnahmen in Höhe von 500 bis 700 Mio. DM vorsah; außerdem plante man eine 10 %ige Prämie für gewerbliche Investitionen in bestimmten zu fördernden Bereichen.

Die Bundesbank sah im Vertrauen auf das Absicherungsgesetz zunächst noch keine Gefahr für die Geldwertstabilität. Erst ab Frühjahr 1969 erhöhte sie in mehreren Schritten den Diskontsatz von 3 auf 7½ %, den Lombardsatz von 3½ auf 9 %. Obwohl die Regierung die Wechselkurse vorübergehend freigab und durch das Washingtoner Realignment vom Dezember 1971 umfassende Anpassungen vorgenommen wurden, bekam die Bundesbank, die neben den erwähnten Diskont- und Lombardsatzerhöhungen eine Reihe weiterer geldpolitischer Maß-

---

[21] N. Kloten (1976): Erfolg und Mißerfolg der Stabilitätspolitik (1969-1974), in: Währung und Wirtschaft in Deutschland 1876-1975, Frankfurt am Main 1976, S. 643-690, S. 645.

[22] ebenda, S. 645.

[23] O. Emminger (1976): Deutsche Geld- und Währungspolitik im Spannungsfeld zwischen innerem und äußerem Gleichgewicht (1948-1975), in: Währung und Wirtschaft in Deutschland 1876-1975, Frankfurt am Main 1976, S. 485-554, S. 517 f.

Tabelle 2

Inflationsraten 1967 bis 1970
(in Preisen von 1980)

Zunahme des Preisindex in %	1967	1968	1969	1970
Lebenshaltung aller privaten Haushalte 1)	1,6	1,6	1,9	3,6
Bruttosozialprodukt 2)	1,4	2,1	4,3	7,6
Investitionsgüter 3)	1,0	0,0	3,2	7,8
Bauinvestitionen 4)	2,2	4,5	5,7	16,6

Quellen:
1) Statistisches Bundesamt, Fachserie 17, Reihe 7, Preise und Preisindizes für die Lebenshaltung, 1987, Tabelle 1.6.1, S.108ff., eigene Berechnungen.
2) SVR: JG 1987/88, Tabelle 34*, S.311, eigene Berechnungen.
3) SVR: JG 1987/88, Tabelle 64*, S.357, eigene Berechnungen.
4) SVR: JG 1987/88, Tabelle 67*, S.360, eigene Berechnungen.

nahmen ergriff, bis zur definitiven Freigabe der Wechselkurse im Jahr 1973 die Geldversorgung immer nur vorübergehend in den Griff. Emminger schildert anschaulich, wie sich die Bundesbank seit 1968 immer wieder um außenwirtschaftliche Absicherung — meist vergeblich — bemüht hat[24], wie sie dadurch in immer neue Spekulationswellen geriet und ihr dadurch die Erfüllung ihrer Aufgabe zunehmend erschwert wurde.

In der Entwicklung der Inflationsrate zeichnet sich die zunehmende Spannung, die Gefahr — wie Kloten zitiert wurde — eines „konjunkturellen Exzesses" noch nicht klar ab, wenn man den Preisindex der Lebenshaltung als Indikator nimmt. Deutlicher kündigt sie sich in der Entwicklung des Preisindex des Bruttosozialprodukts, in den Investitionsgüterpreisen und in den Baupreisen an (s. Tabelle 2, S. 57).

Auch in der Auslastung des Produktionspotentials schlagen sich die zunehmenden Spannungen deutlich nieder. Sie steigt von 92,5 % im Jahre 1967 über 95,2 % in 1968 und 98,9 % in 1969 auf 100 % im Jahre 1970.

3. Unzulängliche finanzpolitische Kontraktionsversuche bei zunehmender Übersteigerung

Diese Indikatoren hätten aus konjunkturpolitischer Sicht Anlaß für die Finanzpolitik sein müssen, im Jahr 1969 die zurückhaltende Ausgabenpolitik des Jahres 1968 (Zunahme der Gesamtausgaben von 3,3 %) eher verstärkt fortzusetzen. Die Schwierigkeiten der Geldpolitik, die einen stabilitätspolitischen Beitrag von dieser Seite weitgehend ausschlossen, waren ja nicht in einer mangelnden Bereitschaft der Notenbank begründet, sondern in der Wechselkurspolitik der Regierung angelegt, die sich zu den erforderlichen Aufwertungen nicht oder immer zu spät entschloß. Das hatte verschiedene Gründe: Die Rücksicht auf die Exportwirtschaft hat sicher eine wesentliche Rolle gespielt; weiterhin war man wohl in internationaler Zusammenarbeit bemüht, die Ordnung von Bretton-Woods, die von den USA durch ihre Inflationspolitik zunehmend zerstört wurde, aufrechtzuerhalten.

Da die Regierung nach der außenwirtschaftlichen Seite — für die sie zuständig war — der Geldpolitik keine zureichende Stütze gab, wäre sie umso mehr gehalten gewesen, über die Finanzpolitik die sich abzeichnenden Spannungen zu bekämpfen. Wenn sie dies nicht tat, sondern durch die Art ihrer Ausgabengebarung diese Spannungen verschärfte, dann lag dies vor allem daran, daß sich die Finanzsituation der Gebietskörperschaften in den Jahren 1968 und 1969 durch die reichlich fließenden Steuereinnahmen erheblich verbessert hatte. Dies bedeutete, daß sich in diesen Jahren der für die Vorperiode charakteristische Konflikt zwischen Haushaltskonsolidierung und konjunkturpolitischen Erfordernissen dadurch zu

---

[24] O. Emminger (1976), S. 517 ff.

entschärfen schien, weil die sich quasi von alleine verbessernde Haushaltslage die Notwendigkeit langsamerer Ausgabenexpansion, wie sie nunmehr konjunkturpolitisch adäquat gewesen wäre, in den Hintergrund drängte. Da sich die Konsolidierung des Haushalts automatisch ergab, wurden andernfalls notwendige Ausgabenkürzungen bzw. Steuererhöhungen verhindert bzw. verzögert. Die scheinbar fortschreitende Konsolidierung veranlaßte die Gebietskörperschaften vielmehr — trotz einiger zögerlicher konjunkturpolitischer Dämpfungsansätze — bald wieder zu expansiverer Ausgabengebarung. Nachdem die Ausgaben im Jahr 1968 nur um 3,3 % angestiegen waren, sah die Bundesregierung in dem Ende Januar 1969 vorgelegten Jahreswirtschaftsbericht ein Ausgabenwachstum von 8 % vor; tatsächlich stiegen die Ausgaben um 9,9 %.

Konjunkturdämpfende Maßnahmen, die ja — soweit sie ausgabenseitig ansetzten — eine Kürzung der Ausgaben hinter die Haushaltsansätze hätten bewirken müssen, wurden zunächst nur zögernd und in schwacher Dosierung ergriffen. So beschloß die Bundesregierung im März, Ausgaben in Höhe von 1,8 Mrd. DM vorläufig zu sperren. Mitte des Jahres wurde diese Sperre definitiv bis Jahresende verlängert. Gleichzeitig wurde eine bessere Anpassung der Steuervorauszahlungen an die Gewinnentwicklung beschlossen, wodurch der Entzugseffekt später fällig werdender Steuerzahlungen vorgezogen werden sollte. Mitte des Jahres ging die Bundesregierung zu einem etwas restriktiveren Kurs über. Auf Vorschlag des Konjunktur- und Finanzplanungsrates wurde nach § 15 Stabilitäts- und Wachstumsgesetz eine Konjunkturausgleichsrücklage in Höhe von 3,6 Mrd. DM beschlossen, wovon der Bund 2,4 Mrd. DM, die Länder 1,2 Mrd. DM aufbringen sollten. Den Ländern, deren Steuereinnahmen von 40,9 Mrd. DM auf 48,35 Mrd. DM besonders stark stiegen, wurde empfohlen, die überplanmäßigen Mehreinnahmen den Rücklagen zuzuführen oder die Nettokreditaufnahme entsprechend zu verringern.

Da die tatsächlichen Ausgaben über die Planansätze, denen auch der Finanzplanungsrat zugestimmt hatte, hinausgingen — wie erwähnt, war eine Steigerung von 8 % geplant, die tatsächliche Erhöhung betrug 9,9 % — müssen die hier erwähnten Kürzungen durch anderweitige Ausgabenerhöhungen überkompensiert worden sein. Angesichts der noch stärker zunehmenden Steuereinnahmen konnten die öffentlichen Haushalte, die im Vorjahr ein Finanzierungsdefizit von 7,4 Mrd. DM aufwiesen, trotz der über die Voranschläge hinausgehenden Ausgabensteigerungen mit einem Überschuß von 2,5 Mrd. DM abschließen. Nach dem Konzept des Saldenvergleichs müßte davon also ein kontraktiver Impuls von etwa 10 Mrd. DM ausgegangen sein. Eine derartige Interpretation ist aber wohl kaum zulässig. Da die Steuereinnahmen sehr viel stärker als das Sozialprodukt gewachsen sind, hätte deren Verausgabung einen stark prozyklisch-expansiven Effekt gehabt, so daß man den „kontraktiven Impuls“ nur darin sehen kann, daß von den Ausgabenerhöhungen keine stärker expansive Wirkung ausging. Die starke Zunahme aller privaten Nachfragekomponenten rechtfertigt auch kaum die Annahme, daß der bei steigenden Einkommen überproportionale Steuerentzug eine nennenswerte Reduktion ansonsten getätigter privater Ausgaben bewirkt hat. Es ist eher anzunehmen, daß bei geringeren steuerlichen Entzugseffekten die private Kreditaufnahme niedriger gewesen wäre.

4. Expansion der Ausgaben bei kontraktivem Handlungsbedarf

Im September 1969 wurde die Regierung der Großen Koalition durch ein Kabinett der sozialliberalen Koalition abgelöst. In der Regierungserklärung vom Oktober wurden umfangreiche Ausgabenerhöhungen für Infrastrukturmaßnahmen und Verbesserungen im sozialen Bereich sowie Steuersenkungen insbesondere für Bezieher mittlerer und niedriger Einkommen vorgesehen. Im Sinne dieser Erklärung gab die Bundesregierung in ihrem Jahreswirtschaftsbericht Ende Januar 1970 bekannt, den Mittelstand und bestimmte Regionen durch ERP-Kreditprogramme verstärkt zu fördern, sowie die Ausgaben von Bund und Ländern für regionale Strukturmaßnahmen zu erhöhen; daneben wurde eine 10 %ige Prämie für Investitionen im Bereich der Forschung und Entwicklung in Aussicht gestellt. Die Ausgaben sollten um 9 % steigen.

Zu Beginn des Jahres 1970 war allerdings schon abzusehen, daß die Boomsituation anhalten und sich die Preissteigerung weiter fortsetzen würde. Angesichts dieser voraussehbaren Entwicklung empfahlen der Konjunktur- und Finanzplanungsrat geplante Ausgabenerhöhungen auf das II. Halbjahr 1970 zu konzentrieren, Ausgabensperren vorzunehmen und Zurückhaltung bei der staatlichen Vergabe von Bauaufträgen walten zu lassen. Aufgrund dieser Empfehlungen ergänzte die Bundesregierung ihren Jahreswirtschaftsbericht im Mai. Danach sollten die geplanten Steuererleichterungen auf das kommende Jahr verschoben werden. Der Haushaltsausschuß des Bundestages wandelte von denen bei der Verabschiedung des Haushalts erlassenen Ausgabensperren in Höhe von 2,7 Mrd. DM ein Volumen von 2,1 Mrd. DM in endgültige Ausgabenkürzungen um. Anfang Juli beschloß die Bundesregierung eine Aussetzung der degressiven Abschreibung für bewegliche Wirtschaftsgüter, die nach dem 5. Juli 1970 und vor dem 1. Februar 1971 angeschafft oder bereitgestellt wurden sowie für Betriebsgebäude, für die in diesem Zeitraum die Baugenehmigung beantragt wurde. Außerdem verabschiedete die Regierung die Erhebung eines rückzahlbaren Konjunkturzuschlags zur Einkommen-, zur Lohn- und zur Körperschaftsteuer bei Steuerpflichtigen mit einer monatlichen Steuerschuld von über 1000 DM für die Zeit vom 1. August 1970 bis 30. Juni 1971. Durch die letztere Maßnahme sollten die privaten Konsum- und Investitionsausgaben gedämpft werden.

Diese zwar vielfältigen, aber nicht besonders gewichtigen Restriktionsmaßnahmen hatten eine noch geringere Wirkung auf das tatsächliche Ausgabenvolumen als im Vorjahr: das im Jahreswirtschaftsbericht 1970 mit 9 % angekündigte Ausgabenwachstum erreichte 12,5 %. Die partiellen Restriktionen wurden also durch verstärkte Ausgabenerhöhungen in anderen Bereichen überkompensiert. Im Zusammenhang mit kräftigen Lohnsteigerungen — die Tariflöhne nahmen im Durchschnitt um 10 % zu[25] — kam es zu weiteren Preiserhöhungen: Der Preisindex des Bruttosozialproduktes, der im Jahr 1969 um 4,3 % gestiegen war, nahm im Jahr 1970 um 7,6 % zu, auch der Preisindex der Lebenshaltung, der im Vorjahr um 1,9 % gestiegen war, erhöhte sich um 3,6 %. Diese Entwicklung schlug sich ebenfalls in einem übermäßig starken Wachstum der Ausgaben nieder. Das führte angesichts der geringeren Zunahme der Einnahmen[26] auch dazu, daß sich der Budgetüberschuß des Vorjahres (2,5 Mrd. DM) in ein Defizit von 8,1 Mrd. DM wandelte, wovon ein expansiver konjunktureller Impuls ausging, der in dieser Situation sicher nicht angebracht war.

5. Konjunkturpolitisches Ergebnis

Ich fasse die konjunkturpolitischen Erfahrungen, die in dieser zweiten Phase aktiver Konjunkturpolitik gemacht wurden, wieder zusammen.

Die Vorperiode war gekennzeichnet durch den Konflikt zwischen dem Konsolidierungsbedarf, der aus den Wahlgeschenken des Jahres 1965 resultierte, und der Notwendigkeit expansiver Konjunkturpolitik zur Überwindung der 1966 einsetzenden Rezession. Im folgenden Aufschwung setzten sich schnell Überhitzungserscheinungen durch. Der zunächst im Jahre 1968 mit einer sehr geringen Ausgabensteigerung von 3,3 % noch fortgesetzte Konsolidierungskurs hielt im Jahr 1969 weiter an, da die mit dem Konjunkturaufschwung stark steigenden Steuereinnahmen, die im Jahr 1968 das Defizit beträchtlich sinken ließen, im Jahr 1969 eine Wende zu einem leichten Überschuß bewirkten. Mit der Regierungsübernahme durch die sozialliberale Koalition und der Verkündigung eines wohlfahrtspolitischen Reformprogramms einerseits und der zunehmenden Überhitzung der Konjunktur andererseits wandelte sich die Konfliktsituation der Finanzpolitik ins genaue Gegenteil: An die Stelle haushaltspolitischen Konsolidierungs- und konjunkturpolitischen Expansionsbedarfs traten nun haushaltspolitische Expansionswünsche und konjunkturpolitische Kontraktionsnotwendigkeit. Die Überauslastung des Produktionspotentials sowie der schnelle Anstieg der Inflationsrate waren Indikatoren, die die Notwendigkeit des Gegensteuerns der Finanzpolitik anzeigten. Daß kein restriktiver Kurs eingeschlagen, sondern im Gegenteil ab 1970 die öffentliche Verschuldung wieder ausgedehnt wurde, wirkte sich umso nachhaltiger aus, als die Geldpolitik mangels außenwirtschaftlicher Absicherung Handlungsspielraum eingebüßt und teilweise sogar den Einfluß auf

---

25 SVR: JG 1970/71, TZ 49.

26 Der Grund für die 1969 unverhältnismäßig hohe und 1970 wesentlich geringere Steigerung der Einnahmen lag u. a. in der Vorverlagerung von Gewerbesteuerzahlungen. Vgl. hierzu Finanzbericht 1971, S. 38.

die Geldschöpfung verloren hatte. Die Ausrichtung der Finanzpolitik hat die Überhitzungstendenzen der Wirtschaft nachhaltig verstärkt.

IV. Vermeintliches Dilemma zwischen realwirtschaftlichem Expansions- und preispolitischem Kontraktionsbedarf (1970-1971)

1. Die wirtschaftliche Entwicklung 1970 bis 1972

Die Periode vom Frühjahr 1970 bis Anfang 1972 wird vom Sachverständigenrat, den berichtenden Forschungsinstituten und in vielen anderen Publikationen, die sich mit der aktuellen Wirtschaftssituation beschäftigen, als Abschwungsphase des 5. Wachstumszyklus bezeichnet. Ab dem 1. Quartal 1972 wird in den erwähnten Veröffentlichungen der Beginn des 6. Wachstumszyklus angesetzt, der seinen Höhepunkt im Jahr 1973 erreicht und in der Rezession 1974/75 endet.

Im Jahr 1970 betrug die reale Wachstumsrate, die im Vorjahr den Höhepunkt mit 7,5 % erreicht hatte, 5 %. Auf der „Talsohle" des Jahres 1971 wurde noch eine Rate von 3 % gehalten, die dann 1972 wieder in eine aufsteigende Rate von 4,2 % umschlug. Angesichts der hohen Wachstumsraten der 50er und 60er Jahre mag eine Rate von 3 % als „Tief" erscheinen; vergegenwärtigt man sich jedoch, daß die durchschnittliche jährliche (reale) Wachstumsrate in Deutschland in der Zeit von 1860 bis 1913 auf 2,6 % geschätzt wird[27], dann relativiert sich diese Einschätzung erheblich. Die Einstufung der Jahre 1970/71 als „Abschwungsphase" erscheint noch problematischer, wenn man berücksichtigt, daß während der ganzen Zeit eine Überauslastung der Kapazitäten vorlag: Der Auslastungsgrad des Produktionspotentials betrug im Jahre 1970 100 %, im Jahre 1971 98,6 % und im Jahre 1972 97,5 %. Der Sachverständigenrat ging bis vor wenigen Jahren davon aus, daß ein Auslastungsgrad von 97,25 % als normal anzusehen sei, so daß also selbst in dieser „Talsohle" noch eine Überauslastung der vorhandenen Produktionskapazitäten vorlag. Das gleiche gilt hinsichtlich des Arbeitskräftepotentials. Die Zahl der Arbeitslosen entwickelte sich von durchschnittlich 149 000 im Jahr 1970 über 185 000 im Jahr 1971 auf 246 000 im Jahre 1972. Die Zahl der offenen Stellen betrug in diesen drei Jahren durchschnittlich 795 000, 648 000 bzw. 546 000[28] und lag damit also immer über der Zahl der Arbeitslosen. Angesichts dieser Zahlen ist es müßig, darüber zu diskutieren, bei welcher Quote von Such-, Friktions- und sonstiger Arbeitslosigkeit man Vollbeschäftigung ansetzen soll. Die genannten Raten lassen sich nur dahingehend interpretieren, daß während

27 Berechnet nach W. G. Hoffmann (1965): Das Wachstum der Deutschen Wirtschaft seit der Mitte des 19. Jahrhunderts, Berlin, Heidelberg, New York, 1965, Tab. 103, S. 454 f.

28 SVR: JG 1986/87, Tabelle 19*, S. 216.

des ganzen „Abschwungs" Überbeschäftigung vorlag. Dies zeigte sich insbesondere darin, daß in diesen Jahren in erheblichem Umfang ausländische Arbeitskräfte zuströmten. „1973 waren mit rund 2½ Millionen rund doppelt so viele Ausländer bei uns beschäftigt wie 1966 und zweieinhalb mal soviel wie 1967"[29].

Die über die „Abschwungsphase" hinweg anhaltende Spannung kommt am deutlichsten darin zum Ausdruck, daß die Inflationsrate — wie schon erwähnt — in diesen Jahren nicht wie in früheren Abschwungsphasen zurückging oder stagnierte, sondern von 1,9 % im Jahr 1969 über 3,6 % und 5,1 % in 1970 und '71 auf 5,6 % im Jahr 1972 anstieg.

Angesichts meiner Skepsis gegen die Interpretation der Jahre 1970/71 als „Abschwung" überschreibe ich diesen Abschnitt als „Vermeintliches Dilemma zwischen realwirtschaftlichem Expansions- und preispolitischem Kontraktionsbedarf".

2. Die Problematik des Denkens in Wachstumszyklen

N. Kloten, der in diesen Jahren Vorsitzender des Sachverständigenrates war, setzt eine Änderung des typischen Verlaufs der Wachstumszyklen erst mit Beginn des 6. Zyklus an: „Der fünfte Zyklus bestätigte noch weitgehend das Muster früherer Zyklen, der sechste dagegen nicht. Das gilt für das jeweilige Verlaufsbild, also für Abfolge und Charakteristika der konjunkturellen Phasen; doch sind auch die Intensitäts-, damit die Niveauunterschiede beträchtlich"[30]. Später fügt er noch hinzu: „Daß der sechste Zyklus in vielem nicht dem üblichen Zyklusmuster entsprach, kann, muß aber nicht eine neue Qualität der konjunkturellen Dynamik anzeigen. Vom statistischen Erscheinungsbild her ist die Frage jedenfalls nicht zu beantworten. Zu wenig ist geklärt, ob diejenigen Phänomene, die die konjunkturellen Schwankungen in den letzten Jahren zunehmend überlagerten, tatsächlich trendmäßige Entwicklungen indizierten. Die Vermutung längerfristig wirksamer Tendenzwenden kann sich auf Symptome der inflationären Dynamik und des Verteilungskampfes, auf die veränderte Lage am Arbeitsmarkt und auf engere Grenzen des wachstumspolitischen Spielraumes stützen ... Erschwert wird das Urteil dadurch, daß das konjunkturelle Geschehen der letzten Jahre viel stärker vom konjunkturpolitischen Handeln geprägt war als das der Jahre zuvor"[31].

Diese Bemerkung Klotens, daß die aktive Konjunkturpolitik, wie sie seit 1966/67 betrieben wurde, den bisher typischen Verlauf der Wirtschaft geändert hat, könnte man dahingehend weiterführen, daß diese Konjunkturpolitik ihrerseits stark von den Vorstellungen geprägt wurde, die die Wissenschaft mit der Idee der Wachstumszyklen für die Beschreibung und Erklärung des Wirtschaftsver-

29 N. Kloten (1976), S. 648 f.

30 ebenda, S. 646.

31 ebenda, S. 651 f.

laufs entwickelt hatte, und daß sie von dieser Idee endogener Wachstumszyklen auch dann noch beeinflußt wurde, als diese Vorstellung die Wirklichkeit nicht mehr richtig oder jedenfalls unzureichend beschrieb bzw. erklärte. Die Rezession der Jahre 1966/67 hatte die Auffassung von einer immanenten Instabilität der Wirtschaft, die sich in einem typischen zyklischen Verlauf niederschlägt, gefestigt; und die schnelle Überwindung dieser Rezession (unter anderem durch finanzpolitische Maßnahmen) hatte offenbar das Vertrauen in die Beherrschbarkeit dieser Schwankungen durch die Finanzpolitik gestärkt. Aus der Kenntnis der Entwicklung, wie sie sich seit diesen Jahren vollzogen hat, drängt sich der Eindruck auf, daß das Denken in Zyklen Wissenschaft und Wirtschaftspolitik in dreifacher Weise irritiert hat:

— es hat zu Fehlern in der Prognose geführt;

— es hat zur Überschätzung der Wachstumsmöglichkeiten beigetragen;

— es hat dazu verleitet, allokationspolitisch erwünschte Haushaltsentscheidungen über konjunkturpolitische Begründungen durchzusetzen.

Zum ersten Punkt:

Im Herbstgutachten des Sachverständigenrats aus dem Jahr 1970 heißt es in Ziffer 15: „Die westdeutsche Wirtschaft befindet sich im Umbruch. Der Boom ... hat seinen Höhepunkt überschritten ... Die Industrieproduktion stagniert seit dem Frühjahr 1970 und zeigt damit die konjunkturelle Wende an“[32]. Unter Ziffer 23 fährt der Rat fort: „In einer Konjunkturphase wie der gegenwärtigen muß stets damit gerechnet werden, daß sich Stockungen in einzelnen Bereichen rasch auf andere übertragen und damit einen kumulativen Abschwungsprozeß auslösen“[33]. Für das Jahr 1972, in dem wieder eine reale Wachstumsrate von 4,2 % erreicht wurde und die Inflationsrate auf 5,6 % anstieg, hatte der Rat im Jahresgutachten 1971/72 prognostiziert:

— „Der Konjunkturabschwung wird sich zunächst fortsetzen. Ob er im späteren Verlauf des Jahres in eine Rezession führen, zum Stillstand kommen oder in einen neuen Aufschwung münden wird, ist derzeit nur schwer abzuschätzen.

...

— Das reale Bruttosozialprodukt wird nur wenig höher sein als 1971. Der Auslastungsgrad des Produktionspotentials wird weiter sinken, aber nicht so tief wie im Rezessionsjahr 1967 ...

— Die Löhne werden weniger stark steigen als 1971 ...

— Auch der Preisauftrieb wird schwächer sein als bisher ...“[34].

---

[32] SVR: JG 1970/71, TZ 15.

[33] ebenda, TZ 23.

[34] SVR: JG 1971/72, S. 1.

Zu dieser massiven, mit wenig Vorbehalten vorgetragenen Fehlprognose dürfte das Denken in Zyklusmodellen wesentlich beigetragen haben.

Zum zweiten Punkt:

Wenn man bei realen Wachstumsraten von 5 % (1970) bzw. 3 % (1971) damals von Abschwungsjahren sprach, dann weist dies darauf hin, daß man im mittelfristigen Trend, d.h. also über einen Wachstumszyklus hinweg, eine befriedigende reale Wachstumsrate in einer Größenordnung ansetzte, wie sie Ende der 60er / Anfang der 70er Jahre nur bei Anwerbung einer erheblichen Zahl ausländischer Arbeitskräfte möglich war bzw. wie sie nur unter den besonderen Bedingungen der 50er und beginnenden 60er Jahre erreicht werden konnte.

Noch stärker mag das Denken in Zyklen eine Überschätzung der längerfristigen Wachstumsmöglichkeiten dadurch gefördert haben, daß die auf diesem Gebiet verwendete Terminologie mehr verwirrend als klärend ist: Die Bezeichnung der jährlichen Zunahme des Sozialprodukts als „Wachstumsrate" widerspricht ja der ansonsten in der Wissenschaft übereinstimmend gebrauchten Definition des Wachstums als Zunahme des Produktionspotentials und der Konjunktur als Auslastung des Produktionspotentials. Die Zunahme des Sozialprodukts ist Folge des Zusammenwirkens beider Phänomene, die Wiederbelebung der Wirtschaftstätigkeit nach einer Rezession ist in der Regel durch die gleichzeitige Ausweitung der Investitionstätigkeit (und damit des Produktionspotentials) und der wieder erhöhten Auslastung des vorhandenen Produktionspotentials gekennzeichnet. Die Kombination dieser beiden Wirkungen kann dann zu überraschend hohen „Wachstumsraten" führen; die Abnahme dieser Raten bei Annäherung an die Vollauslastung der Kapazitäten ist dabei eine sachlogisch-rechnerische Konsequenz dieser Zusammenhänge und wird mit der Bezeichnung „Abschwungsphase" mißverständlich interpretiert.

Zum dritten Punkt:

Als weiterer Aspekt wurde hervorgehoben, daß das Denken in Wachstumszyklen in finanzpolitischer Hinsicht dazu verleitet haben kann, allokationspolitische Wünsche in der Haushaltsgestaltung über konjunkturpolitische Begründungen durchzusetzen. Im Rahmen des Reformprogramms, das Bundeskanzler Brandt in seiner Regierungserklärung vom 28. Oktober 1969 bekanntgab, waren die Weichen auf eine Ausweitung des Staatskorridors gestellt und für eine Reihe von Ressorts die Wahrnehmung weiterer Aufgaben angekündigt worden. Über die Finanzierung dieser Aufgaben hatte man sich offenbar noch wenig Gedanken gemacht; in der Regierungserklärung findet sich nur der lapidare Satz: „Bei einer rationellen Bewirtschaftung und bei Verwendung moderner, kostensparender Methoden können die öffentlichen Haushalte die in den nächsten Jahren anstehenden Finanzierungsaufgaben erfüllen, ohne daß die Steuerlastquote des Jahres 1969 erhöht wird"[35].

Der kleinere Koalitionspartner, die FDP, hatte in den Koalitionsvereinbarungen ja zur Bedingung gemacht, daß keine stärkere Anhebung der Steuerlastquote vorgenommen werden dürfe. Insofern war die Durchführung der angekündigten zusätzlichen Aufgaben von vornherein eigentlich nur möglich, wenn man die Aufnahme erhöhter Kredite in Kauf nahm. Die Finanzierung zusätzlicher Staatsausgaben aus Krediten ist aber theoretisch besser begründbar und politisch wohl leichter durchsetzbar, wenn mit konjunkturpolitischen Notwendigkeiten argumentiert wird. Soweit ein solches deficit-spending „in die konjunkturelle Landschaft paßt", ist es zunächst für die Wirkung der globalen Nachfragesteuerung — abgesehen vielleicht von unterschiedlichen Multiplikatoreffekten — gleichgültig, über welche Arten von erhöhten öffentlichen Ausgaben oder Einnahmeminderungen zusätzliche Nachfrage geschaffen wird. Nach den Erfahrungen, die mit der Finanzpolitik in den meisten Ländern bis heute gemacht wurden, ist es problematisch, wenn dauerhafte Ausgabensteigerungen oder Steuersenkungen mit dem bequemen Argument der konjunkturpolitischen Erfordernisse durchgesetzt werden. Es ist zwar — wie oben im theoretischen Teil dargelegt wurde — unter bestimmten Bedingungen möglich, daß sich die zur Finanzierung solcher Maßnahmen aufgenommenen Kredite im Zuge künftigen stärkeren Wirtschaftswachstums selbst konsolidieren. Als eine wichtige Bedingung einer solchen Selbstkonsolidierung wurde erwähnt, daß die Lohnerhöhungen nicht über die Produktivitätssteigerung hinausgehen dürfen. Ob diese Voraussetzung — etwa durch Abschluß eines Stabilitätspaktes — damals durch entsprechende politische Bemühungen hätte erfüllt werden können, lasse ich dahingestellt. Die erforderlichen Bedingungen für eine Selbstkonsolidierung lagen jedenfalls während des Untersuchungszeitraums nicht vor, so daß die Erfahrungen dahingehend interpretiert werden müssen, daß früher oder später eine Konsolidierung der mit solchen Maßnahmen eingeleiteten andauernden Veränderungen der Haushaltssituation notwendig wird, die dann oft mit größeren Nachteilen für die wirtschaftliche Entwicklung verbunden sein kann, als sie bei Unterlassung dieser Maßnahmen aufgetreten wären.

Wirtschaftspolitisch zielen die angeführten Bedenken, ob man die wirtschaftliche Situation in den Jahren 1970/71 bei realen Wachstumsraten von 5 % und 3 %, bei Inflationsraten von 3,6 % und 5,1 % und bei einem (Über-)Auslastungsgrad des Produktionspotentials von 100 % und 98,6 % als Abschwung einstufen darf, also dahin, einen konjunkturpolitischen Handlungsbedarf überhaupt in Frage zu stellen. Er wurde deshalb formuliert, daß die Durchsetzung allokationspolitisch erwünschter Haushaltsanforderungen mit konjunkturpolitischen Argumenten kaschiert wurde.

---

35 Im Bewußtsein der Verantwortung für die Zukunft unseres Landes. Regierungserklärung des Bundeskanzlers vor dem Deutschen Bundestag, in: Bulletin des Presse- und Informationsamtes der Bundesregierung, Nr. 132 vom 29.10.1969, S. 1121-1128, S. 1123.

3. Expansive Finanzpolitik bei zunehmenden Inflationsraten

Wenn man für das Jahr 1971 — in Anlehnung an die vom Sachverständigenrat geäußerten Möglichkeiten — einen verstärkten Rückgang der Konjunktur befürchtete, so war dafür der Ansatz erhöhter Ausgaben im Haushaltsplan nicht die geeignete Politik, da die entsprechenden haushaltspolitischen Entscheidungen in der Regel irreversibel sind. Für den Fall des Eintritts einer solchen Entwicklung sah das Stabilitäts- und Wachstumsgesetz geeignetere Maßnahmen vor. In diesem Sinne empfahl der Finanzplanungsrat den Gebietskörperschaften, ihre geplanten Ausgaben zwar voll zu realisieren, diese jedoch erst in der zweiten Hälfte des Jahres verstärkt zu tätigen, sowie die Auflösung der Konjunkturausgleichsrücklage zurückzustellen. Grundsätzlich sollten die Gebietskörperschaften eine abwartende Haushaltspolitik, besonders bezüglich des öffentlichen Verbrauchs, verfolgen und ungeplante Steuermehreinnahmen zur Reduktion der Kreditaufnahme und nicht für Mehrausgaben verwenden.

Im Mai beschloß die Bundesregierung — nach Abklärung mit dem Konjunktur- und Finanzplanungsrat — aufgrund der weiterhin anhaltenden Preissteigerungen einen restriktiveren finanzpolitischen Kurs einzuschlagen und verabschiedete ein Stabilitätsprogramm. Mit dem Programmteil, der der außenwirtschaftlichen Absicherung diente, wurde der Wechselkurs der DM vorübergehend freigegeben sowie die Verzinsung ausländischer Guthaben bei inländischen Kreditinstituten verboten, um den anhaltenden Devisenstrom vom Ausland zu stoppen. Der binnenwirtschaftliche Teil des Programms sah vor, daß Bund und Länder ihre Ausgaben kürzen, in geringerem Umfang Verpflichtungsermächtigungen in Anspruch nehmen, die Neuverschuldung drastisch reduzieren und eine Konjunkturausgleichsrücklage bilden sollten. Ende Juni 1971 empfahl der Konjunktur- und Finanzplanungsrat dem Bund und den Ländern, ihre ungeplanten Steuermehreinnahmen bereits im September des gleichen Jahres in die erwähnte Konjunkturausgleichsrücklage einzustellen.

Trotz der im Laufe des Jahres 1971 vorgenommenen Restriktionen stiegen die Ausgaben mit 15,4 % wesentlich stärker als geplant und das Finanzierungsdefizit erreichte mit 15,6 Mrd. DM annähernd die doppelte Höhe wie im Vorjahr. Dies bedeutet, daß die Beschränkung des Ausgabenwachstums zu gering blieb und die stabilitätspolitischen Bemühungen durch hohe Lohn- und Preissteigerungen besonders in diesem Jahr überrollt wurden[36].

Um die Jahreswende 1971/72 wurde die konjunkturelle Entwicklung für das Jahr 1972 — wie auch in den oben zitierten Äußerungen des Sachverständigenrates anklingt — verbreitet negativ beurteilt. Im Januar empfahl der Konjunkturrat deshalb, daß die Haushalte der Gebietskörperschaften nachfragestützend wirken,

[36] Vgl. G. Hagemann (1972): Die staatliche Tätigkeit in der Bundesrepublik Deutschland 1970 und 1971, in: Finanzarchiv, N.F. Bd. 31, Tübingen 1972, S. 147-161, S. 148.

der Eventualhaushalt des Bundes, der im Oktober des Vorjahres in Höhe von 2,5 Mrd. DM geplant worden war, ab Frühjahr verausgabt und der Konjunkturzuschlag ab Mitte des Jahres zurückerstattet werden sollten.

Die Bundesregierung gab in ihrem Ende Januar veröffentlichten Jahreswirtschaftsbericht bekannt, daß die Staatsausgaben im Jahr 1972 um 10-11 % steigen sollten. Schon wenige Wochen später — am 9. März — stellten der Konjunktur- und der Finanzplanungsrat fest, daß auf absehbare Zeit keine Notwendigkeit bestände, die Eventualhaushalte zu realisieren und die Konjunkturausgleichsrücklage aufzulösen, und daß die sich abzeichnende Neuverschuldung der Gebietskörperschaften weder den gegenwärtig erkennbaren konjunkturpolitischen Erfordernissen noch den längerfristigen finanzwirtschaftlichen Möglichkeiten entspräche.

Diese Empfehlungen wurden von der Regierung negiert. Obwohl sich verbreitet Aufschwungstendenzen abzeichneten und die Preise verstärkt anstiegen, wurde Mitte März als Rückzahlungstermin für den Konjunkturzuschlag der 15. 6. festgesetzt. Kurz darauf lösten mehrere Bundesländer ihre Konjunkturausgleichsrücklagen auf. Mitte April legte der Haushaltsausschuß dem Bundestag Änderungsvorschläge zum Entwurf des Bundeshaushaltsplanes vor, die ein um 2,7 Mrd.DM erhöhtes Etatvolumen beeinhalteten, das für seit längerem geplante Aktivitäten vorgesehen war.

Kurz darauf wies der Konjunkturrat nochmals darauf hin, daß das Ausgabevolumen sowie die staatliche Kreditaufnahme an die gesamtwirtschaftliche Entwicklung anzupassen seien. Anfang Juni ergriff der Bundestag erste Maßnahmen in Richtung einer Anpassung des Haushaltsplans, indem er den Entwurf des Haushaltsplanes mit der Bitte um Anpassung der Plangrößen an die konjunkturelle Entwicklung zurückverwies. Die Bundesregierung machte daraufhin Vorschläge zur Kürzung der im Haushaltsentwurf geplanten Ausgaben um 1,4 Mrd. DM. Der Konjunktur- und der Finanzplanungsrat unterstützten das Anliegen der Bundesregierung und empfahlen, die Nettokreditaufnahme der Gebietskörperschaften um 3 Mrd. DM auf 16 Mrd. DM zu verringern. Diese Warnungen führten jedoch nicht zu einer Änderung des Haushaltsgebarens der Gebietskörperschaften, da die in beträchtlichem Umfang anfallenden Mehreinnahmen infolge der unerwarteten Konjunkturbelebung und der hohen Preissteigerungen keine Ausgabenzurückhaltung erforderten.

Eine effizientere Haushaltspolitik wäre nur möglich gewesen, wenn die Gebietskörperschaften in Anwendung des Stabilitäts- und Wachstumsgesetzes dazu verpflichtet worden wären, konjunktur- und inflationsbedingte Steuermehreinnahmen bei der Bundesbank stillzulegen sowie kompensatorische Kreditaufnahmen zu unterlassen[37]. So aber blieb es bei unverbindlichen Aufrufen und Empfehlungen, die kein der konjunkturellen Situation adäquates Handeln nach sich

[37] Vgl. R. Fecht (1974): Die staatliche Tätigkeit in der Bundesrepublik Deutschland 1972, in: Finanzarchiv, N.F. Bd. 32, Tübingen 1974, S. 135-154, S. 140.

zogen. Der permanente Konflikt zwischen haushalts- und wirtschaftspolitischen Wünschen und Erfordernissen wurde in diesem Jahr mit besonderer Stärke akut, da das langsamere Einnahmenwachstum der letzten Jahre die Erfüllung von Wünschen mancher Ressorts bzw. Politiker, die — jeder in seinem Bereich — im Sinne der Regierungserklärung vom Oktober 1969 zum Zuge kommen wollten, nicht zugelassen hatte. Das nun wieder beschleunigt steigende Steueraufkommen durch das erhöhte Wirtschaftswachstum und die zum 1. 3. — zweckgebunden zur Verbesserung der Verkehrsverhältnisse[38] — beschlossene Mineralölsteuererhöhung sowie die zum 1. 9. in Kraft tretende Tabaksteuererhöhung, die mit haushaltspolitischen Gründen motiviert wurde[39], ergaben einen größeren Spielraum für zusätzliche Ausgaben. Es war offenbar dem Kanzler und dem Finanzminister nicht möglich, hier die konjunkturpolitisch erforderliche Disziplin durchzusetzen.

Zusammenfassend ist festzuhalten, daß ab 1970 die Staatsausgaben stark erhöht und zunehmend aus Krediten finanziert wurden. Während im Jahr 1970 die Zunahme der Staatsausgaben mit 12,5 % noch leicht hinter der Wachstumsrate des nominellen Bruttosozialprodukts von 13 % zurückblieb, ging sie in den folgenden Jahren sogar mit 15,4 % und 11,3 % erheblich über die Zuwachsraten des nominellen Bruttosozialprodukts von 11,3 % und 9,7 % hinaus.

Der Finanzierungssaldo aller Gebietskörperschaften, der im Jahr 1969 noch einen Überschuß von 2,5 Mrd. DM aufwies, wandelte sich 1970 in ein Defizit von 8,1 Mrd. DM, das im Jahre 1971 auf 15,6 Mrd. DM erhöht wurde und auch 1972 — als die Wachstumsrate wieder anstieg und die Zuwachsrate der Einnahmen mit 13,3 % um fast 4 Prozentpunkte über die nominelle Zuwachsrate des Bruttosozialprodukts hinausging — mit 13,1 Mrd. DM in einer Höhe beibehalten wurde, die der veränderten konjunkturellen Situation in keiner Weise entsprach. Nach dem Saldenkonzept wäre die Reduktion des Defizits zwar als negativer Impuls zu werten. Unabhängig davon, daß man das einfache Konzept des Saldenvergleichs bei einer Wende in der Entwicklung der realen Wachstumsraten nicht undifferenziert anwenden kann, war jedoch ein negativer Impuls von 2,5 Mrd. DM angesichts der starken Steigerung der Staatsausgaben als Mittel zur Bremsung der Inflation, die in diesem Jahr weiter auf 5,6 % anstieg, absolut unzureichend; die anhaltend hohe Nettoneuverschuldung ist als inflationsverschärfend einzustufen.

Wie die oben erwähnten Reaktionen des Konjunktur- und des Finanzplanungsrats zeigen, waren diese Institutionen sowohl in ihrer Analyse als auch in ihren Empfehlungen der Konjunktur zwar nahe auf den Fersen; die Rezeption der Analyse und die Durchsetzung entsprechender Maßnahmen durch die Regierung blieb jedoch weit dahinter zurück. W. Ehrlicher und R. Hagemann merken dazu

38 Finanzbericht 1972, S. 71.

39 ebenda, S. 71.

an[40]: „In der Ausgabengebarung der Gebietskörperschaften fand der restriktive konjunkturpolitische Kurs nur geringen Niederschlag; die diesbezüglichen Erfolge blieben noch hinter den Absichten zurück. Dies war zum einen darin begründet, daß im Zuge des inflationären Prozesses zahlreiche Ausgabenarten — insbesondere die Personalausgaben — stark anstiegen; zum anderen setzte sich in dieser Zeit auch die Vorstellung stärker durch, daß die Durchführung dringlicher öffentlicher Vorhaben aus konjunkturpolitischen Gesichtspunkten nur bedingt oder gar nicht zurückgestellt werden dürfte".

4. Konjunkturpolitisches Ergebnis

Die Periode von Frühjahr 1970 bis Anfang 1972 wurde in der aktuellen Berichterstattung in der Regel als Abschwungsphase des 5. Wachstumszyklus eingestuft. Der Begriff Abschwung enthält einen negativen Akzent. Die damalige weitgehend keynesianisch orientierte Zyklenliteratur wollte damit ohne Zweifel einen wirtschaftspolitischen Handlungsbedarf signalisieren. Die Finanzpolitik wurde — vielfach auch expressis verbis mit dieser Begründung — in diesen Jahren überwiegend expansiv gefahren.

Man kann sich natürlich durchaus darüber streiten, ob die weitere wirtschaftliche Entwicklung damals — wie ja offenbar vielfach befürchtete wurde — ohne eine entsprechend expansive Finanzpolitik in eine Rezession eingemündet wäre. In diesem Sinne beurteilen W. Ehrlicher und R. Hagemann, die mit der Terminologie des Sachverständigenrates — insbesondere dem Instrument des konjunkturneutralen Haushaltes — argumentieren, die damalige Politik auch positiv: „Die Finanzpolitik hatte in der zweiten Hälfte des Jahres 1971 durch beträchtliche Expansion der Ausgaben mit dazu beigetragen, daß die Wendung von der Abstiegsphase des 5. zur Aufstiegsphase des 6. Wachstumszyklus um die Jahreswende 1971/72 beschleunigt wurde"[41].

Ich habe gegen die Kennzeichnung dieser Jahre als Abschwung aus mehreren Gründen Bedenken. Der Begriff der — sei es nominellen, sei es realen — Wachstumsrate hat sich so fest von der wissenschaftlichen Literatur bis in die Tagespresse eingebürgert, daß man kaum umhin kann, ihn weiter zu verwenden. Gleichwohl ist er ein sehr unpräziser Ausdruck zur Kennzeichnung der Veränderungen der wirtschaftlichen Aktivität, die sich in den Zyklen niederschlagen, da in die Wachstumsrate ebenso die Folgen einer Mehr- oder Minderauslastung des Produktionspotentials wie auch einer Veränderung dieses Potentials durch Zunahme oder Abnahme der Investitionstätigkeit eingehen.

---

40 W. Ehrlicher, R. Hagemann (1975/76): Chronik. Die öffentlichen Finanzen in der Bundesrepublik im Jahre 1973, in: Finanzarchiv, N.F. Bd. 34, Tübingen 1975/76, S. 116-137, S. 116.

41 W. Ehrlicher, R. Hagemann (1975/76), S. 116.

Gegen die Einstufung dieser Jahre als Abschwung spricht, daß das Produktionspotential ab 1970 nicht nur voll ausgelastet, sondern — in der Messung des Sachverständigenrats — überausgelastet war, daß die Zahl der offenen Stellen während der ganzen Zeit erheblich über die Zahl der Arbeitslosen hinausging, d.h. also ständig Überbeschäftigung herrschte, vor allem aber, daß die Inflationsrate nicht nur weiter zunahm, sondern daß sich diese Zunahme verschärfte.

Die expansive Finanzpolitik war dabei nicht primär konjunkturpolitisch motiviert und widersprach in der Wahl der Instrumente — wegen der Irreversibilität der getroffenen Maßnahmen — grundsätzlichen konjunkturpolitischen Erfordernissen. Die Philosophie der Finanzpolitik wandte sich ja auch — wie soeben festgestellt — wenige Jahre nach Erlaß des Stabilitäts- und Wachstumsgesetzes von der antizyklischen Orientierung ab und räumte den allokationspolitischen Forderungen der Regierungserklärung vom Oktober 1969, die nur durch eine über mehrere Jahre anhaltende Ausdehnung der Staatsquote zu realisieren waren, Priorität ein. Die konjunkturpolitische Begründung wurde allerdings sehr wohl als zusätzliches Argument — wenn es für die Durchsetzung erhöhter Staatsausgaben opportun erschien — angeführt bzw. vorgeschoben. Nichtsdestotrotz fand die angekündigte allokationspolitisch orientierte Erhöhung der öffentlichen Investitionen nicht statt; vielmehr stiegen der Staatsverbrauch und die Transferzahlungen überproportional.

Insgesamt war die Finanzgebarung dieser Jahre zu expansiv und trug zum anhaltenden Inflationstrend und — angesichts der wirtschaftspolitischen Maßnahmen oft eigenen Verzögerungswirkung — zur schnellen Überhitzung der Konjunktur im II. Halbjahr 1972 und I. Halbjahr 1973 bei. Daneben ist festzustellen, daß die weitere Steigerung der Staatsausgaben infolge irreversibler Maßnahmen mittelfristig den finanzpolitischen Handlungsspielraum nachhaltig einengte.

V. Konflikt zwischen Inflation und Rezession (1972-74)

1. Parallelitäten und Unterschiede zwischen dem Abbruch des Booms im Jahr 1966 und im Jahr 1974

Die schnelle Überhitzung der wirtschaftlichen Entwicklung ab Sommer 1972, die massive Bekämpfung des Booms durch geld- und finanzpolitische Restriktionen und der sehr plötzliche Rückgang der wirtschaftlichen Aktivität ab Herbst 1973 haben in mehrfacher Hinsicht Ähnlichkeiten mit der Situation 1966/67. Damals hatte die Finanzpolitik mit ihren Wahlgeschenken zur inflationären Überhitzung beigetragen. Die Bundesbank praktizierte, als sie durch die Umkehr der Leistungsbilanzentwicklung im Boom Handlungsspielraum gewonnen hatte, eine rigorose Restriktionspolitik, die sich speziell auch gegen die Finanzpolitik richtete, und trug damit zum Abfall in die Rezession 1966 bei. Die Finanzpolitik mußte den größten Teil der Wahlgeschenke wieder „einsammeln“. Es kam zu einer Stagnation des realwirtschaftlichen Wachstums im Jahre 1967 bei gleichzeitig kräftiger Zurückführung der Inflationsrate, die sich dann über mehrere Jahre auf niedrigem Stand hielt. Die letztere Entwicklung wird insbesondere der zurückhaltenden Tarifpolitik zugeschrieben, die — im Rahmen der Konzertierten Aktion angeregt — von den Tarifpartnern verfolgt wurde, als die Arbeitslosigkeit die Millionengrenze überschritt.

Die Parallelität der Entwicklung zwischen dem nun zu behandelnden Zeitabschnitt und den Jahren 1966-67 besteht in der Erfahrung, daß sich eine überhitzte Konjunktur durch wirtschaftspolitische Mittel in Form einer „weichen Landung“ offenbar kaum abfangen läßt. Im Jahr 1967 wurde die Umkehr des Inflationsprozesses — die Preissteigerung hatte 1966 eine Rate von 3,4 % erreicht — mit einer Stagnation der realen Wirtschaftstätigkeit noch relativ schnell herbeigeführt; in den Jahren 1974/75, als die Preissteigerungsrate 7 % überschritt, konnte der Inflationsprozeß nur sehr langsam durch eine anhaltende Rezession gestoppt werden.

Die Unterschiede der beiden Konstellationen bestehen in der verschiedenen Art des Zusammenwirkens der Geld-, Finanz- und Lohnpolitik. Im Jahr 1966 wurde die Restriktionspolitik zur Dämpfung der Konjunktur allein von der Geldpolitik eingeleitet, die sich gegen eine anhaltend expansive Finanzpolitik und gegen eine aggressive Lohnpolitik durchsetzen mußte; nach dem Zusammenbruch der Konjunktur schwenkten die Finanzpolitik und die Lohnpolitik aber bald auf eine zurückhaltende Strategie ein, wodurch ein schneller Rückgang der Inflationsrate bewirkt und frühzeitig expansive Impulse seitens der Geld- und Finanzpolitik ermöglicht wurden.

Im Herbst 1972 wurde die Restriktionspolitik wiederum von der Bundesbank mit schnell aufeinander folgenden Diskont-, Lombard- und Mindestreservesatzerhöhungen eingeleitet. Diese Politik konnte aber zunächst — wie sogleich näher erläutert wird — aus außenwirtschaftlichen Gründen nur für kurze Zeit durchgehalten werden. Nicht zuletzt aufgrund dieser Hilflosigkeit der Geldpolitik schaltete die Finanzpolitik diesmal relativ frühzeitig auch auf einen restriktiven Kurs um.

Anfang des Jahres 1973 verlor die Bundesbank aufgrund außerordentlich hoher spekulativer Devisenzuflüsse die Herrschaft über die Geldversorgung, da es ab Ende Januar 1973 zu einer „Welle von destabilisierenden Kapitalbewegungen im Zusammenhang mit einer weltweiten Vertrauenskrise um den Dollar kam“[42]. Nach einem letzten Versuch am 12. Februar, durch Paritätsanpassungen — der Dollar wurde um 10 % abgewertet — mit den weltweiten Devisenunruhen fertig zu werden, mußte die Bundesbank am 1. März 1973 erneut Dollar im Gegenwert von 7,5 Mrd.DM ankaufen, „den höchsten Betrag, der jemals von einer Notenbank

[42] O. Emminger (1976), S. 528, im Original teilweise gesperrt gedruckt.

an einem einzigen Tag gekauft oder verkauft wurde"[43]. Am 19. März gingen dann die Mitglieder des Europäischen Währungsverbundes zum gemeinsamen Floaten gegenüber dem Dollar über. Dies gab dann der Geldpolitik wieder Handlungsspielraum. Über Herabsetzung der Rediskontkontingente, Erhöhung der Abgabesätze für Offenmarktpapiere, weitere Steigerungen der Mindestreservesätze und verstärkte Offenmarktoperationen mit Nichtbanken schöpfte die Bundesbank die freien Liquiditätsreserven der Banken weitgehend ab. Die weitere Kreditgewährung der Banken wurde damit drastisch eingeschränkt. Der Diskont- und der Lombardsatz, die Anfang Oktober 1972 noch bei 3 % bzw. 4 % lagen, wurden in kurz aufeinander folgenden Schritten bis Juni 1973 auf 7 % bzw. 9 % erhöht. Dies schlug sich in einem schnellen Anstieg der Zinssätze nieder; die Umlaufsrendite der festverzinslichen Wertpapiere erreichte Mitte 1973 10,5 %. In Verbindung mit den nachstehend zu erörternden finanzpolitischen Maßnahmen führte dies zu einem starken Rückgang der privaten Investitionstätigkeit.

Die Finanzpolitik schloß sich im Jahre 1972 — im Gegensatz zu der Konstellation in den Jahren 1966/67 — der restriktiven Geldpolitik frühzeitig an bzw. übernahm sogar vorübergehend, als die Maßnahmen der Geldpolitik nicht griffen, die Führungsrolle. In den Jahren 1966/67 war die Geldpolitik, wie aus der auf S. 50 zitierten Äußerung des Bundesbankpräsidenten hervorgeht, auch gegen die großzügige Finanzgebarung der öffentlichen Hände gerichtet. Der Kurswechsel der Finanzpolitik von der bisher expansiven zu einer kontraktiven Orientierung wurde allerdings erst mit erheblicher Verzögerung effektiv. Ich möchte die einzelnen Schritte dieser restriktiven Politik im folgenden näher schildern.

2. Restriktive Finanzpolitik 1972/73

Im September hatte der Finanzplanungsrat empfohlen, daß die Staatsausgaben im Jahre 1973 nicht über 10,5 % ansteigen sollten. Gleichzeitig legte der Haushaltsausschuß im Bundestag einen weiteren Änderungsvorschlag für den Haushaltsplan 1972 vor, der vorsah, die Ausgaben zu reduzieren und die Nettokreditaufnahme zu kürzen. Ende Oktober gab die Bundesregierung bekannt, daß die über die Planungsansätze hinausgehenden Steuermehreinnahmen nicht ausgegeben, sondern zur Verringerung der Nettoneuverschuldung verwendet werden sollten. Dieses Vorhaben wurde weder für den Bund noch für die anderen Gebietskörperschaften effektiv. Die Ausgaben des Bundes wie auch die gesamten Staatsausgaben stiegen um 11,3 %, das Defizit des Bundes belief sich anstelle des im Haushaltsplan vorgesehenen Betrags von 4,4 Mrd. DM, der ja unter dem Aspekt sich abschwächender Konjunktur geplant war, auf 4,8 Mrd. DM.

Als sich die konjunkturellen Überhitzungserscheinungen zum Jahresanfang 1973 nicht abschwächten, kündigte die Bundesregierung ein erstes Stabilitätspro-

[43] ebenda, S. 531.

gramm an, um die expansive Nachfrage- und Preisentwicklung zu dämpfen. Die finanzpolitischen Maßnahmen waren hauptsächlich einnahmenseitig orientiert und zielten darauf ab, die private Nachfrage zu beschneiden. Vorgesehen war, eine Stabilitätsanleihe aufzulegen, eine 10%ige Stabilitätsabgabe zu erheben, die Mineralölsteuer ab 1.7.1973 zu erhöhen, die Investitionszulage herabzusetzen sowie die degressive Abschreibung bei Gebäuden aufzuheben. Dieses Programm brachte — wie auch die o. e. Maßnahmen der Bundesregierung vom Herbst 1972 — noch keinen erkennbaren stabilitätspolitischen Erfolg; Kloten bezeichnet es als „Nonvaleur“[44]. Effizient wurde erst die Erweiterung des Programms, die am 9. Mai beschlossen wurde. Im Rahmen dieser zusätzlichen Maßnahmen wurde die Einkommensgrenze des Stabilitätszuschlags gesenkt, eine Investitionssteuer erhoben, die degressive Abschreibung nach § 7b EStG für neubeantragte Wohnbauten ausgesetzt, die Gemeinschaftsausgaben und rechtlich nicht gebundene Ausgaben von Bund und Ländern gesenkt, das Finanzierungsdefizit der Gebietskörperschaften reduziert und die Steuermehreinnahmen bei der Bundesbank stillgelegt, sofern sie nicht der Verringerung der Nettokreditaufnahme dienten.

Den Abschluß der restriktiv orientierten Politik des Jahres 1973 bildete die Haushaltsplanung für das Jahr 1974, die Mitte 1973 eingeleitet wurde. Man erkannte zu diesem Zeitpunkt die bevorstehende Abschwächung der Konjunktur noch nicht, sondern glaubte, daß der konjunkturelle Aufschwung noch anhalte, so daß weiterhin eine restriktive Politik zur Gegensteuerung nötig sei. Deshalb legte der Finanzplanungsrat den Gebietskörperschaften auch in diesem Jahr nahe, eine zurückhaltende Haushaltsgebarung zu verfolgen, um die Zielsetzung der Stabilitätsprogramme nicht zu gefährden. So schloß sich die Mehrheit des Finanzplanungsrates dem Vorschlag des Bundesministers der Finanzen an, die Zuwachsrate des öffentlichen Gesamthaushalts für 1974 auf 10,9 % zu begrenzen. Ende November verabschiedete die Bundesregierung auf Empfehlung des Finanzplanungsrates eine „Schuldendeckelverordnung“, wonach die Kreditaufnahme der Gebietskörperschaften auf 14,4 Mrd. DM begrenzt werden sollte.

Die Mehrzahl dieser restriktiven finanzpolitischen Maßnahmen des Jahres 1973 waren — wie schon angedeutet — weniger auf eine Einschränkung der monetären Gesamtnachfrage über Reduktion der staatlichen Ausgabenkomponente als auf eine Dämpfung der privaten Ausgaben, insbesondere der Investitionsausgaben, gerichtet. Das Wachstum der Staatsausgaben blieb mit 11,2 % etwa in der gleichen Größenordnung wie im Vorjahr. Da die Einnahmen stärker stiegen, ergab sich eine Reduktion des Defizits von 13,1 Mrd. DM auf 8,8 Mrd. DM. Im Sinne des Vorjahresvergleichs wäre dies als negativer Impuls von gut 4 Mrd. DM zu interpretieren. Berücksichtigt man allerdings, daß die inflationsbedingten Steuermehreinnahmen sich auf annähernd 4 Mrd. DM beliefen[45], dann darf man

44 N. Kloten (1976), S. 664.

45 SVR: JG 74/75, Tabelle 20, S. 99.

diesen Mehreinnahmen kaum einen nennenswerten Entzugseffekt zuschreiben, sondern muß wohl eher argumentieren, daß sich die Haushaltsgebarung mit der Ausgabenerhöhung in der Größenrelation des Vorjahres hielt und damit weiter expansive Wirkungen hatte. Dagegen hatten die restriktiven steuerpolitischen Maßnahmen — die Investitionssteuer, die Aussetzung der degressiven Abschreibung und die erhöhte Absetzung nach § 7 b EStG — über ihren Ankündigungseffekt eine relativ schnelle Wirkung auf die Investitionstätigkeit und trugen damit zum Rückgang der Konjunktur in der zweiten Jahreshälfte 1973 und — in Verbindung mit der Ölkrise und den damit in Zusammenhang stehenden Veränderungen der internationalen Wirtschaftssituation — zum Abfall in die Rezession der Jahre 1974/75 bei.

Die Abschwächung der Konjunktur führte dazu, daß die Mehrzahl der genannten restriktiven Maßnahmen im Dezember 1973 aufgehoben wurde. Die weitere Verschlechterung der wirtschaftlichen Situation löste eine hektische konjunkturpolitische Aktivität aus, über die im Dritten Hauptteil der Untersuchung berichtet wird.

3. Zunehmend untypischer Konjunkturverlauf

Der Konjunkturverlauf zeigt in den Jahren 1972 bis 1974 in mancher Hinsicht einen recht untypischen Verlauf, was angesichts der zunehmenden Intensität der wirtschaftspolitischen Eingriffe nicht überraschend ist. Dieser untypische Verlauf äußert sich zunächst darin, daß der Inflationsprozeß — wie schon früher angedeutet — bei rückläufigen Wachstumsraten nicht nur nicht gebremst wird, sondern zunächst noch zunimmt. Zur genaueren Kennzeichnung werden nachstehend Halbjahreswerte angeführt (s. Tabelle 3, S. 76).

Während die Wachstumsrate im I. Halbjahr 1973 mit 5,8 % auf ihrem Höhepunkt angelangt war und sodann schnell zurückgeht, erreicht die Inflationsrate erst ein Jahr später im I. Halbjahr 1974 mit 7,1 % den Scheitelpunkt und fällt auch im folgenden Halbjahr nur schwach auf 6,8 % ab.

Nicht weniger stark als die Inflationsentwicklung weicht die Bewegung der einzelnen Nachfragekomponenten — jedenfalls in einzelnen Phasen — vom typischen Konjunkturverlauf ab. In der nachstehenden Tabelle 4 (S. 77) sind die halbjährlichen realen Veränderungen der verschiedenen Nachfragekomponenten (jeweils zum entsprechenden Vorjahreshalbjahr) in absoluten Werten und in Prozent (jeweils zu Preisen von 1980) wiedergegeben; die prozentuale Veränderung des Außenbeitrags und der Lagerhaltung sind nicht aufgeführt, da sie angesichts der starken Schwankungen zwischen positiven und negativen Ausgangswerten wenig anschaulich sind.

Tabelle 3

Wachstums- und Inflationsraten 1972 bis 1974

Halbjahr	Wachstumsrate in % 1)	Inflationsrate in % 2)
1972,I	4,0	5,1
72,II	4,4	5,9
1973,I	5,8	7,0
73,II	3,7	7,0
1974,I	1,2	7,1
74,II	0,7	6,8

1) reale Zunahme des Bruttosozialprodukts in Preisen von 1980, berechnet jeweils gegenüber dem entsprechenden Vorhalbjahr.
Quelle: Statistisches Bundesamt, Fachserie 18, Reihe 1.3, Konten und Standardtabellen, 1987 Hauptbericht, Tabelle 2.5, S.201, eigene Berechnungen.

2) Zunahme des Preisindex der Lebenshaltung für alle privaten Haushalte in Preisen von 1980, berechnet jeweils gegenüber dem entsprechenden Vorhalbjahr.
Quelle: Statistisches Bundesamt, Fachserie 17, Reihe 7, Preise und Preisindizes für die Lebenshaltung, 1987, Tabelle 1.6.1, S.108ff., eigene Berechnungen.

Tabelle 4

Entwicklung der Nachfragekomponenten von 1972 bis 1974
in Mrd.DM
(in Preisen von 1980)

absolute Veränderung in Mrd.DM	Bruttosozialprodukt	privater Konsum	private Anlageinvestitionen	Vorratsveränderungen	staatl. Konsum	staatl. Anlageinvestitionen	Außenbeitrag
Halbjahreswerte							
1972,I	22,2	14,7	5,8	0,3	5,1	-0,4	-3,3
72,II	26,8	13,8	3,9	0,7	4,3	-1,2	5,2
1973,I	33,7	14,0	4,0	4,8	4,6	-0,2	6,4
73,II	23,4	6,4	-4,7	5,3	6,9	-0,2	9,7
1974,I	7,3	0,5	-16,7	-3,7	4,0	1,6	21,6
74,II	-4,9	4,0	-17,0	-8,4	5,7	1,8	9,1

Wachstumsrate in %	Bruttosozialprodukt	privater Konsum	private Anlageinvestitionen	staatl. Konsum	staatl. Anlageinvestitionen
Halbjahreswerte					
1972,I	4,0	4,8	4,8	4,7	-1,6
72,II	4,4	4,1	2,9	3,7	-4,1
1973,I	5,8	4,4	3,1	4,1	-0,8
73,II	3,7	1,8	-3,4	5,8	-0,7
1974,I	1,2	0,2	-12,7	3,4	6,7
74,II	-0,7	1,1	-12,7	4,5	6,4

Quelle:
Statistisches Bundesamt, Fachserie 18, Reihe 1.3, Konten und Standardtabellen, 1987 Hauptbericht, Tabelle 2.5, S.201, eigene Berechnungen.

Eine untypische Entwicklung gilt insbesondere für die Konstellation in der Überhitzungsphase im II. Halbjahr 1972 und im I. Halbjahr 1973. Hinsichtlich der binnenwirtschaftlichen Konjunkturdynamik stellen die meisten Konjukturtheorien als wichtigste Determinante auf die private Investitionstätigkeit ab, wobei deren Schwankungen in den einzelnen Theorien unterschiedlich begründet werden. Tatsächlich sind die Überhitzungserscheinungen des II. Halbjahres 1972 und des I. Halbjahres 1973 nicht von überhöhter inländischer Investitionstätigkeit verursacht: Während das reale Sozialprodukt um 4,4 % im II. Halbjahr 1972 und um 5,8 % im I. Halbjahr 1973 zunimmt, steigen die privaten Anlageinvestitionen nur um 2,9 % bzw. 3,1 %. Eine stärkere Zunahme im I. Halbjahr 1973 weisen nur die Vorratsinvestitionen mit 4,8 Mrd. DM auf. Die Überhitzung in diesem Zeitraum ist in erster Linie in der Erhöhung der Auslandsnachfrage — der Außenbeitrag nimmt in den beiden Halbjahren um 5,2 Mrd. DM und 6,4 Mrd. DM zu, wobei die Steigerung der Zunahme des Exports real 9,4 % bzw. 11,3 % beträgt — begründet.

Diese starke Steigerung des Exports im Boom widerspricht der üblichen außenwirtschaftlichen Konjunkturmechanik, die darin besteht, daß die Bewegungen des Außenbeitrags zur Steuerung der Konjunktur in dem Sinne beitragen, daß die Preis- und Einkommensmechanik im Wirtschaftsaufschwung eine Bremsung und u. U. eine Umkehr der Aufstiegsbewegung bzw. im Wirtschaftsabschwung eine Ankurbelung des Wirtschaftsablaufs bewirkt. Dies ist dann der Fall, wenn sich die wirtschaftliche Entwicklung in den wichtigsten Welthandelsländern phasenverschoben vollzieht, so daß sich bei rückläufiger Inlandsnachfrage angesichts gegenläufiger Entwicklung im Ausland dort verbesserte Absatzmöglichkeiten anbieten und umgekehrt. Die Steigerung der Exporte im erwähnten Umfang war allerdings extrem; sie war überdies — wie der Sachverständigenrat anmerkt[46] — angesichts der im Gefolge der Freigabe der Wechselkurse eingetretenen Höherbewertung der DM überraschend. Als mögliche Gründe für diese außerordentliche Entwicklung der Ausfuhrüberschüsse nennt der Rat höhere Inflationsraten im Ausland und Vorzugseffekte bei Investitionsgüterkäufen aufgrund erwarteter Wechselkursveränderungen der DM.

Da die Überhitzung nicht in einer übermäßigen Steigerung der Investitionen, sondern der Auslandsnachfrage begründet war, müssen die in den beiden Konjunkturprogrammen des Jahres 1973 ergriffenen Maßnahmen, welche über die Einschränkung der Abschreibungsmöglichkeiten und die Erhebung einer Investitionssteuer auf eine Restriktion der privaten Anlageinvestitionen zielten, als problematisch, um nicht zu sagen falsch, angesehen werden. Die Spannungen zeigten sich natürlich, da ein sehr erheblicher Teil der deutschen Exporte aus Investitionsgütern besteht, in der Investitionsgüterindustrie besonders stark. Es war aber wenig sinnvoll, deshalb Maßnahmen zur Dämpfung der inländischen Investitions-

---

[46] SVR: JG 1972/73, TZ 60 ff.

tätigkeit zu ergreifen; es wäre eher angebracht gewesen, auf eine stärkere Aufwertung der DM hinzuwirken und zur Reduktion der monetären Gesamtnachfrage die Staatsausgaben einzuschränken bzw. mit geringerer Rate auszuweiten.

Dem üblichen Konjunkturmuster enspricht demgegenüber der Rückgang der privaten Anlageinvestitionen, der im II. Halbjahr 1973 einsetzte und sich dann im Jahr 1974 verstärkte, wobei dahingestellt bleiben soll, inwieweit sich dieser konjunkturtypische Rückgang der Anlageinvestitionen auch autonom — d.h. also ohne die geld- und finanzpolitischen Restriktionsmaßnahmen — herausgebildet hätte. Unter den gegebenen Bedingungen ist jedoch die Schnelligkeit der Reaktion sicher maßgeblich diesen wirtschaftspolitischen Maßnahmen — und zwar schon den Ankündigungseffekten — zuzuschreiben. Der Rückgang der Investitionstätigkeit zeichnet sich am frühesten bei den Bauinvestitionen ab; hier zeigen sich bereits am Jahresende 1973 Rezessionserscheinungen. Bald folgen auch die Ausrüstungsinvestitionen, zunächst in der Textil- und Bekleidungsindustrie, später — aber noch vor der Ölkrise — auch in der Fahrzeugindustrie[47].

Die Wirkungen der rückläufigen privaten Anlageinvestitionen wurden im II. Halbjahr 1973 und im I. Halbjahr 1974 durch den weiter stark ansteigenden Außenbeitrag — von 6,4 Mrd. DM (I/1973) über 9,7 Mrd. DM (II/1973) auf 21,6 Mrd. DM (I/1974) — überkompensiert. Erst im II. Halbjahr 1974 geht der Rückgang der privaten Anlageinvestitionen (–17 Mrd. DM) über die Zunahme der Außenkomponente (+9,1 Mrd. DM) hinaus. In der Anstiegsphase der Konjunktur war diese Bewegung des Außenbeitrags im Sinne der oben erwähnten traditionellen außenwirtschaftlichen Konjunkturmechanik also wieder typisch.

Der Abfall der Konjunktur im II. Halbjahr 1973 schlägt sich auch deutlich im Rückgang der Wachstumsrate des privaten Konsums nieder. Während das Bruttosozialprodukt im II. Halbjahr 1973 noch mit 3,7 % zunimmt, steigt der private Konsum nur noch um 1,8 %. Dieser „Vorlauf" setzt sich auch im II. Halbjahr 1974 bei einer Zunahme des Bruttosozialprodukts von 1,2 % mit einer Erhöhung des privaten Konsums von nur noch 0,2 % fort. Man könnte diesen untypischen Vorlauf dahingehend interpretieren, daß der Rückgang des privaten Konsums wesentliche Determinante des Konjunkturrückgangs war. Dies würde aber autonome Veränderungen der Konsumneigung voraussetzen, die selten so spontan auftreten. Man muß den Rückgang der Konsumneigung wohl eher als Folge der sich ab dem II. Halbjahr 1973 verschlechternden Erwartungen über die weitere Entwicklung der Verfügungseinkommen, der Beschäftigung usw. interpretieren.

Einen gegenüber früheren Konjunkturphasen untypischen Verlauf zeigen auch die Vorratsinvestitionen; sie weisen üblicherweise — was auch in vielen Konjunkturtheorien begründet wird — gegenüber den privaten Anlageinvestitionen im Aufschwung wie im Abschwung einen gewissen Vorlauf auf. In der hier behandel-

[47] Vgl. W. Ehrlicher, R. Hagemann (1975/76), S. 123 f.

ten Phase ist eher das Gegenteil — nämlich ein gewisser „Nachlauf" — festzustellen. In der beginnenden Überhitzung im II. Halbjahr 1972, die allerdings — wie erwähnt — nicht einer übermäßigen Steigerung der Anlageinvestitionen, sondern einer extremen Zunahme der Exporte zuzuschreiben ist — nehmen die Lagerinvestitionen zunächst nicht zu. Erst im I. Halbjahr 1973 weisen sie eine beträchtliche Steigerung auf, die dann im beginnenden Abschwung im II. Halbjahr 1973 noch anhält.

In der Entwicklung der staatlichen Nachfragekomponente (Konsumausgaben plus Investitionen) schlägt sich die konjunkturelle Bewegung nicht in der in einer „Periode aktiver Finanzpolitik" eigentlich zu erwartenden antizyklischen Form nieder, sie weist vielmehr eine relativ kontinuierliche Zunahme auf. Die konjunkturpolitische Aktivität der Finanzpolitik findet mehr in dem Versuch der Beeinflussung der privaten Nachfrage Niederschlag. Dies ist Ausdruck der allokationspolitischen Neuorientierung der Finanzpolitik, die die stabilitätspolitische Ausrichtung, von der das Stabilitätsgesetz von 1967 getragen war, abgelöst hat. Diese geht ja dahin, daß die kontinuierliche Wahrnehmung öffentlicher Ausgaben nicht durch stabilitätspolitisch gezielte Ausgabenschwankungen beeinträchtigt werden soll. Allerdings wurde diese neue Philosophie nur vordergründig praktiziert; denn nach der Regierungserklärung vom Oktober 1969, in der sie verkündet worden war, hätten in erster Linie die Investitionsausgaben erhöht werden sollen, tatsächlich nahmen diese bis einschließlich des II. Halbjahres 1973 ab.

4. Konjunkturpolitisches Ergebnis

Diese Periode, die mit dem Titel „Konflikt zwischen Inflation und Rezession 1972/74" überschrieben ist, wurde im Herbst 1972 mit zunächst zögernden restriktiven finanzpolitischen Maßnahmen eingeleitet und Mitte 1973 mit einem verstärkten Instrumenteneinsatz fortgeführt. Hier stand die Finanzpolitik vor dem Konflikt, einerseits die Inflation durch restriktive Maßnahmen zu stoppen, andererseits aber eine zu harte Bremsung der Konjunktur zu vermeiden, um das Abrutschen in eine stärkere Rezession zu verhindern.

Das Ergebnis der restriktiven Politik dieser Periode wurde einleitend schon dahingehend vorweggenommen, daß in den Jahren 1974/75 — ähnlich wie 1966/67 — eine „weiche Landung" aus dem Boom mit wirtschaftspolitischen Mitteln nicht erreicht wurde. Will man dieses Ergebnis im Hinblick auf die Wirkungen der restriktiven finanzpolitischen Maßnahmen weiter spezifizieren, dann ist zum einen zu berücksichtigen, daß solche Wirkungen zum Teil aufgrund der Ankündigungseffekte schon vor Erlaß der Maßnahmen, zum Teil aber auch mit erheblicher und recht unbestimmter zeitlicher Verzögerung auftreten können, zum anderen wurde die konjunkturelle Entwicklung neben der Finanzpolitik — abgesehen von den endogenen und exogenen Triebkräften und Mechanismen der Wirtschaft — von den Entscheidungen der Geld- und Einkommenspolitik maßgeblich beeinflußt. Die Finanzpolitik war von Herbst 1972 bis Ende 1973 zwar restriktiv orientiert, sie hielt jedoch an ihrem allokationspolitisch orientierten Kurs fest, daß einmal geplante öffentliche Reformmaßnahmen durch konjunkturpolitisch notwendige Zurückhaltung nicht eingeschränkt werden sollten. Insofern maß die Regierung auch den frühen Empfehlungen des Finanzplanungsrates, die Ausgabengebarung etwas restriktiver zu handhaben, keine entscheidende Bedeutung zu, sondern griff zu Maßnahmen, die die Privaten belasten und damit deren Ausgabenneigung, insbesondere die Investitionsausgaben, reduzieren sollten.

Die Geldpolitik, die etwa zur gleichen Zeit wie die Finanzpolitik auf restriktiven Kurs umschaltete, hielt an dieser Ausrichtung — als sich bei der Inflationsrate keine Entspannung, sondern zunächst sogar ein weiterer Anstieg zeigte — bis Herbst 1974 fest. Die Einkommenspolitik trug im Jahre 1973 mit Lohnerhöhungen von 10-12 %, im Jahre 1974 von durchschnittlich 13,5 %, wesentlich dazu bei, daß sich die Restriktionen der Geld- und Finanzpolitik zunächst überwiegend in einem Rückgang der realwirtschaftlichen Aktivität niederschlugen. Die Ölkrise hat nicht nur unmittelbar über den direkten Preiszusammenhang und mittelbar über die Erwartungshaltungen der Wirtschaftssubjekte die Inflationstendenzen verstärkt, sondern — ebenfalls über vielfältige Zusammenhänge — die Investitionsneigung und damit die reale Wirtschaftstätigkeit negativ beeinflußt.

Da die Ursache der konjunkturellen Überhitzung jedoch nicht in einer Überhöhung der privaten Anlageinvestitionen lag, sondern im übermäßigen Anstieg der Exportnachfrage begründet war, führten die finanzpolitischen Maßnahmen der Regierung zu einem starken Abfall in die Rezession, der infolge des sich anschließenden weltweiten Zusammenbruchs der Konjunktur und dem starken Rückgang der Auslandsnachfrage weiter verschärft wurde.

Das Ergebnis dieser vielfältigen Einflußfaktoren auf die konjunkturelle Entwicklung wird in nachstehender Tabelle (Tabelle 5, S. 82) anhand der Indikatoren reale Wachstumsrate, Inflationsrate, Zinssatz, Auslastungsgrad des Produktionspotentials und Arbeitslosigkeit zusammengefaßt. Da sich die Wirkungen der restriktiven Politik, wie soeben festgestellt wurde, erst mit Verzögerung niederschlugen, werden die Werte der Jahre 1974 und '75, auf die ich erst im Dritten Hauptteil eingehen werde, hier mit angeführt.

Auf einen einfachen Nenner gebracht läßt sich diese Entwicklung dahingehend zusammenfassen, daß sich die restriktiven Maßnahmen, die sich schon im ersten Halbjahr 1973 in einer beträchtlichen Erhöhung des langfristigen Zinssatzes niederschlugen, am frühesten — im II. Halbjahr 1973 — in der realen Wachstumsrate, im Laufe des Jahres 1974 im Auslastungsgrad und in der Arbeitslosenrate auswirkten. Die Inflationsrate stieg noch bis zum I. Halbjahr 1974 an, eine gewisse Entspannung zeigte sich erst im Verlauf des Jahres 1975.

Fragt man abschließend nach der Effizienz der seit Herbst 1972 zur Dämpfung des Booms eingesetzten finanzpolitischen Maßnahmen, dann ist eine Antwort

Tabelle 5

Wirtschaftsdaten 1972 bis 1975

Halbjahr	Wachstumsrate des BSP	Inflationsrate	Zinssatz am Ende vom Halbjahr	Auslastungsgrad	Arbeitslosigkeit
	in %	in %	in %	in %	in Tsd.
	1)	2)	3)	4)	5)
1972,I	4,0	5,1	8,3		280
72,II	4,4	5,9	8,7	97,5	213
1973,I	5,8	7,0	10,2		280
73,II	3,7	7,0	9,7	98,0	267
1974,I	1,2	7,1	10,9		541
74,II	-0,7	6,8	9,9	95,2	624
1975,I	-2,8	6,1	8,4		1089
75,II	-0,2	5,7	8,6	90,9	1060

1) Zunahme des realen Bruttosozialprodukts in Preisen von 1980.
Quelle: Statistisches Bundesamt, Fachserie 18, Konten und Standardtabellen, 1987 Hauptbericht, Tabelle 2.5, S.201, eigene Berechnungen.

2) Zunahme des Preisindex der Lebenshaltung aller privaten Haushalte in Preisen von 1980.
Quelle: Statistisches Bundesamt, Fachserie 17, Reihe 7, Preise und Preiindizes für die Lebenshaltung, 1987, Tabelle 1.6.1, S.108ff., eigene Berechnungen.

3) Umlaufsrendite der festverzinslichen Wertpapiere insgesamt am Ende vom Halbjahr.
Quelle: Verschiedene Monatsberichte der Deutschen Bundesbank.

4) Auslastungsgrad des Produktionspotentials in Preisen von 1970.
Quelle: SVR: JG 1981/82, Schaubild 10, S.57.

5) am Ende vom Halbjahr
Quelle: SVR: JG 1977/78, Tabelle 12*, S.236.

insofern schwierig, als parallel zu der restriktiven Finanzpolitik eine massiv kontraktive Geldpolitik betrieben wurde und darüber hinaus der Ölschock die wirtschaftliche Aktivität lähmte. Diese drei Maßnahmen und Ereignisse hatten alle einen tendenziell negativen Einfluß auf die private Nachfrage, insbesondere die Investitionstätigkeit, so daß es kaum möglich ist, einzelnen Maßnahmen bzw. Ereignissen bestimmte Wirkungen „zuzurechnen". Die finanzpolitischen Maßnahmen waren in erster Linie auf eine Restriktion der privaten Nachfrage gerichtet. Die Geldpolitik reduzierte den Geldschöpfungsspielraum der Kreditinstitute, nachdem sie durch die Freigabe der Wechselkurse Handlungsspielraum gewonnen hatte, innerhalb kürzester Zeit drastisch: Die Notenbank erhöhte nach vorausgegangenen mindestreservepolitischen Maßnahmen — wie schon erwähnt — den Diskont- und Lombardsatz von Oktober 1972 bis Juni 1973 in schnellen Schritten von 3,5 % bzw. 4 % auf 7 % bzw. 9 %. Die langfristigen Zinssätze (Umlaufsrendite festverzinslicher Wertpapiere), die im 1. Quartal 1972 noch unter 8 % lagen, überschritten Mitte 1973 die 10 %-Grenze und erreichten Mitte 1974 knapp 11 %. Die Ölkrise bewirkte nicht nur durch die Erhöhung der Energiepreise eine Verunsicherung über die weitere wirtschaftliche Entwicklung; viele Unternehmungen befürchteten unmittelbare Versorgungsengpässe und stellten sich durch Einschränkung ihrer Aktivität darauf ein.

Die Wirkung dieser drei Einflußfaktoren — restriktive Finanzpolitik, kontraktive Geldpolitik und Ölkrise — auf die Wachstumsrate, den Auslastungsgrad des Produktionspotentials und damit die Beschäftigung wurde durch die Tarifabschlüsse noch verstärkt; vor allem hatte die aggressive Lohnpolitik zur Folge, daß die angestrebte Wirkung auf die Inflationsrate verzögert wurde. So erfolgreich die finanz- und geldpolitische Restriktionspolitik in der Dämpfung der Inlandsnachfrage war — die Verminderung der Gesamtnachfrage wäre ohne die Zunahme der Auslandsnachfrage noch viel stärker gewesen —, so wenig effektiv war sie gegenüber dem Anstieg der Preise, der ja der wichtigere Grund für den so massiven Einsatz restriktiver Maßnahmen war.

Wie früher schon erwähnt wurde, hat sich die Inflationsdynamik seit der Verschärfung des Verteilungskampfes, der mit den wilden Streiks im Herbst 1969 einsetzte, dahingehend geändert, daß gegenüber der Nachfragedeterminante nun die kostenseitigen Bestimmungsfaktoren stark in den Vordergrund rückten und bewirkten, daß die Preissteigerungen auch bei rückläufigen Wachstumsraten weiter anhielten. In den Jahren 1973 und '74 waren es vor allem die Lohnsteigerungen einerseits und der starke Anstieg der Importpreise andererseits, die einen starken Kostendruck auf das Preisniveau ausübten. Schon im Jahr 1973 bewegten sich die Tariflohnerhöhungen — bei erheblichen Abweichungen zwischen den einzelnen Wirtschaftsbereichen — bei 10 - 12 %, obwohl die Konzertierte Aktion übereinstimmend festgehalten hatte, daß die Bekämpfung des Preisauftriebs gegenwärtig die Hauptaufgabe der Wirtschaftspolitik sein müsse[48]. In den Tarifver-

---

[48] Vgl. SVR: JG 1973/74, Tabelle 13, S. 46.

handlungen Anfang 1974 ging man — da die Lebenshaltungskosten sich mit steigender Tendenz im 4. Quartal 1973 um über 7 % erhöht hatten — verbreitet davon aus, daß in der Bundesrepublik im Laufe des Jahres eine Inflationsrate von 10 % überschritten würde; in entsprechenden Größenordnungen bewegten sich die Lohnforderungen.

VI. Effizienz der aktiven Konjunkturpolitik 1966 bis 1973

Das Ziel der aktiven Konjunkturpolitik, das mit dem Stabilitäts- und Wachstumsgesetz von 1967 erreicht werden sollte, war die Stabilisierung des Wirtschaftsablaufs. Eine solche Stabilisierung war einerseits auf die reale Wirtschaftsentwicklung, wie sie in den Wachstumsraten zum Ausdruck kommt, andererseits auf die nominelle Stabilität, wie sie in der Entwicklung des Geldwertes bzw. den Inflationsraten Niederschlag findet, gerichtet.

Rückblickend ist es erstaunlich, daß das am 8.6.1967 verabschiedete „Gesetz zur Förderung der Stabilität und des Wachstums der Wirtschaft" kaum angewendet worden ist, sondern daß alle konjunkturpolitisch orientierten finanzpolitischen Maßnahmen in Einzelgesetzen geregelt wurden.

Das nachstehende Schaubild zeigt, daß trotz der oft hektischen Aktivität der Finanzpolitik in dieser Zeit weder in der realwirtschaftlichen Entwicklung noch in der Entwicklung der Inflationsrate ein auch nur annähernd stabiler Verlauf erreicht wurde.

Dies erlaubt natürlich noch nicht das Urteil, daß die Finanzpolitik wenig effizient war. Die Wirkungen finanzpolitischer Maßnahmen lassen sich generell nicht exakt beweisen; man kann ihren wahrscheinlichen Eintritt vielmehr nur mit Plausibilitätsargumenten begründen, weil die Reaktionen der Wirtschaftssubjekte von ihren Erwartungshaltungen abhängig sind, die ihrerseits von sehr vielen, schwer erfaßbaren Einflußfaktoren bestimmt werden. Diese Feststellung gilt auch für die ex-post-Betrachtung, bei der ja das Ergebnis dieser Reaktionen in Form der abgelaufenen wirtschaftlichen Entwicklung vorliegt. Dieses Ergebnis in Form des realen und nominellen Wirtschaftsgeschehens ist ja nicht nur die Folge bestimmter finanzpolitischer Maßnahmen; in den vorangegangenen Ausführungen wurde wiederholt gezeigt, daß auf den realen und nominellen Verlauf neben der Finanzpolitik vor allem die Geldpolitik und die Einkommenspolitik einwirkten. Darüber hinaus werden die privaten inländischen Konsum- und Investitionsausgaben sowie die Export- und Importströme durch binnenwirtschaftliche und außenwirtschaftliche Schocks häufig plötzlich von ihren gewohnten Bahnen abgelenkt.

Schließlich steht noch die seit Beginn konjunkturtheoretischer Überlegungen diskutierte Frage an, die in der jüngeren Monetarismusdebatte wieder eine zentrale Rolle spielt, ob der Wirtschaftsablauf zu einer tendenziellen Instabilität neigt, d.h.

Schaubild 1

Wachstums- und Inflationsraten 1965 bis 1973

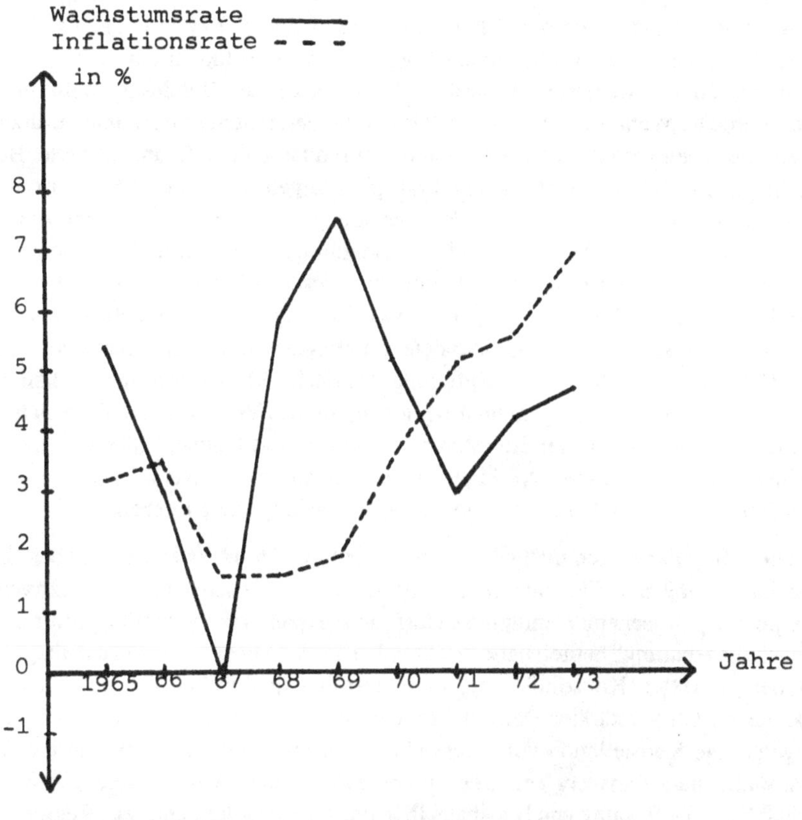

1) Wachstumsrate des Bruttosozialprodukts in Preisen von 1980, in Prozent.
Quelle: Statistisches Bundesamt, Fachserie 18, Reihe 1.3., Konten und Standardtabellen, 1987 Hauptbericht, Tabelle 2.5, S.198ff, eigene Berechnungen.

2) Veränderung des Preisindex der Lebenshaltung für alle privaten Haushalte, in Prozent.
Quelle: Statistisches Bundesamt, Fachserie 17, Reihe 7, Preise und Preisindizes für die Lebenshaltung, 1987, Tabelle 1.6.1, S.108ff.

also ob schwankende nominelle und reale Wachstumsraten in der kapitalistischen Industriewirtschaft endogen angelegt sind oder ob ein solcher Verlauf, wie er sich in der Vergangenheit immer wieder herausgebildet hat, gerade das Ergebnis wirtschaftspolitischer Eingriffe ist, mit denen die vermeintliche Tendenz zur Instabilität bekämpft werden soll.

Mit diesen gewichtigen Einschränkungen möchte ich die Wirkungen der aktiven Finanzpolitik 1967-1973, die vorstehend analysiert und in der Überschrift als konfliktbeladen gekennzeichnet wurden, nochmals zusammenfassen:

Als erste Periode wurden die Jahre 1967/68 abgegrenzt und mit „Konsolidierung bei expansiver Politik" überschrieben. Der Konflikt ergab sich damals dadurch, daß die Regierung Erhard im Hinblick auf die Bundestagswahl 1965 umfangreiche Wahlgeschenke in Gestalt von Steuererleichterungen und zusätzlichen Ausgaben verteilt und über verstärkte Kreditaufnahme finanziert hatte. Bei hoher privater Inlandsnachfrage und kräftig ansteigenden Löhnen überschritt die Inflationsrate Ende 1974 4 %. Die Bundesbank gewann erst, als der Leistungsbilanzüberschuß in ein Defizit umschlug, Handlungsspielraum und schaltete auf eine zunehmend restriktive Politik um, die wesentlich dazu beitrug, daß die Konjunkturentwicklung ab Frühjahr 1966 umschlug und in die erste Rezession der Nachkriegszeit 1966/67 einmündete. Die Finanzpolitik stand damit vor dem Konflikt, einerseits durch konsolidierungspolitische Maßnahmen den Willen zu soliderer Haushaltsführung zu unterstreichen, um das Vertrauen der Wirtschaftssubjekte — vor allem der Investoren — wiederzugewinnen, auf der anderen Seite durch gezielte expansive Maßnahmen, wie sie in den Eventualprogrammen des Jahres 1967 Niederschlag fanden, expansive Impulse zu geben.

Diese Impulse trugen maßgeblich zur Einleitung der nächsten Periode bei, die die Jahre 1969 und '70 umfaßt und die ich „Konflikt zwischen kontraktivem konjunkturpolitischem Handlungsbedarf und expansiver wohlfahrtspolitischer Haushaltsgebarung" betitelt habe. Während in der Vorperiode unter haushaltspolitischen Aspekten Konsolidierung, unter stabilitätspolitischen Gesichtspunkten Expansion bei verstärkter Defizitfinanzierung erwünscht war, lag nunmehr die gegenteilige Konstellation vor: angesichts der politischen Vorgaben wurden die Haushalte stark expansiv gefahren, die erneute schnelle Überhitzung der Wirtschaft hätte die Bildung von Haushaltsüberschüssen erfordert. Die neue Regierung der sozialliberalen Koalition hatte jedoch in der Regierungserklärung vom Oktober 1969 ein umfangreiches Reformprogramm bekanntgegeben, das eine erhebliche Ausweitung der Staatsaufgaben und damit -ausgaben in den verschiedensten Bereichen vorsah. Da bei den Koalitionsverhandlungen mit der FDP vereinbart worden war, daß keine stärkere Anhebung der Steuerquote vorgenommen werden solle, war unvermeidlich, daß die Finanzierung der Reformvorhaben bald eine erhöhte Kreditaufnahme erforderte. Die zunächst im Zug des Wirtschaftsaufstiegs schneller als die Staatsausgaben anwachsenden Steuereinnahmen führten zwar 1968 zu einer Reduktion der Nettoneuverschuldung und 1969 sogar zu Überschüssen. Im Jahr 1970 nahm die Verschuldung jedoch wieder kräftig zu. Die konjunkturelle Entwicklung hätte ein verstärktes Gegensteuern durch Bildung von Einnahmeüberschüssen und Stillegung derselben bei der Notenbank erfordert. Die Normalauslastung des Produktionspotentials, die der Sachverständigenrat damals mit 97,25 % ansetzte, war bereits 1969 mit 98,9 % überschritten, 1970 erreichte sie 100 %. Die Inflationsrate stieg schnell wieder an. Stabilitätspolitisches Handeln der Finanzpolitik wäre in dieser Situation umso mehr angezeigt gewesen, als die Geldpolitik mangels außenwirtschaftlicher Absicherung — die Bundesregierung, die dafür zuständig war, konnte sich nicht zu entsprechenden Maßnahmen entschließen — keinen ausreichenden Handlungsspielraum hatte, ja wiederholt die Herrschaft über die Geldschöpfung weitgehend verlor.

Als nächster Abschnitt wurde die Periode von Herbst 1970 bis Mitte 1972 unterschieden und mit „Vermeintliches Dilemma zwischen realwirtschaftlichem Expansions- und geldwertpolitischem Kontraktionsbedarf" überschrieben. In der damaligen Berichterstattung über die Wirtschaftsentwicklung und Kommentierung wird diese Zeit als Abschwungsphase des 5. Wachstumszyklus gekennzeichnet. Ich habe diese Kennzeichnung in Frage gestellt, weil die reale Wachstumsrate zwar rückläufig war, mit 5 % im Jahr 1971 und 3 % im Jahr 1972 aber aus längerfristiger Perspektive doch eine durchaus bemerkenswerte Höhe hatte und der Auslastungsgrad des Produktionspotentials, die geringere Zahl der Arbeitslosen und die sehr viel höhere Anzahl freier Stellen eine weiterhin angespannte Situation indizierten. Dies zeigte sich auch in einem weiteren kräftigen Anstieg der Inflationsrate und hätte angesichts der weiterhin eingeschränkten Handlungsfähigkeit der Geldpolitik verstärkte Zurückhaltung der Finanzpolitik erfordert. Die erhöhte finanzpolitische Aktivität schlug sich jedoch weder in gezielten konjunkturpolitischen Maßnahmen, noch in der angekündigten allokationspolitisch orientierten Erhöhung der öffentlichen Investitionen nieder. Ob die verstärkte Steigerung der Staatsausgaben einen weiteren Rückgang der Wachstumsrate verhindert hat, soll dahingestellt bleiben. Dagegen möchte ich unterstreichen, daß die mangelnde Reversibilität der mit konjunkturpolitischen Argumenten begründeten weiteren Steigerung der Staatsausgaben nicht nur mittelfristig den finanzpolitischen Handlungsspielraum einschränkte, sondern kurzfristig für den nächsten Aufschwung Überhitzungstendenzen vorprogrammierte.

Die letzte im Ersten Hauptteil untersuchte Phase aktiver Finanzpolitik wird im Herbst 1972 durch eine zögerliche Wende zu restriktiver Politik eingeleitet und ab Mai 1973 mit massiveren Instrumenten fortgeführt. Diese kurze Periode, die schon im Dezember 1973 endet, wurde mit „Konflikt zwischen Inflation und Rezession" überschrieben. Damit sollte ausgedrückt werden, daß sich die Finanzpolitik hier im Konflikt zwischen Tolerierung weiterer Akzeleration der Inflation und harter Bremsung, die wohl unvermeidlich in eine stärkere Rezession führen müßte, befand. Die weiterhin verfolgte allokationspolitische Philosophie, daß die Erfüllung der geplanten öffentlichen Reformvorhaben nicht unter konjunkturpolitischen Restriktionen leiden dürfe, führte dazu, daß die vom Finanzplanungsrat relativ frühzeitig empfohlene Zurückhaltung in der Ausgabengebarung nicht geübt, sondern Instrumente gewählt wurden, die auf eine Einschränkung der privaten Ausgaben, insbesondere der Investitionsausgaben, zielten. Da die Ursache der Überhitzung gar nicht in überhöhter Investitionstätigkeit, sondern im extremen Anstieg der Auslandsnachfrage lag, war der Abfall in die Rezession, als diese Maßnahmen wirksam wurden und überdies mit dem Zusammenbruch der Weltkonjunktur die Auslandsnachfrage stark zurückging, besonders scharf.

Diese vielleicht etwas absolut formulierten Aussagen sollen abschließend durch die Feststellung relativiert werden, daß ein abgerundetes Urteil über die Effizienz der Konjunkturpolitik in einem bestimmten Zeitraum eigentlich nur auf der Basis einer umfassenden konjunkturtheoretischen Vorstellung über den Rhythmus der wirtschaftlichen Eigendynamik, die Absorptionsfähigkeit gegenüber internen und externen Schocks usw. möglich ist; denn nur auf der Grundlage einer derartigen Theorie könnte man sich Vorstellungen darüber machen, wie das Wirtschaftsgeschehen ohne die Eingriffe, über die ein Urteil abgegeben werden soll, abgelaufen wäre.

Unabhängig von dieser Einschränkung können aus der Untersuchung der „aktiven Finanzpolitik der Jahre 1967 bis 1974“ drei Ergebnisse, die die Zielstellung finanzpolitischer Entscheidungen, den Instrumenteneinsatz und die Effizienz betreffen, festgehalten werden:

— Die Finanzpolitik steht wie jegliche Wirtschaftspolitik immer im Spannungsfeld einer Mehrzahl von Zielen. Im Rahmen der Stabilitätspolitik befinden sich in der Regel die Ziele hoher Beschäftigungsstand und Geldwertstabilität in Konkurrenz zueinander; darüberhinaus bestehen häufig Konfliktsituationen zwischen stabilitätspolitischen, allokationspolitischen, verteilungspolitischen und strukturpolitischen Zielen.

— Hinsichtlich des Mitteleinsatzes ist Konjunkturpolitik angesichts der Schwierigkeiten, die schon hinsichtlich der Diagnose einer gegebenen Situation, geschweige denn der Prognose der künftigen Entwicklung, vorliegen, immer eine Gratwanderung zwischen Unter- und Übersteuerung; es spricht sogar viel dafür, daß mit dem Mitteleinsatz zur Korrektur einer Fehlentwicklung die Ansätze zu einer neuen Fehlentwicklung in der entgegengesetzten Richtung programmiert werden.

— Die Konkurrenz der Ziele zwingt nicht nur zu ständigem politischen Kompromiß, sondern führt häufig dazu, daß im Interesse der Durchsetzbarkeit Instrumente gewählt werden, die neben der kurzfristigen Übersteuerung längerfristige Fehlentwicklungen auslösen. Diese Feststellung legt starke Zweifel nahe, ob die Finanzpolitik überhaupt ein vorrangig für aktive Wirtschaftspolitik, wie sie in dieser Periode gehandhabt wurde, geeignetes Instrument ist.

DRITTER HAUPTTEIL

Konsolidierungspolitische Probleme durch den Aufbau von Konsolidierungsbedarf 1974/75

I. Vorbemerkungen

An der aktiven Finanzpolitik der Jahre 1966 bis 1973 habe ich vor allem kritisiert, daß

— auf Dauer angelegte Erhöhungen der Staatstätigkeit nicht durch Steuererhöhungen finanziert wurden und damit eine permanente Nettoneuverschuldung geplant wurde;

— in Zeiten konjunktureller Überhitzung bei steigenden Inflationsraten, überausgelastetem Produktionspotential und Überbeschäftigung nicht nur keine Haushaltsüberschüsse gebildet, sondern durch weitere Kreditaufnahme der Schuldenstand erhöht wurde;

— bei rückläufiger Wirtschaftstätigkeit expansive Konjunkturpolitik mit nichtreversiblen Maßnahmen betrieben wurde, für deren spätere Selbstkonsolidierung kaum Chancen bestanden[1]; dadurch wurde ebenfalls eine dauerhafte Nettoneuverschuldung programmiert.

Diese mangelnde Berücksichtigung stabilitätspolitischer Erfordernisse, wie sie in den verschiedenen Konfliktsituationen, die im Zweiten Hauptteil behandelt wurden, immer wieder zu beobachten war, hat dazu geführt, daß sich in den öffentlichen Haushalten ein nicht unbeträchtliches strukturelles Defizit ansammelte, das den Handlungsspielraum der Finanzpolitik schon in diesen Jahren wiederholt eingeschränkt hat. Für den Fall einer schärferen Rezession, die erhöhten konjunkturpolitischen Einsatz und dementsprechend verstärkte Kreditnahme erfordern würde, bedeutete dies eine erhebliche Vorbelastung.

Dieser Fall trat ein, als aufgrund der zur Bekämpfung des Booms 1972/73 ergriffenen geld- und finanzpolitischen Maßnahmen die private Wirtschaftsaktivi-

1 Die im theoretischen Teil erörterten Chancen einer Selbstkonsolidierung nichtreversibler Maßnahmen waren angesichts der seit Ende der 60er Jahre zunehmend aggressiven Lohnpolitik, die in der „Klunker-Runde“ von 1974 ihren Kulminationspunkt fand, gering. Unter der Bedingung eines „Stabilitätspaktes“ hätte sich die Möglichkeit aktiver Konjunkturpolitik über sich selbst konsolidierende antizyklische Defizite natürlich anders dargestellt; inwieweit durch entsprechende politische Bemühungen solche Vereinbarungen zu erreichen gewesen wären, muß hier dahingestellt bleiben.

tät im Herbst 1973 nachließ und sich im Gefolge des Ölschocks und der dadurch ausgelösten weltweiten Krise die wirtschaftliche Situation bis zu einer negativen Wachstumsrate von 2,8 % im I. Halbjahr 1975 verschlechterte. Die Finanzpolitik reagierte darauf ab Ende 1973 mit einer Reihe schnell aufeinanderfolgender, zunehmend verstärkter expansiver Maßnahmen, die die Nettoneuverschuldung von 8,8 Mrd. DM im Jahr 1973 über 27,3 Mrd. DM auf die ungewöhnliche Höhe von 63,8 Mrd. DM im Jahr 1975 anstiegen ließ. Im Finanzbericht 1976, der am 10.10.1975 abgeschlossen wurde, rechnete das Finanzministerium sogar damit, daß der Finanzierungssaldo der öffentlichen Gebietskörperschaften im Jahre 1975 die Größenordnung von 78 Mrd. DM erreichen würde[2].

Diese Entwicklung der Staatsverschuldung kam offenbar für alle Beteiligten und Beobachter überraschend, weshalb sie auch der Öffentlichkeit — wie einführend formuliert — in immer neuen „Hiobsbotschaften" mitgeteilt wurde. Dies lag nicht zuletzt daran, daß die wirtschaftliche Entwicklung für das Jahr 1975 noch bis weit in die erste Jahreshälfte hinein sehr viel positiver eingeschätzt wurde, als sie tatsächlich verlief. So hatte der Sachverständigenrat für dieses Jahr drei „bedingte Prognosen unter alternativen Annahmen" erarbeitet und kam dabei zu realen Wachstumsraten von 1,5 %, 2 % und 2,5 %[3]. Die Bundesregierung rechnete in ihrem Jahreswirtschaftsbericht vom 30. Januar 1975[4] mit einem realen Wachstum von 2 % bei deutlicher Beschleunigung im Jahresverlauf. Der Arbeitskreis „Steuerschätzung" gab am 12. November 1974 bekannt, daß er für das Jahr 1975 mit einer Steigerung der Steuereinnahmen von 7 % rechnete. Am 12. März korrigierte er diese Schätzung nach unten, am 21. August nahm er gegenüber dieser Annahme eine weitere negative Korrektur vor und gab als neue Schätzung der Steuereinnahmen (nominell) eine Abnahme von 0,6 % gegenüber dem Vorjahr an[5].

Diese unerwartete Entwicklung veranlaßte die wissenschaftlichen Beratungsgremien Mitte 1975 — also schon zu einem Zeitpunkt, als eine Verbesserung der konjunkturellen Entwicklung noch keineswegs abzusehen war — der Bundesregierung zu empfehlen, unverzüglich ein Konzept für die Konsolidierung der Staatsfinanzen zu erarbeiten. Die Bundesregierung legte sich am 28. August in den Beschlüssen für den Rahmen des Haushaltsplans 1976 und für die mittelfristige Finanzplanung 1975 bis 1979 auf einen harten Konsolidierungskurs fest. Am 8. September beriet der Finanzplanungsrat in entsprechendem Sinne über die Haushalte 1976 und den Finanzplan bis 1979 und am 10. September verabschiedete die Bundesregierung eine Vorlage über Sparmaßnahmen und Steuererhöhungen, mit denen die Konsolidierung der Staatsfinanzen ab 1. Januar 1976 eingeleitet werden sollte.

---

[2] Finanzbericht 1976, S. 24.
[3] SVR: JG 1974/75, Tabelle 26, S. 144.
[4] Siehe TZ 6.
[5] SVR: JG 1975/76, Tabelle 23, S. 95 ff.

Im folgenden Dritten Hauptteil wird die historische Untersuchung, die im vorhergehenden Teil beim Abbruch des Booms Ende 1973 unterbrochen wurde, mit der Analyse der Rezessionsjahre 1974/75 fortgesetzt. Die beiden Jahre werden hier — wie schon einführend angedeutet — als eigener Teil behandelt, weil sich in diesen Jahren die Konsolidierungsproblematik, die schon 1966/67 eine gewisse Rolle gespielt hatte, in dramatischer Form — so jedenfalls das damalige Urteil der überwiegenden Zahl der Stimmen aus Wissenschaft und Politik — zuspitzte.

Die aktive Finanzpolitik dieser beiden Jahre wird dabei zunächst unter der Fragestellung „Weitere Steigerung des Konsolidierungsbedarfs 1974/75" behandelt, wobei das Gewicht auf der Darstellung der Maßnahmen liegt, die seit dem Abbruch des Booms im Herbst 1973 in zunehmend hektischer Folge ergriffen wurden. Die expansive Politik wird durch die Aufhebung der Mehrzahl der finanzpolitischen Maßnahmen eingeleitet, die zur Bekämpfung des Booms ab Herbst 1972 ergriffen wurden, und mit wachsenden Maßnahmenpaketen, die teils unmittelbar die staatliche Nachfrage nach Gütern und Diensten erweiterten, teils mittelbar auf eine Ausweitung der privaten Nachfrage zielten, fortgesetzt.

Im III. Abschnitt, der sich mit dem „Konjunkturpolitischen Ergebnis" beschäftigt, will ich versuchen, die Wirkungen dieser Maßnahmen auf die monetäre Gesamtnachfrage abzuschätzen. Ich unterscheide dabei drei Ansatzpunkte der Finanzpolitik: die Erhöhung der staatlichen Ausgaben für Güter und Dienste, die Steigerung der Transferausgaben und die Variation der Besteuerung.

Im IV. Abschnitt erörtere ich mit Blick auf den Vierten Hauptteil, der sich mit der Konsolidierungpolitik der Zeit von Herbst 1975 bis Ende 1977 beschäftigt, das „Schuldenpolitische Ergebnis" der aktiven Finanzpolitik der Jahre 1974/75.

II. Weitere Steigerung des Konsolidierungsbedarfs 1974/75

1. Die wirtschaftliche Entwicklung 1974/75

Die reale Wachstumsrate des Bruttosozialprodukts war im II. Halbjahr 1973 — bei beträchtlichem Einbruch der privaten Anlageinvestitionen — von 5,8 % im I. Halbjahr 1973 auf 3,7 % im II. Halbjahr 1973 erheblich zurückgegangen. Im I. Halbjahr 1974 wurde nur noch eine Rate von 1,2 % erreicht, die im II. Halbjahr 1974 bei deutlichen Anzeichen weiter rückläufiger Tendenz auf – 0,7 % zurückging. Die Finanzpolitik reagierte darauf mit einer Vielzahl expansiver Maßnahmen, die im folgenden Abschnitt dargestellt werden. Obwohl die Mehrzahl der im Jahr 1974 beschlossenen steuer- oder ausgabenpolitischen Eingriffe reversibel angelegt war, erhöhte sich im Gefolge der allgemeinen Finanzgebarung — u. a. infolge der starken Lohnsteigerungen — das strukturelle Defizit, mit dem die Finanzpolitik schon in die Rezession hineingegangen war. Anfang

1975 wurde mit einem definitiven Steuerentlastungsprogramm von ca. 18 Mrd. DM eine beträchtliche Ausweitung des strukturellen Defizits herbeigeführt. Das strukturelle Ausgangsdefizit betrug Ende 1973 etwa 11 Mrd. DM[6], es erhöhte sich im Jahr 1974 auf etwa 20 Mrd. DM und im Jahr 1975 auf ca. 40 Mrd. DM.

Trotz der erheblichen Defizite, die der Staat in den Jahren 1974 und 1975 einging, stellte sich ein Erfolg der antizyklischen Politik, wie nachstehende Tabelle 6 (S. 93) zeigt, erst recht spät ein.

Die Wachstumsrate ging im I. Halbjahr 1975 auf –2,8 % zurück und hatte auch in der II. Jahreshälfte 1975 noch einen negativen Wert. Erst im I. Halbjahr 1976 wurde mit einer Rate von 6,2 % ein neuer Aufschwung erreicht. Dies lag abgesehen von dem zusätzlichen Schock, den die Ölkrise bei schon deutlich rückläufiger Konjunktur bewirkt hatte, vor allem auch daran, daß die Notenbank — nicht zuletzt wegen der überzogenen Lohnerhöhungen — eine restriktive Politik bis weit in den Abschwung hinein aufrechterhielt.

Die Finanzpolitik war damit im ersten Jahr der Rezession mit sich konterkarierenden Zielstellungen der Geld- und der Lohnpolitik konfrontiert, letztere förderte die inflationäre Entwicklung, erstere versuchte, sie zu bekämpfen. Um die Jahreswende 1973/74 überschritt die Inflationsrate 7 %. Zu diesem Zeitpunkt wurde allgemein mit einer weiteren Steigerung gerechnet, die Meinung ging verbreitet dahin, daß im Laufe des Jahres 1974 eine zweistellige Rate erreicht würde. Die Bundesbank konnte deshalb aufgrund ihres gesetzlichen Auftrags, die Währungsstabilität zu wahren, die expansive Finanzpolitik der Bundesregierung nicht unterstützen. Zunächst konnte der restriktive Kurs, den sie mit Mindestreserveerhöhungen schon ab Mitte 1972 eingeschlagen und mit Diskont- und Lombardsatzerhöhungen im Herbst 1972 fortgesetzt hatte, nicht konsequent durchgehalten werden, da sie mangels außenwirtschaftlicher Absicherung bis zum März 1973 immer wieder über gewisse Zeiträume die Herrschaft über die Geldversorgung verlor. Nach Freigabe der Wechselkurse im März 1973 setzte die Bundesbank den restriktiven Kurs nicht nur über das ganze Jahr 1973, sondern noch bis zum Herbst 1974 fort. Sie variierte den Instrumenteneinsatz dabei wiederholt, wobei nicht immer eine weitere Verschärfung der Restriktionspolitik angestrebt wurde. Nachdem sie die freien Liquiditätsreserven der Geschäftsbanken auf annähernd Null reduziert hatte, ging sie vom bisherigen Konzept der Steuerung der Liquiditätsreserven zur Kontrolle der Geldmenge über und gab Ende 1974 erstmals ein Geldmengenziel für das Jahr 1975 bekannt. Der Konzeptwechsel war mit einem zunehmenden Einsatz offenmarktpolitischer Instrumente im Interesse verstärkter Feinsteuerung verbunden. Die Abkehr von dem restriktiven Kurs wurde nach vorangegangenen Mindestreservesatzsenkungen am 25. Oktober 1974 mit einer Reduzierung des Diskontsatzes von 7 % auf 6,5 % und des Lombardsatzes von 9 % auf 8,5 % eingeleitet und bis zum September 1975 in Schritten von jeweils einem halben Prozentpunkt bis auf 3,5 % bzw. 4,5 % fortgeführt.

---

6 Die Methode der Schätzung wird später dargestellt (S. 115).

Tabelle 6

Wachstums- und Inflationsraten 1973 bis 1976

Halbjahr	Wachstumsrate in % 1)	Inflationsrate in % 2)
1973,II	3,7	7,0
1974,I	1,2	7,1
74,II	- 0,7	6,8
1975,I	- 2,8	6,1
75,II	- 0,2	5,7
1976,I	6,2	4,8

1) Zunahme des realen Bruttosozialprodukts in Preisen von 1980, berechnet jeweils gegenüber dem entsprechenden Vorhalbjahr.
Quelle: Statistisches Bundesamt, Fachserie 18, Reihe 1.3, Konten und Standardtabellen, 1987 Hauptbericht, Tabelle 2.5, S.201, eigene Berechnungen.

2) Zunahme des Preisindex der Lebenshaltung aller privaten Haushalte, berechnet jeweils gegenüber dem entsprechenden Vorhalbjahr.
Quelle: Statistisches Bundesamt, Fachserie 17, Reihe 7, Preise und Preisindizes für die Lebenshaltung, 1987, Tabelle 1.6.1, S.108ff., eigene Berechnungen.

Nach der Entwicklung der Inflationsrate zu beurteilen, scheint die Geldpolitik zunächst über einen langen Zeitraum hinweg wenig effizient gewesen zu sein. Die Preissteigerungsrate, die im Jahr 1973 um 7 % geschwankt hatte, stieg im I. Halbjahr 1974 noch auf 7,1 % an und ging dann über 6,8 % im II. Halbjahr 1974 auf 6,1 % im I. Halbjahr 1975 und 5,7 % mit weiter fallender Tendenz im II. Halbjahr 1975 zurück. Die Feststellung einer geringen Effizienz wäre allerdings zunächst schon insofern unzutreffend, als — wie bereits erwähnt — die Ende 1973 für das folgende Jahr erwartete weitere Steigerung auf über 10 %, an der sich viele Entscheidungen der Wirtschaftsubjekte orientierten, die für die Entwicklung des Geldwertes von Bedeutung sind, verhindert wurde. Es kann schon als Erfolg gewertet werden, daß dieser Trend gebrochen wurde. Darüber hinaus ist festzuhalten, daß sich die Geldpolitik auf die Inflationsrate fast nur über die Einschränkung der monetären Gesamtnachfrage auswirken kann. Diese Wirkung kommt nur bedingt zum Tragen, wenn von der Kostenseite massive Widerstände bestehen. Dies war zum einen von den Löhnen, zum anderen von den Importpreisen her der Fall.

Die Tariflohnerhöhungen bewegten sich schon im Jahre 1973 — bei erheblichen Abweichungen zwischen den einzelnen Wirtschaftsbereichen — um 10-12 %. Bei den Tarifverhandlungen Anfang 1974 spielten die oben erwähnten Inflationserwartungen eine wichtige Rolle. Die Gewerkschaften meldeten entsprechend hohe Forderungen an. Die Lohnverhandlungen wurden mit großer Härte geführt, im öffentlichen Dienst kam es im Februar erstmals zu Kampfmaßnahmen, in der Metallindustrie wurde im März drei Wochen gestreikt. „Insgesamt waren 50 Verhandlungen sowie 14 Schlichtungsverfahren nötig, bis die Tarifrunde durchlaufen war“[7]. Schon die ersten Verhandlungen in dieser Runde, die nach dem damaligen Vorsitzenden der Gewerkschaft Öffentlicher Dienst, Transport und Verkehr heute noch als „Klunker-Runde“ zitiert wird, brachten in der Kombination von Sockelbetrag und Tariferhöhungen Lohnverbesserungen von durchschnittlich 12 %. In der Folge wurden in anderen Bereichen noch höhere Abschlüsse durchgesetzt, so daß sich für das Jahr 1974 durchschnittliche Lohnerhöhungen von 13,5 % ergaben[8]. Für das Jahr 1975 hielten sich die Lohnforderungen angesichts der zunehmenden Arbeitslosigkeit — im I. Halbjahr wurde die Millionengrenze überschritten — in engerem Rahmen. Die Lohnabschlüsse lagen überwiegend zwischen 6 % und 7 %; vielfach erklärten sich die Gewerkschaften bereit, anstehende Erhöhungen der Lohnnebenkosten erst im nächsten oder übernächsten Jahr anzumelden[9].

Aus dem Ausland gingen seit dem Frühjahr 1973 von der Steigerung der Rohstoffpreise und ab Jahresende verstärkt von der Erhöhung der Ölpreise seitens der OPEC Inflationsimpulse aus: Die Einfuhrpreise, die im Jahr 1972 mit einer

---

[7] SVR: JG 1974/75, TZ 134.

[8] ebenda, TZ 136.

[9] SVR: JG 1975/76, TZ 122.

Rate von 0,9 % annähernd konstant geblieben waren, erhöhten sich im Jahr 1973 um 9,3 % und 1974 um 21 %. 1975 war dann mit einer Zunahme von nur 0,8 % wieder eine annähernde Stabilität der Einfuhrpreise festzustellen[10].

Die seit Herbst 1972 auf Dämpfung des Preisanstiegs gerichteten Maßnahmen der Geldpolitik wurden also durch entgegengerichtete Einflüsse, die von der Lohnpolitik und den Preisen der Importgüter ausgingen, konterkariert. Da die Geldpolitik die monetäre Nachfrage in Grenzen hielt, mußten sich die von der Kostenseite erzwungenen Preiserhöhungen in einer Dämpfung der güterwirtschaftlichen Aktivität niederschlagen, wie sie im Rückgang des Auslastungsgrads des Produktionspotentials und der realen Wachstumsrate zum Ausdruck kam. Die letzteren Wirkungen wurden durch die Ölkrise verstärkt. Sie bewirkte nicht nur durch die Erhöhung der Energiepreise eine allgemeine Verunsicherung über die weitere wirtschaftliche Entwicklung; viele Unternehmungen befürchteten unmittelbare Versorgungsengpässe und stellten sich durch zurückhaltende Unternehmenspolitik darauf ein.

2. Expansive Finanzpolitik 1974/75

Der Aufbau struktureller Defizite schon vor der Rezession 1974 war nur bedingt in der neuen finanzpolitischen Philosophie der sozialliberalen Koalition begründet, wonach die Erfüllung staatlicher Aufgaben, insbesondere die kontinuierliche Bereitstellung öffentlicher Güter, nicht aus stabilitätspolitischen Rücksichten zurückgestellt werden dürfe; denn diese Forderung schließt eine stabilitätspolitisch vertretbare Budget- bzw. Schuldenpolitik keineswegs aus. Soweit nicht weniger dringliche Aufgaben zugunsten vordringlich erachteter zurückgestellt werden konnten, hätte ein erwünschtes höheres Volumen öffentlicher Ausgaben nur jeweils in konjunkturadäquater Relation durch Steuern und Kreditaufnahme finanziert werden müssen. Sarrazin kennzeichnet die diesbezügliche Konstellation in der sozialliberalen Koalition sarkastisch, aber zutreffend: „Es hätte von Anfang an entweder eine stärkere Zurückhaltung bei der Ausgabenentwicklung oder eine Absicherung des geplanten Ausgabenpfades durch dauerhafte Einnahmen geben müssen. So aber dominierte, vereinfacht ausgedrückt, auf der Ausgabenseite des Bundeshaushalts die Vorstellung der SPD und auf der Einnahmenseite die Vorstellung der FDP. Diese Art Arbeitsteilung konnte nicht gutgehen“[11]. Sarrazin spielt damit darauf an, daß die SPD im Regierungsprogramm von 1969 die Inangriffnahme vielfältiger öffentlicher Aktivitäten durchgesetzt, die FDP ihrerseits sich aber im Wahlkampf gegen Steuererhöhungen verbürgt hatte. Die verstärkte Kreditaufnahme ermöglichte beiden Seiten ihre im Grunde

---

[10] Finanzbericht 1978, S. 13 und Finanzbericht 1979, S. 12.

[11] T. Sarrazin (1985): Die Finanzpolitik des Bundes 1970-1982, in: Kämpfer ohne Pathos, Festschrift für Hans Matthöfer zum 60. Geburtstag (Hrsg.: H. Schmidt / W. Hesselbach), Bonn 1985, S. 195-201, S. 197.

unvereinbaren Absichten bzw. Zusagen einzuhalten und damit — auf Kosten zukünftigen Handlungsspielraums — das Gesicht zu wahren.

Das strukturelle Defizit von etwa 11 Mrd. DM, mit dem der Staat in die Rezession von 1974/75 hineinging, bedeutete eine Vorbelastung, die den tatsächlichen oder vermeintlichen konjunkturpolitischen Handlungsspielraum in den Jahren 1974 und '75 erheblich einschränkte.

Die Finanzpolitik setzte zwar die lebhafte konjunkturpolitische Aktivität, die sie in der Zeit von 1967 bis 1973 entfaltet hatte, in verstärkter Form — angesichts der schnellen Folge der verabschiedeten Maßnahmen kann man von „hektischer" Form sprechen — fort; das Volumen des Einsatzes blieb jedoch aufgrund dieser Vorbelastung, die haushaltspolitische Restriktionen auferlegte, im Hinblick auf die sich zunehmend abzeichnende Schärfe des Einbruchs zunächst relativ bescheiden. Erst gegen Jahresende 1974 erhöhte die Bundesregierung den Aufwand für konjunkturpolitische Maßnahmen erheblich. Ich will im folgenden die Maßnahmen dieser beiden Jahre bis zur Einleitung des Konsolidierungskurses im Herbst 1975 vorstellen.

1. Die Wende vom kontraktiven finanzpolitischen Kurs, der seit 1972 verfolgt wurde, zu einer expansiven Orientierung wurde im Dezember 1973 durch die Aufhebung der wichtigsten konjunkturpolitischen Maßnahmen des erweiterten Stabilitätsprogrammes vom Mai 1973 eingeleitet. Dieses erste expansiv ausgerichtete Programm betraf damit vor allem die Aufhebung von Regelungen, die die private Investitionstätigkeit einschränken sollten. So wurden die Investitionssteuer aufgehoben, mehrere Sonderabschreibungen wieder zugelassen, die Streckung der Mittel des ERP-Haushaltes aufgehoben und die Kreditanstalt für Wiederaufbau sollte die im Rahmen ihres Mittelstandsprogrammes vorgesehenen 500 Mio. DM zinsvergünstigten Kredite voll ausschöpfen. Der Stabilitätszuschlag und die Schuldendeckelverordnung sollten zunächst beibehalten, investive öffentliche Ausgaben dagegen weniger restriktiv gehandhabt werden. Darüber hinaus vereinbarten Bund und Länder für den Fall eines weiter anhaltenden Konjunkturabschwungs die Durchführung von Investitionsprogrammen.
2. Das letztgenannte Vorhaben wurde bereits im Februar 1974 in Form eines Sonderprogramms zur Investitionsförderung realisiert, das als der zweite Schritt in dieser Folge von expansiven Maßnahmen interpretiert werden kann. Dieses Programm ist weniger von der vorgesehenen Größenordnung als vom Ansatzpunkt her bemerkenswert: im Gegensatz zu den traditionellen global ansetzenden konjunkturpolitischen Ausgaben- oder Einnahmenvariationen, die auf die Beeinflussung der monetären Gesamtnachfrage zielten, stellten die nun beschlossenen Maßnahmen auf die Förderung bestimmter Regionen und Sektoren ab, die von dem Konjunktureinbruch besonders betroffen waren. Das Programm sollte von Bund und Ländern finanziert werden und wies ein Volumen von 900 Mio. DM auf. Für 300 Mio. DM wollte der Bund Direktin-

vestitionen tätigen, weitere 600 Mio. DM sollten Bund und Länder je zur Hälfte für die Beteiligung an kommunalen Infrastrukturprojekten aufbringen. Mit der Begrenzung des Programmes auf ein festes Ausgabenvolumen trat das Problem der Reversibilität von vornherein nicht auf.

3. Der dritte Schritt setzte wieder global an. Der Finanzplanungsrat hatte für 1974 eine Wachstumsrate des öffentlichen Gesamthaushalts von 10,9 % empfohlen. Im März stellte diese Instanz fest, daß es zur Sicherung der Beschäftigung gerechtfertigt sei, die in den Haushaltsplänen veranschlagten Ausgaben — einschließlich der zusätzlich entstandenen Ausgabenverpflichtungen sowie der Sondermaßnahmen — voll zu verwirklichen, was eine Steigerung der Staatsausgaben für 1974 um 12,5 - 13,5 % beinhaltete. Gleichzeitig wurde die Schuldendeckelverordnung vom November 1973 wieder zurückgenommen.

4. Bedenken gegen die bisherige expansive Politik wurden angemeldet, als der Arbeitskreis Steuerschätzungen im Juni zu dem Ergebnis kam, daß die Steuereinnahmen 1974 wesentlich hinter der Schätzung vom März zurückbleiben würden. Der Finanzplanungsrat kam in seinen Beratungen Ende Juni zu dem Ergebnis, daß aus „kapitalmarktpolitischen, haushaltspolitischen und gesamtwirtschaftlichen Gründen" eine volle Realisierung der in den Haushaltsplänen vorgesehenen Ausgaben nicht zu vertreten sei und daß deshalb Einsparungen bei den öffentlichen Ausgaben — mit Ausnahme jener Bereiche, die für die Struktur-, Regional- und Beschäftigungspolitik von besonderer Bedeutung sind — vorgenommen werden sollten[12]. Der Bund beschloß in diesem Sinne — in einem vierten Schritt — eine Verfügungsbeschränkung, wonach die Ansätze für sachliche Verwaltungsausgaben, Zuweisungen und Zuschüsse um 10 % gekürzt werden sollten. Für die Haushalte 1975 verabschiedete der Finanzplanungsrat gleichzeitig folgende Empfehlung: „Die Ausgaben von Bund, Ländern und Gemeinden, deren Anstieg für 1974 insgesamt mit etwa 13 v. H. vorgesehen war, sollen daher im Jahre 1975 insgesamt weniger als 10 v. H. ansteigen. In die dafür notwendige Überprüfung müssen alle Aufgabenbereiche einbezogen werden"[13].

5. Als sich in der zweiten Jahreshälfte abzeichnete, daß die Stagnation der Wirtschaftstätigkeit in eine Rezession einmünden würde und die Arbeitslosigkeit zunehmend anstieg, wurde in einem fünften Schritt die gezielte Förderungspolitik wieder aufgenommen. Im September beschloß die Bundesregierung ein zweites Sonderprogramm zur lokalen und regionalen Abstützung der Beschäftigung. Es hatte ein Gesamtvolumen von 950 Mio. DM, von denen 700 Mio. DM von Bund und Ländern in den Gebieten mit überdurchschnittlicher Arbeitslosigkeit für Bauprojekte bereitgestellt werden sollten, die restlichen 250 Mio. DM sollte der Bund für Investitionszwecke ausgeben. Beide

[12] Finanzbericht 1975, S. 120.

[13] ebenda, S. 121.

Investitionsprogramme — sowohl das vom Februar als auch das vom September 1974 — liefen nicht in der gewünschten Form ab, da sich Bund und Länder über die Zuständigkeit der Mittelvergabe nicht einigen konnten, was die schnelle Abwicklung der Programme verzögerte.

6. Im sechsten Schritt ging die Bundesregierung, nachdem die Arbeitslosenzahl Ende November auf etwa 800 000 angestiegen war und deutlich wurde, daß sie durch selektive Maßnahmen allein offenbar nicht wirksam bekämpft werden konnte, wieder zu Maßnahmen der globalen Nachfragesteuerung über und erhöhte das finanzielle Einsatzvolumen beträchtlich. Während sich die gezielten Programme vom Februar und September noch in Größenordnungen von unter einer Milliarde DM hielten, belief sich das im Dezember 1974 beschlossene „Programm zur Förderung von Beschäftigung und Wachstum bei Stabilität" auf ein geschätztes Volumen von über 11 Mrd. DM.

   Es sah u. a. folgende Maßnahmen vor:

   — zusätzliche Investitionen des Bundes in Höhe von 1,13 Mrd. DM;

   — Lohnkostenzuschüsse und Mobilitätszulagen in Höhe von 0,6 Mrd. DM;

   — eine Verlängerung der Höchstdauer des Bezugs von Kurzarbeitergeld von 12 auf 24 Monate;

   — ein Vorziehen der im Bundeshaushalt 1975 geplanten Investitionen möglichst ins I. Halbjahr 1975 sowie eine vollständige Freigabe von Verpflichtungsermächtigungen für Investitionen;

   — eine Bereitstellung von 0,5 Mrd. DM im ERP-Plan 1975 für kleinere und mittlere Unternehmen sowie Finanzierungshilfen durch die Kreditanstalt für Wiederaufbau von mindestens 1 Mrd. DM.

   — Den Schwerpunkt des Programms bildete eine Investitionszulage von 7,5 % für Ausrüstungsgüter, die zwischen dem 1.12.1974 und dem 30.6.1975 bestellt und vor dem 1.7.1976 geliefert werden, und für Gebäude, für die die Baugenehmigung zwischen dem 1.12.1974 und dem 30.6.1975 beantragt und die vor dem 1.7.1977 fertiggestellt werden. Man rechnete damit, daß den Unternehmen aus diesem Programmteil etwa 7 Mrd. DM zufließen würden[14].

7. Während die bisher erwähnten Maßnahmen bzw. Programme mit Ausnahme der Empfehlung einer generellen Ausgabensteigerung im oben erwähnten dritten Schritt insofern konjunkturadäquat ausgestaltet waren, als sie einmalige Ausgabensteigerungen bzw. Einnahmenausfälle vorsahen und damit also bei Finanzierung durch Kreditaufnahme keine Erhöhung des strukturellen Defizits

---

14 Vgl. W. Ehrlicher, B. Rohwer (1978): Chronik. Die Finanzpolitik in der Bundesrepublik Deutschland im Jahr 1975, in: Finanzarchiv, N.F. Bd. 36, Tübingen 1978, S. 485-512, S. 492.

bewirkten[15], war mit dem folgenden siebten Maßnahmenpaket ein dauerhafter Einnahmenausfall verbunden. Es handelte sich um die Reform der Einkommen- und Lohnsteuer, des Familienlastenausgleichs und der Sparförderung[16], die zum 1. Januar 1975 in Kraft trat. Dieses Reformwerk war ursprünglich aufkommensneutral und damit ohne stabilitätspolitische Zielstellung geplant. Schon Ende 1968 war von der Regierung der Großen Koalition mit der Einsetzung einer Steuerreformkommission durch den Bundesfinanzminister Franz Joseph Strauß das Vorhaben einer umfassenden Steuerreform eingeleitet worden. Als Zielsetzungen wurden Gleichmäßigkeit und soziale Gerechtigkeit, Abbau von Steuervergünstigungen und weitere Annäherung an die Steuersysteme der übrigen EWG-Staaten genannt; besonderen Wert sollte auf Abbau von Steuervergünstigungen und Vereinfachung des Steuerrechts gelegt werden. Die Regierung der sozialliberalen Koalition nahm diese Planungen auf und veröffentlichte im Juni 1971 Beschlüsse über „Eckwerte und Grundsätze" zu einer Steuerreform, die zum Jahresanfang 1974 in Kraft treten sollte. Die Reform sollte in drei Paketen die Abgabenordnung, die direkten Steuern und die indirekten Steuern neu regeln. Konjunkturpolitisch relevant wurde das Reformwerk dadurch, daß die ursprüngliche Vorstellung der Aufkommensneutralität zugunsten eines eingeplanten Steuerausfalls von 14 Mrd. DM, der sich dann tatsächlich auf 18 Mrd. DM erhöhte, aufgegeben wurde.

Der Steuerausfall wurde teils im Interesse eines Kompromisses mit der Opposition in Kauf genommen, teils mit Rücksicht auf die konjunkturelle Situation bewußt angesteuert. Im Gegensatz zu der Mehrzahl der bisherigen konjunkturpolitischen Maßnahmen, die eine Steigerung der monetären Gesamtnachfrage unmittelbar über erhöhte öffentliche Ausgaben anstrebten, zielte die Reform in ihrer konjunkturpolitischen Orientierung auf eine Steigerung der privaten Nachfrage über die Erhöhung der Verfügungseinkommen. Die Reform der Einkommen- und Lohnsteuer stellte dabei einerseits auf eine Entlastung der Bezieher niedriger und mittlerer Einkommen und eine stärkere Belastung höherer Einkommen ab, andererseits wurde der Tarif dem seit der letzten Reform abgelaufenen Inflationsprozeß angepaßt. Der Familienlastenausgleich wurde durch Einführung eines einheitlichen einkommensunabhängigen Kindergeldes anstelle der bisherigen verschiedenen Leistungen und Entlastungen neu gestaltet. Die Sparförderung trug der verteilungspolitischen Grundtendenz des Reformgesetzes durch die Einführung von Einkommensgrenzen und Höchstbeträgen sowie durch die partielle Erhöhung der Prämiensätze Rechnung.

---

15 Ich habe oben schon erwähnt, daß unvorhergesehene, nicht im Konjunkturverlauf begründete Ausgabensteigerungen — ich habe auf die Lohnerhöhungen hingewiesen — ein Anwachsen der strukturellen Defizite bewirken.

16 Bundesgesetzblatt I, 1974, S. 1769-1855, S. 1769.

Die mit den Entlastungen bzw. zusätzlichen Zahlungen über die Art der Finanzierung angestrebte Steigerung der privaten Konsumausgaben kam im I. Halbjahr 1975 noch nicht zum Tragen, da die erhöhten Verfügungseinkommen angesichts der Unsicherheit der wirtschaftlichen Situation in größerem Maße gespart wurden; die privaten Konsumausgaben stiegen im I. Halbjahr 1975 real nur um 8,3 Mrd. DM bzw. um 2,5 %. Die reale Wachstumsrate des Bruttosozialprodukts sank im I. Halbjahr 1975 auf –2,8 % ab und die Arbeitslosigkeit überschritt die Millionengrenze. Die Bundesregierung entschloß sich daher im August 1975 zu einem weiteren Programm.

8. Mit diesem achten und letzten Schritt der seit dem Einbruch der Konjunktur Ende 1973 ergriffenen expansiven Maßnahmen knüpfte sie an das ausgabenpolitisch orientierte (sechste) Programm an. Das neuerliche „Programm zur Stärkung von Bau- und anderen Investitionen" vom August beinhaltete ein Volumen von 5,75 Mrd. DM, das für Investitionen des Bundes im Hoch- und Tiefbau, für Zuschüsse an die Gemeinden zur Förderung der Infrastruktur und der Stadtsanierung, für den Neubau von Wohnungen sowie zur Instandsetzung und Modernisierung alter Wohnungen und schließlich für die Vornahme von Arbeitsbeschaffungsmaßnahmen durch die Bundesanstalt für Arbeit vorgesehen war. Die Aufträge für die geförderten Objekte sollten bis Ende 1975 vergeben und möglichst bis Ende 1976 abgeschlossen sein. Die Förderung war dabei so angelegt, daß sich bei der Inanspruchnahme der Mittel ein Multiplikatoreffekt durch zusätzlichen Einsatz privater Mittel ergab, so daß man sich aus diesem Programm ein zusätzliches Nachfragevolumen von 10-12 Mrd. DM erhoffte.

Eine Systematisierung der hier chronologisch aufgeführten Programme und Maßnahmen wird in der folgenden Analyse der konjunkturpolitischen und schuldenpolitischen Ergebnisse aus verschiedenen Perspektiven erfolgen.

III. Konjunkturpolitisches Ergebnis

1. Globale Analyse der Finanzgebarung

Die Wirkungen dieser Maßnahmen traten — wie einleitend erwähnt — zum Teil erst im Jahre 1976 und — was die Geld- und Einkommenspolitik betrifft — im Jahre 1977 auf. In der Wachstumsrate schlägt sich die expansive Finanzpolitik dieser Jahre, die im Dezember 1973 eingeleitet worden war, im II. Halbjahr 1975 in der Abschwächung der rückläufigen Tendenz von –2,8 % im I. Halbjahr 1975 auf –0,2 % im II. Halbjahr 1975 nieder. Der volle Durchbruch wird erst im I. Halbjahr 1976 mit einer Rate von 6,2 % erreicht, die dann im II. Halbjahr allerdings schon wieder abnehmende Tendenz zeigt. Auch der Auslastungsgrad des Produktionspotentials, der im Jahr 1973 noch 98 % betragen hat, sinkt im

Jahr 1974 beträchtlich auf 95,2 % und erreicht den Tiefstand mit 90,9 % im Jahr 1975: dies zeigt ebenso wie der Anstieg der Arbeitslosigkeit von 273 000 im Jahr 1973 über 582 000 im Jahr 1974 auf über 1 Million im Jahr 1975 das Ausmaß des konjunkturellen Einbruchs. Hinsichtlich der Inflationsrate habe ich oben schon festgestellt, daß sich die restriktive Geldpolitik, die bis Herbst 1974 fortgeführt wurde, erst mit erheblicher zeitlicher Verzögerung auswirkte. Diese Effekte hielten dann trotz des expansiven Kurses der Finanzpolitik und der seit Herbst 1974 deutlich gelockerten Geldpolitik, wie sie in der Senkung des Zinssatzes zum Ausdruck kommt, über den hier untersuchten Zeitraum hinaus (bis 1978) an.

Die expansive Finanzpolitik des Jahres 1974 fand ihren globalen Ausdruck zum einen in der Zunahme des Finanzierungsdefizits von 8,8 Mrd. DM im Vorjahr auf 27,3 Mrd. DM, zum anderen in der Steigerung der Staatsausgaben um 13,5 %. Zunächst hatte der Finanzplanungsrat eine Erhöhung von 10,9 % empfohlen, mit dem Programmschritt (3)[17] vom März 1974 wurde eine Zunahme auf 12,5-13,5 % für zweckmäßig gehalten, die dann im Programmschritt (4)[18] wieder reduziert wurde. Durch weitere ausgabenseitige Beschlüsse auf allen Ebenen der Gebietskörperschaften wurde dann doch die im März erörterte Obergrenze erreicht. Die Ausgabenerhöhung, die sich für alle Gebietskörperschaften auf 38 Mrd. DM belief, ging dabei sehr viel stärker auf die Zunahme der allgemeinen Haushaltsansätze, als auf die Konjunkturprogramme zurück. Das erste Maßnahmenpaket vom Dezember 1973[19], mit dem die restriktiven Maßnahmen vom Mai wieder aufgehoben wurden, enthielt als aktive Maßnahme ein Mittelstandsprogramm von 500 Mio. DM, das aber aus Mitteln der Kreditanstalt für Wiederaufbau finanziert werden sollte und insofern nicht in die Haushalte einging. Die gezielten Programme (2)[20] und (5)[21] vom Februar und September sahen ein zusätzliches Ausgabenvolumina von 900 Mio. DM und 950 Mio. DM vor, wobei einschränkend schon angemerkt wurde, daß sie nicht in der gewünschten Form abliefen, da sich Bund und Länder über die Zuständigkeit der Finanzierung nicht einigen konnten. Die starke Zunahme des Defizits auf 27,3 Mrd. DM resultierte neben dem Anstieg der allgemeinen Haushaltsansätze aus der mit 7,1 % sehr viel geringeren Erhöhung der Einnahmen.

Zur Planung der Haushalte für das Jahr 1975 hatte der Finanzplanungsrat keine Empfehlungen verabschiedet. Im Finanzbericht 1975[22] heißt es dann: „Empfehlungen oder Stellungnahmen, die nach der Geschäftsordnung grundsätzlich einstimmig gefaßt werden sollen, hat der Finanzplanungsrat in seinen letzten drei

---

[17] Siehe S. 97.
[18] Siehe S. 97.
[19] Siehe S. 96.
[20] Siehe S. 96 f.
[21] Siehe S. 97 f.
[22] Siehe S. 130.

Sitzungen nicht mehr verabschiedet. Angesichts der unterschiedlichen parteipolitischen Grundsatzpositionen in wichtigen Fragen der Finanz- und Wirtschaftspolitik ist eine Verständigung auf gemeinsame Empfehlungen oder Erklärungen auch im Finanzplanungsrat, dessen Mitglieder Regierungen unterschiedlicher politischer Prägung angehören, trotz weitgehender Übereinstimmung in den jeweils behandelten Sachfragen nicht möglich gewesen."

Die Ausgabensteigerung aller Gebietskörperschaften belief sich dann im Jahr 1975 mit einer Zunahme von 42 Mrd. DM auf 13,3 %, die Einnahmen erhöhten sich nur um 2 %, so daß sich ein Defizit von 63,8 Mrd. DM ergab, das um fast 37 Mrd. DM über dem des Vorjahres lag. Die geringe Steigerung der Einnahmen ist dabei — neben den konjunkturbedingten Steuerausfällen — auf die Steuerreform (7)[23] zurückzuführen, die zum 1. Januar 1975 in Kraft trat und einen Einnahmeausfall von 18 Mrd. DM brachte. Die Steigerung der Ausgaben war in diesem Jahr stärker in den Sonderprogrammen angelegt, die sich in erheblich höheren Größenordnungen bewegten — die Programme vom Dezember 1974 (6)[24] und vom August 1975 (8)[25] beliefen sich auf 11 Mrd. DM bzw. 5,75 Mrd. DM. Diese Beträge wurden allerdings, da die Möglichkeit der Inanspruchnahme über das Jahr 1975 hinausging, in diesem Jahr nur mit Teilbeträgen wirksam.

Zur Beurteilung der Wirkungen der Finanzgebarung bin ich bisher von den Finanzierungssalden bzw. ihrer Veränderung gegenüber dem Vorjahr ausgegangen und habe diese durch einige spezielle Überlegungen über die wirtschaftiche Situation und die Art der Entstehung der Defizite relativiert. Auf Verfeinerungen der Instrumente zur Messung finanzpolitischer Impulse, wie sie in den sog. Budgetkonzepten entwickelt wurden, werde ich zwar erst im Dritten Hauptteil eingehen. In einem gewissen Vorgriff auf die dort anzustellenden Überlegungen möchte ich im folgenden jedoch schon über das einfache Saldenkonzept hinausgehen.

In der nachstehenden Tabelle 7 (S. 103) werden zunächst die nach den verschiedenen Konzepten ermittelten Impulse aufgeführt.

Im Jahr 1974 betrug die Zunahme des Finanzierungssaldos gegenüber dem Vorjahr 18,5 Mrd. DM, im Jahr 1975 36,5 Mrd. DM. Der Sachverständigenrat berechnet für das Jahr 1974 einen Impuls von 12 Mrd. DM, für das Jahr 1975 von 35,9 Mrd. DM. Das DIW kommt nach einer ganz anderen Methode zu sehr ähnlichen Werten von 14,2 Mrd. DM und 35,9 Mrd. DM. Ich darf hier schon anmerken, daß die weitgehende Übereinstimmung angesichts der stark divergierenden Methode mehr zufällig ist.

Nach diesen drei Verfahren errechnen sich also jeweils hohe positive Impulse, die zur Steigerung bzw. Verhinderung eines stärkeren Rückgangs der monetären

---

23 Siehe S. 98 ff.
24 Siehe S. 98.
25 Siehe S. 100.

Gesamtnachfrage wesentlich beigetragen haben müssen. Sie haben sich allerdings zunächst nicht sichtbar auf die Entwicklung des realen Bruttosozialprodukts ausgewirkt, die ja bis zum 4. Quartal 1975 rückläufig war. Man darf aber unterstellen, daß bei geringerer konjunkturpolitischer Aktivität der Finanzpolitik der Konjunkturrückgang stärker gewesen wäre und daß diese Aktivität wesentlich zur Wende ab dem letzten Vierteljahr 1975 und insbesondere zu dem starken Aufschwung im I. Halbjahr 1976 beigetragen hat.

Tabelle 7

Vergleich der nach verschiedenen Konzepten ermittelten Impulse von 1973 bis 1975

in Mrd.DM

in jeweiligen Preisen

Jahr	nominelles Brutto-sozial-produkt	Zunahme des nominellen Brutto-sozial-produkts	Finan-zierungs-saldo	Zunahme des Finanzie-rungssaldos gegenüber dem Vorjahr*	Impulse SVR	Impulse DIW
	1)	2)	3)	4)	5)	6)
1973	918,9		8,8			
1974	985,6	66,7	27,3	18,5	12,0	14,2
1975	1029,4	43,8	63,8	36,5	35,9	35,9

* im folgenden als Saldenvergleich bezeichnet.

Quellen:
1) SVR: JG 1986/87, Tabelle 28*, S.228.
2) eigene Berechnungen.
3) SVR: JG 1986/87, Tabelle 36*, S.244.
4) eigene Berechnungen.
5) SVR: JG 1981/82, Tabelle 28, S.119; JG 1982/83, Tabelle 28, S.110.
6) Gesamtwirtschaftliche und strukturelle Auswirkungen von Veränderungen der Struktur des öffentlichen Sektors. Schwerpunktthema im Rahmen der Strukturberichterstattung 1983. Beiträge zur Strukturforschung. Deutsches Institut für Wirtschaftsforschung, Heft 81, Berlin 1984, S.252.

2. Differenzierung des globalen Analyseansatzes

Will man dieses Ergebnis weiter differenzieren und mit den oben dargestellten Programmschritten in Verbindung bringen, dann sind die unterschiedlichen Ansatzpunkte der einzelnen Maßnahmen zu berücksichtigen. Ich habe oben schon erwähnt, daß im Jahr 1974 die konjunkturpolitischen Maßnahmen, die in diesem Jahr haushaltswirksam wurden, vom Volumen her nicht sehr gewichtig waren und der finanzpolitische Impuls dementsprechend von der Steigerung der allgemeinen Haushaltsansätze ausging. Demgegenüber war das Volumen der konjunkturpolitisch orientierten Maßnahmen im Jahr 1975 wesentlich höher, was gleichzeitig bedeutet — da die Steigerungsrate der Gesamtausgaben etwa die gleiche war —, daß sich in der Struktur erhebliche Verschiebungen vollzogen haben müssen.

Dies wird deutlich, wenn man die Staatsausgaben in Ausgaben für Güter und Dienste (oder nach anderer Gliederung in Konsum und Investitionen) und in Transferausgaben aufspaltet, wie es in nachstehender Tabelle 8 (S. 105) geschieht.

Die Staatsausgaben insgesamt steigen in beiden Jahren mit annähernd der gleichen Rate von 13,5 % bzw. 13,3 %, die anteilsmäßige Verteilung auf Ausgaben für Güter und Dienste und Transferzahlungen ändert sich jedoch ganz entscheidend: im ersten Jahr nehmen beide Ausgabenkomponenten um 13,5 % und 13,4 % mit etwa der gleichen Rate zu, im zweiten Jahr erhöhen sich die Ausgaben für Güter und Dienste nur um 6,2 %, die Transferzahlungen dagegen um 25,9 %.

Aus dieser Strukturverschiebung lassen sich zunächst allerdings keine unmittelbaren Schlüsse in dem Sinne ableiten, daß der positive Impuls des Staates im Jahr 1974 höher als im Jahr 1975 gewesen wäre, denn es ist sehr wohl möglich, daß eine Zunahme der Transferausgaben — etwa in Form von Investitionsprämien — über eine dadurch angeregte Steigerung der privaten Investitionsausgaben die Gesamtnachfrage sehr viel stärker erhöht hat, als dies ebenso hohe zusätzliche Ausgaben für Güter und Dienste getan hätten. Umgekehrt kann — etwa im Falle sog. Mitnahmeeffekte — die Steigerung der Transferausgaben u. U. gar keine Erhöhung der monetären Gesamtnachfrage zur Folge haben.

Wenn man die Wirkungen von Transfers abschätzen will, muß man also die besondere Art ihres Ansatzes — Subventionen zur Senkung von Kosten, Sozialtransfers zur Steigerung der Verfügungseinkommen usw. — berücksichtigen und Annahmen über die voraussichtlichen Reaktionen der Wirtschaftssubjekte machen.

Ähnliche Überlegungen gelten hinsichtlich wirtschaftspolitisch gezielter Steuerveränderungen, mit denen über die Variation der Entzugseffekte Änderungen der Kosten angestrebt werden. Auch hier gilt, daß entsprechende Annahmen über voraussichtliche Reaktionen der Wirtschaftseinheiten zu treffen sind.

Tabelle 8

<u>Staatliche Nachfragekomponenten von 1973 bis 1975 in jeweiligen Preisen</u>

Jahr nominell	Brutto-sozial-produkt	Staats-ausgaben insge-samt	staat-licher Konsum	staat-liche Investi-tionen	staat-liche Ausgaben für Güter und Dienste	staat-liche Transfer-ausgaben
	1	2	3	4	5=3+4	6=2-5
			absolute Werte in Mrd.DM			
1973	918,9	280,5	138,7	41,3	180,0	100,5
1974	985,6	318,3	158,2	46,1	204,3	114,0
1975	1029,4	360,5	171,0	46,0	217,0	143,5
1976	1126,2	376,8	180,2	43,6	223,8	153,0
			Zunahme gegenüber dem Vorjahr in %			
1973	11,4	11,3	13,8	5,6	11,8	10,3
1974	7,3	13,5	14,1	11,6	13,5	13,4
1975	4,4	13,3	8,1	-0,2	6,2	25,9
1976	9,4	4,5	5,4	-5,2	3,1	6,6
			Zunahme gegenüber dem Vorjahr in Mrd.DM			
1973	93,8	28,4	16,8	2,2	19,0	9,4
1974	66,7	37,8	19,5	4,8	24,3	13,5
1975	43,8	42,2	12,8	-0,1	12,7	29,5
1976	96,8	16,3	9,2	-2,4	6,8	9,5

Quelle:
1) SVR: JG 1986/87, Tabelle 28*, S.228.
2) SVR: JG 1987/87, Tabelle 36*, S.244.
3) berechnet jeweils nach Zusammenstellung 2 in Finanzberichten 1978 bis 1981.
4) SVR: JG 1987/87, Tabelle 36*, S.244.
5) Summe aus Spalte 3 und 4.
6) Differenz aus Spalte 2 und 5.

Über diese weiteren Effekte lassen sich genauere Aussagen nur im Rahmen umfangreicher und komplizierter Modelle, wie sie von den großen Instituten entwickelt werden, machen. Ich muß mich auf einige verbale Äußerungen über die möglichen Wirkungen, die von den einzelnen Programmschritten ausgegangen sind, beschränken:

Ich stütze mich für solche Überlegungen wieder — wie bei der Analyse der Finanzpolitik der Jahre 1972/73 — auf die Aufgliederung der monetären Gesamtnachfrage, wie sie in der Höhe des Bruttosozialprodukts Ausdruck findet, in die Komponenten privater Konsum, private Anlageinvestitionen, staatlicher Konsum, staatliche Anlageinvestitionen, Vorratsveränderungen und Außenbeitrag. In der Volkswirtschaftlichen Gesamtrechnung wird dabei die Staatsnachfrage in Form der Ausgaben für Güter und Dienste des staatlichen Gesamthaushalts, also einschließlich der Sozialversicherung, ausgewiesen. Diese Ausgaben der Sozialversicherung für Güter und Dienste ließen sich zwar ausklammern bzw. getrennt ausweisen; da der zusätzliche Informationswert hinter der zusätzlichen Komplizierung zurückbleiben dürfte, sehe ich davon ab.

Für die Jahre 1972/73 habe ich für die einzelnen Nachfragekomponenten die realen Werte (in Preisen von 1980) verwendet, da es mir in erster Linie um eine Beurteilung der Wirkungen der Finanzgebarung auf die reale Wirtschaftsentwicklung geht. Im folgenden steht mehr der Niederschlag einzelner finanzpolitischer Maßnahmen zur Diskussion; deren nominelles Einsatzvolumen ließe sich aber nur mit relativ willkürlich gewählten Deflatoren in reale Werte umrechnen. Aus diesem Grund verwende ich im folgenden — soweit nicht ausdrücklich anders angemerkt — nominelle Werte.

An Hand der Tabelle (S. 107) kann man zunächst nur die staatlichen Ausgaben für Güter und Dienste verfolgen. Soweit die einzelnen Programmschritte eine Veränderung der Transferausgaben oder der steuerlichen Entzugseffekte beinhalten, müssen ihre Wirkungen sich in den privaten Konsum- oder Investitionsausgaben niedergeschlagen haben, so daß aus der Veränderung dieser Größen Rückschlüsse auf mögliche Wirkungen gezogen werden können. In diesem Sinne will ich die einzelnen Programmschritte der Finanzpolitik in den Jahren 1974 und ’75 in dem folgenden Abschnitt prüfen.

3. Wirkung der Finanzpolitik des Jahres 1974

Der erste Programmschritt vom Dezember 1973[26] beinhaltete neben einem Mittelstandsprogramm von 500 Mio. DM, das über die Kreditanstalt für Wiederaufbau finanziert werden sollte und damit nicht haushaltswirksam war, die Aufhebung der wichtigsten Bestimmungen des kontraktiven Stabilitätsprogramms vom

[26] Siehe S. 96.

Tabelle 9

Nachfragekomponenten von 1973 bis 1976 in jeweiligen Preisen

Jahr	BSP	privater Konsum	private Anlage-investitionen	staatl. Konsum 1)	staatl. Anlage-investitionen 2)	staatl. Ausgaben für Güter und Dienste*	Vorrats-veränderungen	Außenbeitrag
			absolute Werte in Mrd.DM					
1973	918,9	495,4	184,1	163,2	35,1	198,3	12,5	28,6
1974	985,5	533,7	172,7	190,2	40,0	230,2	5,0	43,9
1975	1029,4	585,3	169,7	210,0	39,7	249,7	-5,4	30,0
1976	1126,2	632,5	186,4	221,7	39,3	261,0	17,2	29,1
			absolute Veränderungen gegenüber dem Vorjahr in Mrd.DM					
1973	93,8	43,3	8,8	22,1	1,3	23,4	7,7	10,7
1974	66,7	38,3	-11,4	27,0	4,9	31,9	-7,5	15,3
1975	43,8	51,6	-3,0	19,8	-0,3	19,5	-10,4	-13,9
1976	96,8	47,2	16,7	11,7	-0,4	11,3	22,6	-0,9
			relative Veränderungen gegenüber dem Vorjahr in %					
1973	11,4	9,6	5,0	15,7	3,8	13,4	160,4	59,8
1974	7,3	7,7	-6,2	16,5	14,0	16,1	-60,0	53,5
1975	4,4	9,7	-1,7	10,4	-0.7	8,5	-208,0	-31,7
1976	9,4	8,1	9,8	5,6	-1,0	4,5	-418,5	-3,0

* berechnet als Summe der Spalten 1 und 2

Quelle:
Statistisches Bundesamt, Fachserie 18, Reihe 1.3, Konten und Standardtabellen, 1987 Hauptbericht, Tabelle 2.5, S.198, eigene Berechnungen.

Mai 1973, die vor allem auf eine Einschränkung der privaten Investitionstätigkeit zielten. Positive Auswirkungen der Aufhebung dieser Maßnahmen sind nicht festzustellen: Die privaten Anlageinvestitionen gingen im Jahr 1974 um 11,4 Mrd. DM (–6,2 %), die Lagerhaltung um 7,5 Mrd. DM zurück. Es wäre eher zu vermuten, daß die kontraktiven Maßnahmen des Mai-Programms von 1973 über eine reduzierte Zukunftsplanung der Investitionstätigkeit im Jahr 1974 noch weitergewirkt haben.

Der dritte[27] und vierte[28] Programmschritt betrafen die Haushaltsplanung, auf die ich bei der Besprechung der Gesamtausgaben und ihrer Differenzierung schon eingegangen bin.

Die Programme vom Februar (2)[29] und Juni (5)[30] sahen regionale und sektorale Infrastrukturausgaben von 1,85 Mrd. DM vor. Tatsächlich stiegen die staatlichen Ausgaben für Güter und Dienste im Jahr 1974 mit 31,9 Mrd. DM um 16,1 % und hatten damit eine starke Impulswirkung. Wesentliche indirekte Wirkungen in Form einer Anregung privater Investitionen oder von Multiplikatoreffekten auf den privaten Konsum lassen sich nicht feststellen, da die privaten Investitionen — wie erwähnt — stark zurückgegangen sind und sich die Steigerung des privaten Konsums nur knapp über der Erhöhung der Gesamtnachfrage hält. Man könnte allenfalls argumentieren, daß ohne entsprechende staatliche Aktivität die Zunahme der privaten Nachfrage noch geringer — wenn nicht sogar negativ — gewesen wäre, denn ein wesentlicher Teil der Zunahme der Ausgaben für Güter und Dienste entfällt auf höhere Personalkosten, die aus den starken Lohnsteigerungen der „Klunker-Runde" resultierten. Die damit verbundene Erhöhung der Einkommen der öffentlichen Bediensteten dürfte nicht unwesentlich zu der Steigerung des Konsums beigetragen haben. Insgesamt ist das Ergebnis dieser Lohnerhöhungen und damit indirekt auch die Steigerung der Personalausgaben allerdings negativ zu bewerten, da dies die Bundesbank veranlaßte, um inflationäre Wirkungen dieser Kostensteigerungen abzuwehren, ihre kontraktive Politik bis zum Herbst 1974 beizubehalten.

Neben der Finanzpolitik, die in ihrer expansiven Orientierung — in dieser Situation sicher in Absprache mit der Bundesbank — deren restriktive Wirkungen auf die reale Wirtschaftstätigkeit zu kompensieren versuchte, hat der Außenbeitrag sehr wesentlich zur Aufrechterhaltung einer gewissen Steigerung der (nominellen) Gesamtnachfrage beigetragen. (Die reale Gesamtnachfrage stieg in diesem Jahr mit 0,2 % ja kaum noch.) Die Zunahme des (nominellen) Außenbeitrags hat den Rückgang der privaten Anlageinvestitionen und des Lagerabbaus annähernd kompensiert. Ich habe früher wiederholt auf die antizyklische Bewegung

---

27 Siehe S. 97.
28 Siehe S. 97.
29 Siehe S. 96 f.
30 Siehe S. 97 f.

des Außenbeitrags hingewiesen, die sich ergibt, wenn der Konjunkturverlauf sich in außenwirtschaftlich stärker verflochtenen Ländern phasenverschoben vollzieht. Die Größenordnung der Zunahme von 15,3 Mrd. DM bleibt — insbesondere, wenn man sich vergegenwärtigt, daß sich im Jahre 1974 schon ein gewisser internationaler Gleichlauf der Konjunktur anbahnte — überraschend. Man kann sie sich vielleicht damit erklären, daß die Produzenten von Investitionsgütern — angesichts des starken Rückgangs der inländischen Investitionstätigkeit — besondere Aktivitäten entwickelten, um den Absatz im Ausland zu steigern.

Angesichts dieser Tatsache, daß ein schärferer Rückgang der Konjunktur im Jahr 1974 nur durch die — zwar nicht nur „zufällige", aber in ihrer Größenordnung doch ungewöhnliche — Zunahme der Außenkomponente verhindert wurde, stellt sich die Frage, ob die verschiedenen Schritte der Finanzpolitik seit Dezember 1973 in ihrem Bestreben, die haushaltspolitischen Aspekte nicht aus den Augen zu verlieren, konjunkturpolitisch zu zögernd und zu zahm blieben.

In Ansehung der Gesamtkonstellation der Wirtschaft möchte ich diese Frage für das Jahr 1974 verneinen. In diesem Jahr lag eine ähnliche Situation wie in der zweiten Jahreshälfte 1966 vor: Die Inflationsrate stieg — trotz zunehmend verstärkter restriktiver Maßnahmen der Geldpolitik — weiter an. Die Erwartungen waren zur Jahreswende 1973/74 — wie angedeutet — auf eine zweistellige Inflationsrate gerichtet. Angesichts dieser Konstellation hätte ein global orientiertes öffentliches deficit-spending in höheren Größenordnungen inflationsverschärfend gewirkt und damit noch härtere Maßnahmen der Bundesbank provoziert. Durch die Steigerung der Rohölpreise hatten die OPEC-Staaten auf Kosten der erdölimportierenden Länder eine reale Umverteilung erzwungen. In die Lohnabschlüsse hätte dementsprechend die (erwartete) Inflationsrate nur vermindert um diese extern bedingte Erhöhung eingehen dürfen[31].

Dieses Urteil gilt nicht für die Art der staatlichen Aktivitäten, die die Ausweitung des strukturellen anstelle des konjunkturbedingten Defizits bewirkten. Die zuständigen Regierungsvertreter hatten mit der Zustimmung zu den von der Gewerkschaft Öffentlicher Dienst, Transport und Verkehr geforderten Lohnerhöhungen und ihrer Finanzierung aus Kreditaufnahme den Umfang der Vorbelastungen, mit denen die Wirtschaft in die Rezession des Jahres 1975 hineinging, erweitert.

---

[31] Aus stabilitätspolitischer Sicht ist diese Forderung noch zu bescheiden. Wie Oberhauser wiederholt betont hat, ist schon die Einbeziehung aktueller und erwarteter Preissteigerungen in die Lohnforderungen insofern problematisch, als sie geeignet ist, einen in Gang befindlichen Inflationsprozeß zu sanktionieren oder sogar zu verstärken und damit die Reallohnposition der Arbeitnehmer zu verschlechtern. Vgl. hierzu bspw. A. Oberhauser (1986): Globalsteuerung erfordert lohnpolitische Absicherung, in: Die Zukunft der Globalsteuerung (Hrsg.: H. Körner / Ch. Uhlig), Bern 1986, S. 149-175, S. 161 ff.

4. Wirkung der Finanzpolitik des Jahres 1975

Das Volumen der Konjunkturprogramme war im Jahr 1975 sehr viel größer als im vorhergehenden Jahr, die Einkommens- und die Geldpolitik gaben der Finanzpolitik dafür erhöhten Spielraum. Mit abnehmender Auslastung des Produktionspotentials und zunehmender Arbeitslosigkeit im Laufe des Jahres 1974 war seitens der Gewerkschaften für 1975 die Bereitschaft zu erwarten, die veränderte konjunkturelle Situation bei den Lohnforderungen in Rechnung zu stellen. Die Lohnabschlüsse ab Februar 1975, die sich überwiegend unter 7 % hielten, bestätigten diese Erwartung. Dies gab auch der Geldpolitik ab Herbst 1974 die Möglichkeit, die kreditpolitischen Zügel zu lockern, ohne eine erneute Zunahme der Preissteigerungsrate befürchten zu müssen. Die Bundesbank gab allerdings auch — in erster Linie um anzukündigen, daß sie die Inflationsrate weiter reduzieren und auf keinen Fall einen erneuten Anstieg zulassen würde — Ende 1974 erstmals ein Geldmengenziel in der Größenordnung von 8 % für das Jahr 1975 bekannt.

Für die Finanzpolitik entspannte sich der Konflikt zwischen beschäftigungspolitischer und geldwertpolitischer Orientierung. Die oben als sechster bis achter Schritt bezeichneten Maßnahmen[32] — das Programm zur Förderung von Beschäftigung und Wachstum vom Dezember 1974, die zum 1. Januar in Kraft tretende Steuerreform und das Programm zur Investitionsförderung vom August 1975 — beliefen sich mit zusätzlichen öffentlichen Ausgaben und konjunkturpolitisch orientierten Steuerentlastungen in Höhe von 11, 18 und 5,75 Mrd. DM in ganz anderen Größenordnungen als die bisherigen Programme.

Von diesem Gesamtvolumen von 34,75 Mrd. DM entfielen 18 Mrd. DM auf die Steuerrefom (7)[33], die zum 1. Januar 1975 in Kraft trat. Dieser Betrag berührte die monetäre Gesamtnachfrage nur insoweit, als er über die Erhöhung der privaten Verfügungseinkommen zu vermehrten privaten Ausgaben führte. Die Steuerreform wirkte sich in einer Steigerung des privaten Konsums von 9,2 % im I. und 10,1 % im II. Halbjahr positiv aus, wenn die Zunahme aufgrund einer Erhöhung der Sparneigung auch hinter den Erwartungen zurückblieb.

Das Schwergewicht des Ausgabenprogramms vom Dezember 1974 lag mit etwa 7 Mrd. DM bei der Investitionszulage. Da nur die Aufträge im Jahr 1975 erteilt, die Lieferung jedoch in das Jahr 1976 fallen konnte, ist schwer abzuschätzen, welcher Anteil dieses Betrags 1975 ausgabenwirksam wurde. In der I. Jahreshälfte nahmen die privaten Anlageinvestitionen noch um 4,7 Mrd. DM ab, im II. Halbjahr erhöhten sie sich jedoch wieder um 1,7 Mrd. DM. Auch die in diesem Programm für öffentliche Investitionen vorgesehenen Mittel führten zu keiner Steigerung der staatlichen Anlageinvestitionen, die in der I. Jahreshälfte

---

[32] Siehe S. 98 ff.

[33] Siehe S. 98 ff.

konstant blieben und im II. Halbjahr um 0,3 Mrd. DM abnahmen, sondern kompensierten lediglich den Rückgang sonstiger öffentlicher Investitionen.

Das Programm vom August 1975 (8)[34] knüpfte in der Ausgestaltung — abgesehen von der Investitionshilfe — an das Dezember-Programm 1974 (6)[35] an. Von dem vorgesehenen Betrag von 5,75 Mrd. DM war eine Milliarde zur Förderung privater Bautätigkeit, der Rest für öffentliche Investitionen und Arbeitsbeschaffungsmaßnahmen vorgesehen. Hiervon dürfte im Sinne der obigen Aussagen ein noch kleinerer Teil als im Jahr 1975 ausgabenwirksam geworden sein.

Betrachtet man die Entwicklung der Nachfragekomponenten insgesamt (vgl. Tabelle 10, S. 112), dann hat zur Schärfe des Konjunktureinbruchs im I. Halbjahr 1975 neben dem weiteren Rückgang der privaten Anlageinvestitionen und der Lagerhaltung vor allem die Umkehr in der Entwicklung des Außenbeitrags, dessen hohe positive Werte im Jahr 1974 die Konjunktur gestützt hatten, beigetragen. Diese Wende ist in erster Linie darin begründet, daß die international phasenverschobene Entwicklung der Konjunktur nun einer Parallelität weicht. Diese wird durch die Ölkrise ausgelöst, die zunächst nur einige Länder erfaßt hatte, sich dann aber weltweit ausbreitet und zu einer Weltwirtschaftskrise führte, die für die Wirtschaft der Bundesrepublik einen beträchtlichen Einbruch bei den Exporten zur Folge hatte.

Versucht man wieder eine Beurteilung der Finanzpolitik des Jahres 1975 abzugeben, dann ist zunächst festzuhalten, daß das beträchtliche Finanzierungsdefizit von 63,8 Mrd. DM nur ausreichte, die staatlichen Ausgaben für Güter und Dienste mit einer Rate von 8,5 % auszuweiten. Da die Inflationsrate bei 6 % lag, bedeutete diese eine nicht stark über das Vorjahr hinausgehende Beanspruchung von Ressourcen durch den Staat und damit nur eine schwache Kompensation rückläufiger (realer) privater Nachfrage. Auch die wesentlich stärkere Steigerung der Transferausgaben wirkte sich erst im II. Halbjahr, und auch hier nur in einer Dämpfung des Nachfragerückgangs aus.

Da die Auslastung der Produktionskapazitäten bei steigender Arbeitslosigkeit weiter abnahm, könnte man zunächst meinen, daß aus realwirtschaftlicher Sicht ein höheres Einsatzvolumen der Finanzpolitik vertretbar gewesen wäre. Angesichts der mangelnden einkommenspolitischen Absicherung hätte ein verstärkter finanzpolitischer Instrumenteneinsatz aber mit hoher Wahrscheinlichkeit dazu geführt, daß die zwar rückläufige, aber mit 6 % noch recht beträchtliche Inflationsrate im Jahr 1976 wieder angestiegen und die Geldpolitik damit zu einer Umkehr der ab Herbst 1974 betriebenen expansiven Politik veranlaßt worden wäre.

Aus monetärer Sicht ist angesichts der Abnahme der privaten Nachfrage nach Krediten im Zusammenhang mit dem Rückgang der Investitionstätigkeit, der Auflösung von Lagern und der Einschränkung der Produktion nicht anzunehmen,

---

34 Siehe S. 100.

35 Siehe S. 98.

Tabelle 10

Nachfragekomponenten 1974 bis 1976
in jeweiligen Preisen

Halbjahr	BSP	privater Konsum	private Anlage-investitionen	staatl. Konsum 1)	staatl. Anlage-investitionen 2)	staatl. Ausgaben für Güter und Dienste*	Vorrats-veränderungen	Außenbeitrag
			absolute Werte in Mrd.DM					
1974/I	467,8	253,2	84,3	86,1	18,1	104,2	4,6	21,4
1974/II	517,8	280,5	88,4	104,1	21,9	126,0	0,4	22,5
1975/I	487,9	276,5	79,6	96,0	18,1	114,1	0,8	16,8
1975/II	541,5	308,8	90,1	114,0	21,6	135,6	-6,2	13,3
1976/I	537,2	302,0	87,8	102,2	17,5	119,7	12,5	15,2
1976/II	589,0	330,5	98,6	119,5	21,7	141,2	4,7	13,9
		absolute Veränderungen gegenüber dem Vorjahr in Mrd.DM						
1974/I	32,3	16,5	-6,0	11,4	2,1	13,5	-0,5	8,6
1974/II	34,5	21,9	-5,4	15,6	2,7	18,3	-7,0	6,7
1975/I	20,1	23,3	-4,7	9,9	0,0	9,9	-3,8	-4,6
1975/II	23,7	28,3	1,7	9,9	-0,3	9,6	-6,6	-9,2
1976/I	49,3	25,5	8,2	6,2	-0,6	5,6	11,7	-1,6
1976/II	47,5	21,7	8,5	5,5	0,1	5,6	10,9	0,6
		relative Veränderungen gegenüber dem Vorjahr in %						
1974/I	7,4	7,0	-6,6	15,3	13,1	14,9		
1974/I	7,1	8,5	-5,8	17,6	14,1	17,0		
1975/I	4,3	9,2	-5,6	11,5	0,0	9,5		
1975/II	4,6	10,1	1,9	9,5	-1,4	7,6		
1976/I	10,1	9,2	10,3	6,5	-3,3	4,9		
1976/II	8,8	7,0	9,4	4,8	0,5	4,1		

* berechnet aus Summe der Spalten 1) und 2)

Quelle:
Statistisches Bundesamt, Fachserie 18, Reihe 1.3, Konten und Standardtabellen, 1987 Hauptbericht, Tabelle 2.5, S.200, eigene Berechnungen.

ausgelöst hatte. Das Bestreben, die damit verbundenen Kapitalverluste zu vermeiden, führte nicht nur zur Zurückhaltung im Kauf neu emitierter Wertpapiere, auf 8,4 % im Juni 1975 zurückgegangen. In der Folge stieg er allerdings bis November wieder auf 8,7 % an, obwohl die Bundesbank von Juni bis November rund 7,5 Mrd. DM Staatspapiere auf dem offenen Markt zur Bremsung des Zinsanstiegs aufkaufte und damit den Märkten entsprechende Liquidität zuführte. Diese Zinserhöhungen waren jedoch nicht Ausdruck einer generellen Knappheit auf den Kreditmärkten; der Zinsanstieg beschränkte sich weitgehend auf den langfristigen Markt, die kurzfristigen Zinssätze (für Drei-Monatsgelder) gingen von über 12 % im Januar 1974 auf unter 4 % im August 1975 zurück, sie erhöhten sich allerdings in den letzten drei Monaten des Jahres ebenfalls leicht. Die Ursache für den Anstieg der langfristigen Zinsen lag darin, daß der weiter zunehmende öffentliche Kreditbedarf bei Banken und Nichtbanken die Erwartung einer Zinserhöhung und entsprechender Kursrückgänge bei festverzinslichen Wertpapieren daß das Haushaltsdefizit zu crowding-out-Effekten geführt hat. Der Zinssatz (Umlaufsrendite festverzinslicher Wertpapiere) war von 10,9 % im Juni 1974 sondern regte auch viele Wertpapierbesitzer — insbesondere auch Kreditinstitute — an, alte Bestände zu verkaufen. Als sich dann später zeigte, daß die öffentliche Kreditnachfrage ohne große Schwierigkeiten zu decken war, setzte sich der Zinsrückgang fort, obwohl die Bundesbank sich von den angekauften Papieren wieder trennte.

Aus nachfragepolitischer Sicht wäre im Jahr 1975 — insbesondere in der ersten Jahreshälfte — ein höheres finanzpolitisches Einsatzvolumen erwünscht gewesen, wobei man durch entsprechend gezielte Maßnahmen eine Übersteuerung bei einsetzendem Wiederanstieg der Wirtschaftstätigkeit hätte vermeiden müssen. Aus monetärer Sicht war der Spielraum für eine entsprechende Politik, die eine noch höhere Kreditaufnahme erfordert hätte, jedoch kaum vorhanden. Die schuldenpolitische Vorbelastung, mit der die Finanzpolitik in die Rezession der Jahre 1974/75 hineinging, bedeutet eine starke Einengung der konjunkturpolitischen Handlungsmöglichkeiten. Darauf gehe ich im folgenden Abschnitt näher ein.

IV. Schuldenpolitisches Ergebnis

In den Vorbemerkungen zu diesem Dritten Hauptteil habe ich die Fehler der aktiven Finanzpolitik der Jahre 1966-1973 dahingehend zusammengefaßt, daß

— auf Dauer angelegte Erhöhungen der Staatstätigkeit durch Kreditaufnahmen finanziert wurden;

— in Zeiten konjunktureller Überhitzung nicht nur keine Haushaltsüberschüsse gebildet, sondern durch weitere Kreditaufnahme der Schuldenstand erhöht wurde und

— bei rückläufiger Wirtschaftstätigkeit expansive Konjunkturpolitik mit nichtreversiblen ausgaben- oder einnahmenpolitischen Maßnahmen betrieben wurde.

Als besonders gravierende Fehlentscheidungen möchte ich aus den Jahren vor der Rezession nochmals hervorheben, daß der öffentliche Gesamthaushalt im Jahr 1970, als zwar die Wachstumsraten rückläufige Tendenz aufwiesen, aber das Produktionspotential mit 100 % erheblich überausgelastet war und die Zahl der offenen Stellen weit über die Arbeitslosenzahl hinausging, ein Defizit von 8,1 Mrd. DM aufwies; und ferner daß im Jahre 1973, als eine ausgesprochene Boomsituation vorlag und die Finanzpolitik mit einer Investitionssteuer und ähnlichen Maßnahmen eine Bremsung der privaten Nachfrage anstrebte, die öffentlichen Haushalte mit einem Defizit von knapp 9 Mrd. DM abschlossen. Im Interesse der Schaffung und Entfaltung konjunkturpolitischen Handlungsspielraums hätte man in den Jahren guter Konjunktur Haushaltsüberschüsse planen und Kredite zurückzahlen oder Konjunkturausgleichsrücklagen bilden müssen.

Gegen die aktive Finanzpolitik der Rezessionsjahre 1974/75 habe ich erneut den Vorwurf erhoben, daß konjunkturpolitische Maßnahmen irreversibel ausgestaltet und damit das strukturelle Defizit weiter erhöht wurde. Diese Kritik wäre dann unberechtigt, wenn man mit einer gewissen Wahrscheinlichkeit nach Überwindung der Rezession in einem anhaltenden Wachstumsprozeß mit einer Selbstkonsolidierung der Kredite, die zur Finanzierung dieser irreversiblen Maßnahmen aufgenommen wurden, hätte rechnen und damit diese Maßnahmen als „Vorgriff" hätte interpretieren können[36].

Es wäre somit zu prüfen, ob die im theoretischen Teil genannten Bedingungen einer Selbstkonsolidierung — progressives Steuersystem, Konstanz der Staatsquote, ausreichende Multiplikatoreffekte — gegeben waren. Der progressive Verlauf des Einkommensteuertarifs wurde mit der Steuerreform, die zum 1.1.1975 in Kraft trat und zu Steuerausfällen von 18 Mrd. DM führte, über eine leichte Anhebung des Spitzensteuersatzes sogar verschärft, so daß diese Bedingung erfüllt war. Mit einer Konstanz der Staatsquote konnte man nach dem Programm der sozialliberalen Koalition und den bisherigen Entscheidungen nicht rechnen; angesichts der offensichtlichen Bereitschaft, ein dauerhaftes Defizit in Kauf zu nehmen, war zu erwarten, daß die nach Überwindung des Konjunktureinbruchs wieder stärker fließenden Steuereinnahmen nicht für eine „Selbstkonsolidierung" der in der Rezession aufgenommenen Kredite zur Verfügung ständen, sondern für die Deckung „zurückgestauten" Bedarfs verwendet würden. Die spätere Konsolidierung der strukturellen Defizite war ja dann auch nur über einschneidende gesetzliche Maßnahmen möglich, deren grundsätzliche Notwendigkeit ja von keiner Seite in Frage gestellt wurde; umstritten war nur Zeitpunkt und Ausmaß. Ein Urteil über die wahrscheinliche Höhe der zu erwartenden Multiplikatoreffekte ist nur bedingt möglich. Die Lohnentwicklung jedenfalls hielt sich — auch wenn sie nach dem Höhepunkt im Jahr 1974 moderater verlief — in den folgenden Jahren noch erheblich über der unter stabilitätspolitischen Gesichtspunkten vertretbaren Höhe.

So komme ich insgesamt zu dem Ergebnis, daß die Chancen einer Selbstkonsolidierung der irreversiblen konjunkturpolitischen Maßnahmen gering waren und Kritik an der Irreversibilität der antizyklischen Maßnahmen berechtigt ist.

---

[36] Für die aktuelle Wirkung auf die monetäre Gesamtnachfrage ist es ja belanglos, um welche Art von Defiziten es sich handelt; im Interesse der Erweiterung der monetären Gesamtnachfrage ist in einer Rezession zunächst nur wichtig, daß expansive Impulse, die durch zusätzliche Staatsausgaben oder Steuersenkungen gegeben werden, nicht über die Art der Finanzierung durch kontraktive Gegeneffekte kompensiert werden.

Die quantitative Entwicklung des strukturellen Defizits wurde einleitend schon angeführt und dabei angekündigt, daß die dort genannten Größenordnungen später noch belegt werden. Dies soll nun nachgetragen werden. Für die Definition des strukturellen Defizits sei zunächst daran erinnert, daß die Ausgrenzung eines Normaldefizits, wie sie der Sachverständigenrat vornimmt, abgelehnt und dieses als Teil des strukturellen Defizits eingestuft wird. Zur Berechnung der strukturellen Verschuldung gehe ich von der tatsächlichen Kreditaufnahme aus; davon werden die auslastungsbedingten Steuermindereinnahmen subtrahiert, da diese durch konjunkturelle Defizite kompensiert werden sollen. Die auslastungsbedingten Mehreinnahmen werden dem tatsächlichen Defizit hinzugerechnet, da sie — aus konjunkturpolitischer Sicht — stillgelegt werden sollen, ihre Verausgabung das strukturelle Defizit also erhöht. Weiter werden vom tatsächlichen Defizit die in Konjunkturprogrammen angesetzten Mehrausgaben subtrahiert, soweit mit ihrer Verausgabung in dem betreffenden Jahr gerechnet werden kann.

Im Jahr 1974 betrug der Finanzierungssaldo 27,3 Mrd. DM, die auslastungsbedingten Steuermindereinnahmen nach der Schätzung des Sachverständigenrates 5,2 Mrd. DM[37], die Konjunkturprogramme des Jahres 1974 — soweit sie in diesem Jahr noch ausgabenwirksam wurden — knapp 2 Mrd. DM. Das wesentlich aufwendigere Programm vom 12. Dezember 1974[38] wurde in diesem Jahr kaum noch wirksam. Von dem Gesamtdefizit von 27,3 Mrd. DM sind dementsprechend etwa 7,2 Mrd. DM als konjunkturelles, etwa 20 Mrd. DM als strukturelles Defizit einzustufen.

Das Gesamtdefizit im Jahr 1975 belief sich auf 63,8 Mrd. DM, die auslastungsbedingten Steuermindereinnahmen setzt der Sachverständigenrat mit 17,3 Mrd. DM an. Der Umfang des Dezember-Programms 1974 wurde auf 11 Mrd. DM geschätzt. Der vom Aufwand her größte Teil dieses Programms — die Investitionszulage — konnte jedoch für Aufwendungen bis Mitte 1977 in Anspruch genommen werden, so daß der Budgetaufwand für 1975 bei nur etwa der Hälfte dieses Betrages gelegen haben dürfte. Auch das Programm vom August 1975[39], das sich auf 5,75 Mrd. DM belief, betraf Aufträge, die zwar bis Ende 1975 erteilt, aber erst bis Ende 1976 abgewickelt werden mußten, so daß es wohl zum größeren Teil erst im Jahr 1976 budgetwirksam wurde. Faßt man diese Aufwendungen zusammen, so ergibt sich ein konjunkturelles Defizit im Jahr 1975 von etwa 24-26 Mrd. DM, wonach sich ein strukturelles Defizit von 38-40 Mrd. DM errechnen würde.

Der Sachverständigenrat schätzt in seinem Sondergutachten „Zur konjunkturellen Lage im August 1975" (TZ 48) das strukturelle Defizit auf 30 Mrd. DM. Er hat dabei — aufgrund der zu diesem Zeitpunkt noch unvollständig vorliegenden

37 SVR: JG 1980/81, Tabelle 35, S. 122.

38 Siehe S. 98.

39 Siehe S. 100.

Zahlenangaben — gegenüber späteren Gutachten das Gesamtdefizit höher und die konjunkturbedingten Steuerausfälle niedriger angesetzt. Berücksichtigt man die späteren Zahlen und bezieht das Normaldefizit in das strukturelle Defizit mit ein, dann kommt man für das Jahr 1974 auf einen Ansatz des strukturellen Defizits von etwa 40 Mrd. DM.

Der Wissenschaftliche Beirat beim Bundesfinanzministerium der Finanzen schätzte in seinem Gutachten „Zur Lage und Entwicklung der Staatsfinanzen in der Bundesrepublik Deutschland" vom 7. August 1975 das strukturelle Defizit auf 30 Mrd. DM. Er ging dabei von einem Gesamtdefizit von 60 Mrd. DM, von konjunkturbedingten Mindereinnahmen von 22 Mrd. DM und von konjunkturbedingten Mehrausgaben von 8 Mrd. DM aus. Setzt man die Mindereinnahmen entsprechend den später korrigierten Berechnungen des Sachverständigenrates (JG 1980/81, Tabelle 35, TZ 231) mit 17,3 Mrd. DM und den Finanzierungssaldo mit 63,8 Mrd. DM an, dann ergibt sich nach dieser Berechnung ein strukturelles Defizit von 38,5 Mrd. DM.

Auch wenn die Begriffsabgrenzungen und die Schätzungen über die Höhe des strukturellen Defizits auseinandergehen, bestand doch Mitte 1975, als die beiden zitierten Gutachten erstellt wurden, weithin Übereinstimmung, daß ein erheblicher Konsolidierungsbedarf der öffentlichen Haushalte aufgelaufen war. Wann und wie dieser abgebaut werden sollte, darüber gingen die Auffassungen allerdings auseinander.

Der Wissenschaftliche Beirat beim Bundesministerium der Finanzen stellt in seinem o. e. Gutachten fest, „... daß durch die nicht unerheblich über die Wachstumsrate des nominellen Sozialprodukts hinausgehende Steigerungsrate der Staatsausgaben einerseits und die Steuererleichterung der Steuerreform andererseits ein strukturelles Finanzierungsdefizit des Staates entstanden ist, dessen Beibehaltung in der Aufschwungsphase des kommenden Wachstumszyklus zu einer wirtschafts-, sozial- und gesellschaftspolitisch bedenklichen Entwicklung führen müßte. Um diese zu verhindern, ist es erforderlich, daß Maßnahmen rechtzeitig ergriffen werden, die zu einem wesentlichen Abbau des zukünftigen Finanzierungsdefizits der öffentlichen Gebietskörperschaften führen"[40]. Bezüglich des Zeitpunktes solcher Maßnahmen beschränkt sich der Beirat auf die Feststellung „nach Überwindung der gegenwärtigen Rezession"; hinsichtlich der Maßnahmen führt er — da die Auswahl letztlich von politischen Wertvorstellungen abhängig ist — nur einen Katalog auf, wobei er allerdings Einschränkungen der Ausgaben deutlich den Vorzug gibt[41].

Der Sachverständigenrat vertritt in einem Sondergutachten vom 17. August 1975[42] die Auffassung, daß die mittelfristige Lösung der Konsolidierungsproble-

---

40 Wissenschaftlicher Beirat beim Bundesministerium der Finanzen (1975), S. 4.

41 ebenda, S. 5 ff.

42 SVR: Sondergutachten des Sachverständigenrates zur Begutachtung der gesamtwirtschaftlichen Entwicklung zur konjunkturellen Lage im August 1975, TZ 28.

matik sofort in Angriff zu nehmen sei, räumt allerdings ein, daß dies angesichts der konjunkturellen Situation eine sehr schwierige Aufgabe sei: „Kann man nicht mehr hoffen, der konjunkturelle Aufschwung werde rechtzeitig genug vor den Wintermonaten einsetzen, so sind jetzt Anstrengungen dringlich geworden, die für die ersten Monate des nächsten Jahres zu erwartende Arbeitslosigkeit einzudämmen. Eingebunden in überzeugend dargestellte Vorstellungen zur Lösung auch der mittelfristigen Probleme, namentlich der unter den gegebenen Umständen überaus komplizierten Aufgaben der Haushalts- und Steuerpolitik, könnte ein neues Konjunkturprogramm dazu beitragen, die Wende in den allgemeinen wirtschaftlichen Erwartungen herbeizuführen, die wohl Voraussetzung dafür ist, daß die Lage dann alsbald auch von selbst besser wird.“ Unter Ziffer 47 fährt er fort: „Auf mittlere Sicht Ausgabenpläne kürzen und auf kurze Sicht für zusätzliche sorgen, ist eine schwierige Aufgabenkombination, die hohe Ansprüche an das politische Handeln stellt. Die wachsende Sorge um ein Ausufern der öffentlichen Verschuldung der öffentlichen Hand erfordert, daß bei der Planung der Haushalte für 1976 ein entscheidender Schritt in Richtung auf eine Konsolidierung der öffentlichen Finanzen getan wird. Trotz der unbefriedigenden konjunkturellen Lage muß es 1976 gelingen, den Ausgabenzuwachs des Staates so einzuschränken, daß ein Ansteigen der Haushaltsdefizite verhindert wird. Das ist freilich nur der erste Schritt eines Konsolidierungsprozesses . . .“.

Während der Sachverständigenrat also am 17. August ein weiteres nachfragepolitisch orientiertes Programm, wie es die Regierung am 27. August beschließt, zwar für notwendig hält, weist er doch mit großem Nachdruck darauf hin, daß im Haushalt 1976 die Konsolidierung in Angriff genommen werden muß.

Demgegenüber äußert das DIW am 23. 10. 1975, nachdem die Konsolidierungsbeschlüsse der Bundesregierung vom September gefaßt worden waren, die Auffassung: „Mit den bisherigen Entscheidungen in der Finanzpolitik sind der konjunkturellen Entwicklung für 1976 einerseits Impulse gegeben worden, vor allem durch die Investitionszulage und das Konjunkturprogramm vom August. Andererseits hat die Regierung erste Schritte zur restriktiv wirkenden Haushaltssanierung eingeleitet. Die expansiven Einflüsse konzentrieren sich stark auf das erste Halbjahr, während die restriktiven Einwirkungen danach an Bedeutung gewinnen. Insgesamt werden die stimulierenden Wirkungen des Jahres 1976 größer sein als die restriktiven. Der konjunkturanregende Einfluß der Finanzpolitik könnte jedoch schwinden, wenn der Abbau des Defizits zu forciert würde. Eine deutliche Einschränkung des strukturell bedingten Teils der Defizite ist 1976 noch nicht möglich, ohne daß gleichzeitig — wegen der restriktiven Wirkungen auf die Konjunktur und die Steuereinnahmen — die konjunkturell bedingten Defizite tendenziell steigen“[43].

---

[43] Die Lage der Weltwirtschaft und der westdeutschen Wirtschaft, in: DIW-Wochenbericht, Heft 42-43/1975, S. 345-370, S. 355.

Im Wochenbericht vom 5. Dezember 1975 wendet sich das DIW noch nachdrücklicher gegen eine Konsolidierungspolitik schon im Jahr 1976: „Mit einer restriktiven Ausrichtung läuft die Finanzpolitik Gefahr, die bisher nur schwachen konjunkturellen Auftriebskräfte frühzeitig zum Erlahmen zu bringen und die Lösung des Hauptproblems der nächsten Jahre — die Wiederherstellung eines hohen Beschäftigungsgrades — in Frage zu stellen. Ein forcierter Abbau der hohen Ausgabenüberschüsse ist daher zum jetzigen Zeitpunkt nicht ratsam . . .“[44].

---

[44] Staatshaushalt 1976, in: DIW-Wochenbericht, Heft 48-49/1975, S. 403-420, S. 411 f.

VIERTER HAUPTTEIL

Die Konsolidierung 1976/77

I. Vorbemerkungen

In diesen recht unterschiedlichen Stellungnahmen zu einer Konsolidierung der Staatsfinanzen aus dem Jahr 1975 klingen die — bei der Besprechung des antizyklischen Defizits dargestellten — kontroversen ordnungspolitischen Positionen der Vertreter einer stärker interventionistisch orientierten Richtung einerseits und einer mehr auf Neutralität der Finanzgebarung ausgerichteten Position andererseits deutlich an. Der Sachverständigenrat räumt in der zitierten Äußerung zwar ein, daß für die Überwindung der Rezession noch eine Erweiterung des konjunkturellen Defizits nötig sein kann — der Produktionsapparat ist ja erheblich unterausgelastet —; im übrigen hält er jedoch für die Entfaltung eines sich selbst tragenden Aufschwungs die Einbettung solcher Nachfrageimpulse in ein mittelfristiges Programm der Konsolidierung, das schon im ersten Jahr, d.h. 1976, einen deutlichen Abbau des strukturellen Defizits bringen müßte, für unabdingbar. Demgegenüber ist das DIW offensichtlich der Meinung, daß der Aufschwung, bis er sich voll entfaltet hat und die Arbeitslosigkeit weitgehend absorbiert ist, noch durch nachfragepolitische Maßnahmen des Staates gestützt werden muß und erst in einem späteren Stadium konsolidierungspolitische Maßnahmen ergriffen werden dürften. Dabei vertraut das Institut darauf, daß sich die zusätzlichen Kredite im Sinne des oben dargestellten Schuldenparadoxons in hohem Maße selbst konsolidieren werden, räumt allerdings ein, daß ein gewisser Teil des Defizits auch bei Erreichung der Vollbeschäftigung erhalten bleiben wird.

Die Bundesregierung konnte sich angesichts des Mitte 1975 vorliegenden Erkenntnisstandes bei den Beschlüssen zur Vorbereitung des Haushalts 1976 im September 1975, nachdem sie zwei Wochen zuvor noch ein aufwendiges neues Konjunkturprogramm — in meiner Zählung als achter Programmschritt bezeichnet — verabschiedet hatte, auf kein allgemein akzeptiertes wissenschaftliches Konzept stützen. Die Notwendigkeit einer Konsolidierung der Haushalte innerhalb absehbarer Zeit wurde zwar allgemein anerkannt, über den Zeitpunkt der Einleitung entsprechender Schritte, die Art solcher Maßnahmen und den Umfang der Konsolidierung gingen jedoch die Meinungen — wie die zitierten kontroversen Auffassungen des Sachverständigenrats und des DIW zeigten — weit auseinander.

Die Bundesregierung schlug einen Kurs ein, den man als Kompromiß zwischen Konsolidierung und Expansion bezeichnen kann. Sie legte sich — nach Verabschiedung des erwähnten Expansionsprogramms vom August — am 10. September 1975 in den Beschlüssen zum Haushalt 1976, zur mittelfristigen Finanzplanung 1975 bis 1979 und zur Verbesserung der Haushaltsstruktur auf die Einleitung eines Konsolidierungskurses fest. Dieser wurde jedoch mit Rücksicht auf die anhaltende Arbeitslosigkeit in den folgenden Jahren wiederholt durch gezielte expansive Maßnahmen relativiert. Man hat die Finanzpolitik dieser Jahre daher auch als „Expansion und Konsolidierung zugleich“ bezeichnet[1].

Unter dieser Überschrift beschäftige ich mich im folgenden Abschnitt zunächst mit der wirtschaftlichen Entwicklung der Jahre 1975 bis ’78; sodann gebe ich auszugsweise die Begründung wieder, die seitens der Regierung für die Mischstrategie von Expansion und Konsolidierung gegeben wurde, und bespreche einschlägige Empfehlungen wissenschaftlicher Institutionen. Diesen Abschnitt abschließend stelle ich die einzelnen finanzpolitischen Maßnahmen dieser beiden Jahre dar, in denen die Doppelstrategie von Konsolidierung und Expansion Niederschlag fand.

In den folgenden Abschnitten versuche ich, eine Antwort auf die Frage zu finden, inwieweit die Konsolidierungspolitik dieser Jahre dazu beigetragen hat, daß der wirtschaftliche Aufstieg, der Ende 1975 einsetzte und zunächst im Lauf des Jahres 1976 eine bemerkenswerte Dynamik entfaltete, gegen Ende des Jahres an Schwung verlor.

Ich gehe dazu im III. Abschnitt von den Stellungnahmen aus, die zu der Konsolidierungspolitik ex post von verschiedenen Institutionen und Autoren vorgetragen wurden.

Im IV. Abschnitt stelle ich sodann die Instrumente vor, die zur Messung finanzpolitischer Impulse verwendet werden. Dazu beschäftige ich mich zunächst mit den Hauptproblemen, die bei der Analyse von Budgetwirkungen auftreten, wobei insbesondere die Frage zu erörtern ist, warum die quantitative Analyse ausschließlich nachfragetheoretisch ansetzt. Unter den bisher entwickelten Instrumenten stelle ich den konjunkturneutralen Haushalt des Sachverständigenrates dem DIW-Konzept gegenüber und versuche, auf der Basis der schon im vorigen Hauptteil verwendeten Analyse der Entwicklung der Nachfragekomponenten ein differenzierteres Basisperiodenkonzept zu entwickeln.

Im abschließenden V. Abschnitt untersuche ich mit Hilfe dieses Konzeptes — wobei ich auf die Ergebnisse der Berechnungen des Sachverständigenrates und des DIW nach deren Konzept Bezug nehme — die Wirkungen der Konsolidierungspolitik in den Jahren 1976 und 1977.

---

[1] Vgl. SVR: JG 1975/76, Überschrift des vierten Kapitels und vgl. Staatshaushalt 1976. Nochmals hohes Defizit trotz steigender Steuereinnahmen, in: DIW-Wochenbericht, Heft 48-49/1975, S. 407-412, S. 411 f.

II. Zwischen Konsolidierung und Expansion

1. Die wirtschaftliche Entwicklung 1975 bis 1978

In der Entwicklung der Haushalte kommt die Politik eines grundsätzlichen Konsolidierungskurses, in den wiederholt expansive Maßnahmen eingebettet wurden, in folgenden Daten zum Ausdruck: Die Gesamtausgaben der Gebietskörperschaften, die im Jahr 1975 mit 13,3 % zugenommen hatten, stiegen im Jahr 1976 nur um 4,5 %; demgegenüber betrug der Anstieg der Einnahmen, der sich im Vorjahr auf 2,0 % belief, nun 10,8 %. Dies hatte eine Reduktion des Defizits von 63,8 Mrd. DM auf 48 Mrd. DM zur Folge. Im Jahr 1977 wiederholte sich diese Entwicklung mit Ausgaben- und Einnahmenraten von 4,9 % und 10,7 %; das Finanzierungsdefizit ging weiter auf 31,2 Mrd. DM zurück. Im Jahr 1978 kehrte sich die Entwicklung im Zug der wieder expansiveren Politik um: Die Ausgaben nahmen um 9,7 %, die Einnahmen nur um 8,2 % zu, so daß sich das Defizit wieder auf 39,6 Mrd. DM erhöhte.

Die deficit spending-Politik ab 1974 wurde dabei primär vom Bund getragen; in der Konsolidierungspolitik verfolgten die Gemeinden einen besonders straffen Kurs (vgl. Tabelle 11, S. 122).

Während im Jahr 1974 die Anteile von Bund, Ländern und Gemeinden mit 10,3, 9,1 und 8,3 Mrd. DM noch relativ ähnlich waren, ist der Anteil des Bundes im Jahre 1977 mit 22,6 Mrd. DM gegenüber dem der Länder mit 8,1 Mrd. DM und der Gemeinden mit 1,3 Mrd. DM außerordentlich angestiegen. Auffällig ist der extrem starke Abbau der Neuverschuldung der Gemeinden im Zug der Konsolidierungsphase von 9,2 Mrd. DM im Jahre 1975 auf 1,3 Mrd. DM im Jahre 1977.

Die Geldpolitik setzte den Kurs einer am Wachstum des Produktionspotentials orientierten Geldmengenerweiterung, den sie mit der erstmaligen Bekanntgabe eines Geldmengenziels eingeschlagen hatte, fort. Für 1976 wurde ein Geldmengenziel von 8 % angestrebt; tatsächlich stieg die Geldmenge um 9,2 %[2]. Der Diskontsatz, der im September auf 3,5 % gesenkt worden war (Lombardsatz auf 4,5 %), wurde während des ganzen Jahres beibehalten. Für das Jahr 1977 wurde das Geldmengenziel mit 8 % im Durchschnitt vorgegeben; tatsächlich betrug die Expansion 9 %[3]. Die Bundesbank entwickelte innerhalb des Jahres 1977 ihre Politik der Feinsteuerung mit Wechselpensionsgeschäften weiter. Im Dezember 1977 wurde der Diskontsatz auf 3 %, der Lombardsatz, der schon im Juli auf 4 % reduziert worden war, auf 3,5 % gesenkt. Für 1978 wird das Geldmengenziel wieder mit 8 % angegeben; die tatsächliche Zunahme betrug 11,4 %[4].

---

[2] H. Schlesinger (1988): Das Konzept der Deutschen Bundesbank, in: Wandlungen des geldpolitischen Instrumentariums der Deutschen Bundesbank. Beihefte zu Kredit und Kapital, Heft 10, Berlin 1988, S. 3-20, S. 10.

[3] ebenda, S. 10.

[4] ebenda, S. 10.

Tabelle 11

Finanzierungssaldo der Gebietskörperschaften
1973 bis 1978

- absolute Zahlen in Mrd.DM
- relative Veränderung gegenüber dem Vorjahr in %
  (Differenzen zu 100 % bedingt durch Auf- und Abrunden)

	öffentl. Gesamthaushalt *	Bund abs.	Bund rel.	Länder abs.	Länder rel.	Gemeinden abs.	Gemeinden rel.
1973	-8,8	-2,6	27,4	-2,0	21,1	-4,9	51,6
1974	-27,3	-10,3	37,2	-9,1	32,9	-8,3	30,0
1975	-63,8	-35,0	54,6	-19,9	31,0	-9,2	14,4
1976	-48,0	-28,5	59,5	-15,5	32,4	-3,9	8,1
1977	-31,2	-22,6	70,6	-8,1	25,3	-1,3	4,1
1978	-39,6	-26,5	65,4	-12,4	30,6	-1,6	4,0

* In der Finanzstatistik stimmen die unter dem öffentlichen Gesamthaushalt ausgewiesenen Größen nicht genau mit der Summe der in den Einzelhaushalten angegebenen Werte überein.
Die relative Veränderung gegenüber dem Vorjahr ist dementsprechend auf die Summe der Kreditaufnahme von Bund, Länder und Gemeinden bezogen.

Quelle:
SVR: JG 1986/87, Tabelle 36*, S.244f., eigene Berechnungen.

Die Entwicklung der wichtigsten Wirtschaftsdaten geht aus nachstehender Tabelle 12 (S. 124) hervor.

Die Wende der Wirtschaftsentwicklung zeichnet sich im letzten Jahresviertel 1975 mit einer wieder positiven Wachstumsrate des Bruttosozialprodukts von 1,6 % ab. Diese Entwicklung setzt sich im I. Halbjahr 1976 mit einem vehementen Anstieg des Bruttosozialprodukts von 6,2 % fort. Im II. Halbjahr läßt die Dynamik bei einer Zunahme von 5 % schon leicht nach. Im Jahr 1977 verstärkt sich die rückläufige Tendenz: das Bruttosozialprodukt nimmt nur noch mit Raten von 2,4 % und 2,9 % zu. Das Jahr 1978 bringt mit Halbjahresraten von 3 % und 3,5 % wieder eine Umkehr in aufsteigender Richtung.

Die Inflationsrate, die im Jahr 1975 noch 5,9 % betragen hatte, ging während den ganzen Zeitraums kontinuierlich zurück und erreichte den niedrigsten Stand im II. Halbjahr 1978 mit 2,4 %.

Auf dem Kapitalmarkt setzte sich die Entspannung, die sich um die Jahreswende 1974/75 angebahnt hatte, nach kurzer Unterbrechung im Sommer und Herbst 1975, in den Jahren 1976 und 1977 verstärkt fort. Die Umlaufsrendite der festverzinslichen Wertpapiere sinkt von 8,7 % im Herbst 1975 stetig auf 5,6 % im Frühjahr 1978.

Der Auslastungsgrad, der im Jahr 1975 auf 90,9 % abgesunken war, stieg über 93,2 % (1976) und 94,2 % (1977) auf 95,2 % im Jahr 1978 kontinuierlich an.

Auf die Arbeitslosigkeit hatte weder die Expansionspolitik des Jahres 1975 noch die Konsolidierungspolitik des Jahres 1976 sichtbare Auswirkungen: Im Jahre 1975 lag die Arbeitslosigkeit bei 1,07 Mio., 1976 bei 1,06 Mio., im Jahr 1977 bei 1,03 Mio. Die Zahl der offenen Stellen blieb während der drei Jahre etwa gleich[5]. Dagegen ging die Zahl der Kurzarbeiter von 773 000 im Jahre 1975 stark auf 277 000 in 1976 zurück und reduzierte sich dann 1977 noch leicht auf 231 000[6].

Die kaum nennenswerte Abnahme der Arbeitslosen in den Jahren 1976 und '77 bei — mit 5,6 % und 2,7 % — nicht unbeträchtlicher Zunahme der Produktion dürfte zunächst damit zusammenhängen, daß die erhöhte Ausbringung durch stärkere Auslastung der Produktionskapazitäten erzielt werden konnte, ohne daß schon der Normalauslastungsgrad erreicht wurde. Bei der Zunahme der Anlageinvestitionen handelte es sich offenbar überwiegend um Rationalisierungsinvestitionen, mit denen keine neuen Arbeitsplätze geschaffen, oder um neue Arbeitsplätze, die mit von den Unternehmen über die Rezession hinweg „gehorteten" Arbeitskräften besetzt wurden.

---

5 SVR: JG 1987/88, Tabelle 18*, S. 288.

6 Monatsberichte der Deutschen Bundesbank, Heft 2, Februar 1979, Tabelle VIII. 3, S. 65*.

Tabelle 12

Wirtschaftsdaten 1975 bis 1978

Quartal / Halbjahr	Wachstumsrate des BSP in % 1)	Inflationsrate in % 2)	Zinssatz in % 3)	Auslastungsgrad in % 4)	Arbeitslose in Mio. 5)
1975,3	-1,9	6,2	8,7	90,9	1024
1975,4	1,6	5,6	8,6		1133
1976/I	6,2	4,8	8,3	93,2	1168
1976/II	5,0	3,8	7,4		953
1977/I	2,9	3,8	6,4	94,2	1090
1977/II	2,4	3,7	6,0		969
1978/I	3,0	2,9	6,0	95,2	1072
1978/II	3,5	2,4	6,6		914

1) reale Zunahme des Bruttosozialprodukts in Preisen von 1980, berechnet jeweils gegenüber dem entsprechenden Vorhalbjahr.
Quelle: Statistisches Bundesamt, Fachserie 18, Reihe 1.3, Konten und Standardtabellen, 1987 Hauptbericht, S.201, eigene Berechnungen.

2) Zunahme des Preisindex der Lebenhaltung aller privaten Haushalte in Preisen von 1980, jeweils berechnet gegenüber dem entsprechenden Vorhalbjahr.
Quelle: Statistisches Bundesamt, Fachserie 17, Reihe 7, Preise und Preisindizes für die Lebenshaltung, 1987, S.108ff., eigene Berechnungen.

3) Umlaufsrendite festverzinslicher Wertpapiere insgesamt.
Quelle: Verschiedene Monatsberichte der Deutschen Bundesbank.

4) Auslastungsgrad des Produktionspotentials in Preisen von 1970.
Quelle: SVR: JG 1981/82, Schaubild 10, S.57.

5) Quelle: SVR: JG 1980/81, Tabelle 15*, S.240 und Monatsberichte der Deutschen Bundesbank, Heft 4, April 1976, Tabelle VIII.3, S.65*, eigene Berechnungen.

2. Begründung der Mischstrategie

a) Kennzeichnung der Mischstrategie

Eine Finanzpolitik, die eine Konsolidierung im Sinne einer Reduktion der öffentlichen Nettoneuverschuldung erreichen und gleichzeitig im Interesse eines Abbaus der Arbeitslosigkeit expansive Anstösse geben wollte, stand vor gegensätzlichen Zielen. Diese konnten daher auch nur durch einen — jedenfalls vordergründig — widerspruchsvollen Mitteleinsatz — nämlich gleichzeitige gezielte Ausgabensenkungen und -erhöhungen und / oder gleichzeitige gezielte Steuererhöhungen und -senkungen — angesteuert werden.

So beschloß die Bundesregierung — wie dargestellt — am 27. August 1975 — als achten Schritt der seit Ende 1973 praktizierten Expansionspolitik — ein „Programm zur Stützung von Bau- und anderen Investitionen" mit einem Volumen von 5,75 Mrd. DM, das die Vornahme bzw. Finanzierung bundeseigener Investitionen, kommunaler Infrastrukturinvestitionen, Stadtsanierungsmaßnahmen, Wohnungsmodernisierung und sonstiger Arbeitsbeschaffungsmaßnahmen vorsah. Einen Tag später — am 28. August — verabschiedete die Bundesregierung ihre Rahmenplanung für den Haushalt 1976 und die mittelfristige Finanzplanung 1975 bis 1979, in denen die Einleitung und mittelfristige Fortführung einer Konsolidierungspolitik mit Hilfe von Sparmaßnahmen und Steuererhöhungen festgelegt wurde.

Diese in genau gegenteilige Richtung zielenden Maßnahmen mußten in der Öffentlichkeit den Eindruck einer konzeptionslosen Finanzpolitik erwecken. So wurde der Bundeskanzler Helmut Schmidt in einem Interview, das er dem ARD-Wirtschaftsmagazin „Plus-Minus" am 4. September 1975 gab, auch gefragt: „. . . die Bundesregierung stellt der Wirtschaft Milliarden zur Verfügung, auf der anderen Seite kündigt sie Steuererhöhungen an und beschließt drastische und für viele schmerzhafte Sparmaßnahmen. Wie reimt sich das eigentlich zusammen?" In der Antwort, die der Kanzler gab, versuchte er in knapper Form die Politik zu begründen, die in den beiden folgenden Jahren verfolgt wurde: „Was die Steuererhöhungen angeht, die kommen ja nun erst 1977. Der Kern Ihrer Frage bezieht sich auf Sparmaßnahmen hier und zusätzliche Ausgaben für Bauinvestitionen und andere Investitionen dort. Dies hat zwei Gründe, daß man gleichzeitig spart und gleichzeitig mehr Geld ausgibt. Man kann nur mehr Geld ausgeben für öffentlich geförderte Bautätigkeit und andere Investitionen, wenn man es hat. Infolgedessen muß man bei den laufenden Ausgaben sparen, damit man mehr Geld freibekommt für diese Konjunkturinvestitionspolitik.

Nun könnte jemand noch kommen und sagen: Dann pumpt Euch doch ein bißchen mehr Geld, dann habt Ihr ja gleich mehr. — Dazu müssen wir antworten: Noch mehr Geld dürfen wir nicht pumpen. Der Staat, auch die Länder, auch die Städte, nehmen in diesem Jahr sehr viel Kredite auf. Das ist unausweichlich.

Aber wir dürfen es nicht übertreiben, denn sonst bleibt ja nicht genug Kreditmenge übrig für die Wirtschaft, die bei den Banken auch Kredite braucht.

Insbesondere im Jahr 1977 müssen wir diese Kreditaufnahme des Staates, wenn dann die Wirtschaft wieder normal laufen wird, wesentlich zurücknehmen. Das heißt, wir müssen 1977 dann noch einmal zusätzlich sparen. Wir sparen 1975, wir sparen 1976, wir sparen 1977, und zusätzlich müssen wir in 1977 dann sogar auch noch die Mehrwertsteuer erhöhen. Alles dies, damit die Kreditnachfrage der Städte, der Gemeinden, der Länder und des Bundes nicht ins Uferlose wächst"[7].

Wie in diesem Interview bemühten sich in der Folgezeit der Kanzler, der Finanzminister und andere Regierungsmitglieder in Regierungserklärungen und sonstigen Verlautbarungen immer wieder, diese Doppelstrategie zu erklären und das verfolgte Anliegen zu begründen. In diesen Äußerungen wurde ausgesprochen häufig auf Stellungnahmen wissenschaftlicher Institutionen — insbesondere des Sachverständigenrates — Bezug genommen, so daß sich diese Begründungen manchmal wie Auszüge aus einem schulden- oder konjunkturtheoretischen Kompendium lesen.

b) Systematisierung der expansions- und konsolidierungspolitischen Argumente

Wie aus den oben angeführten Zahlen über die Haushaltsentwicklung in den Jahren 1976 und '77 ersichtlich ist, gingen die konsolidierungspolitisch orientierten Maßnahmen — obwohl das vom Volumen her recht gewichtige Programm vom August 1975 überwiegend erst im folgenden Jahr ausgabenwirksam wurde — erheblich über die expansiven Maßnahmen, die sich in den folgenden Jahren in sehr viel geringeren Größenordnungen hielten, hinaus. Dementsprechend dominiert in den Begründungen auch die angebotstheoretische Argumentation, da sich die Forderung nach Reduktion der Nettoneuverschuldung — zwar nicht ausschließlich, aber doch sehr viel stärker — aus dieser Sicht ergibt. Das gilt übrigens auch weitgehend für die in den Jahren 1976 und '77 ergriffenen expansiv orientierten Maßnahmen.

Expansiv orientierter finanzpolitischer Handlungsbedarf wurde dementsprechend weniger im Sinne zusätzlicher Stützung der Nachfrage als der Beseitigung von Sachverhalten und Regelungen gesehen, die die Entfaltung der Auftriebskräfte behinderten. Daneben wurde die Gewährung staatlicher Hilfen zur Beseitigung von Strukturschwächen, die im Gefolge der Weltrezession deutlich wurden, allgemein anerkannt; dies galt insbesondere auch für Maßnahmen zur Behebung des unzureichenden Ausbildungsstandes von Arbeitskräften. Im Zusammenhang

---

[7] Zu den Sparmaßnahmen der Bundesregierung, in: Bulletin . . ., Nr. 110 vom 9. September 1975, S. 1081 - 1084, S. 1081.

mit der Veränderung der nationalen und internationalen strukturellen Bedingungen steht auch die Forderung nach staatlicher Förderung oder Durchführung von Investitionen, die der längerfristigen Wirtschaftsentwicklung nützlich sind, wie sie im Rahmen des Zukunftsinvestitionsprogramms von 1977 geplant wurden.

Die in den Jahren 1976 und '77 ergriffenen expansiv orientierten Maßnahmen verfolgten in diesem Sinne jeweils ganz spezielle Zielsetzungen. Die Begründung für diese Maßnahmen ergibt sich deshalb auch weitgehend aus der Art und dem Ansatz dieser Regelungen, die ich im nächsten Abschnitt darstellen werde; insofern möchte ich mich hier auf die obigen allgemeinen Bemerkungen über die Richtung der expansiv orientierten Maßnahmen beschränken.

Ausführlicher dagegen sollen hier die Begründungen der Konsolidierungspolitik dokumentiert werden. Dazu möchte ich eine Systematik der konsolidierungspolitischen Argumente vorausschicken. Am häufigsten werden genannt:

(1) die Möglichkeit eines crowding-out der privatwirtschaftlichen Aktivität in einem bevorstehenden Aufschwung;

(2) die Gefahr einer Wiederbelebung der Inflationstendenzen;

(3) die Notwendigkeit der Beseitigung von Unsicherheiten in der Bevölkerung über die künftige staatliche Haushaltsgebarung; dieses Argument wird häufig auch in der allgemeineren Form vorgetragen, daß die Finanzpolitik durch konsolidierungspolitische Maßnahmen zur Wiederherstellung und Festigung des Vertrauens der Wirtschaftseinheiten in die künftige Entwicklung beitragen solle und

(4) die Notwendigkeit der Wiedergewinnung finanzpolitischen Handlungsspielraums in der Zukunft, wobei nicht nur an möglichen erneuten konjunkturpolitischen, sondern insbesondere auch an allokationspolitischen Handlungsspielraum gedacht wird.

Das *crowding-out-Argument* (1) und das *Inflationsargument* (2) werden meist in einer Gedankenkette vorgetragen, weil Verdrängungswirkungen auch über Inflationsprozesse erfolgen können. Die ablaufstheoretischen Zusammenhänge wurden bei der Darstellung des antizyklischen Budgetkonzepts diskutiert. Dort wurden auch die kontroversen Positionen der Angebots- und Nachfragetheoretiker hervorgehoben. Sie spielen bei der konsolidierungspolitischen Diskussion eine besondere Rolle.

Die Entscheidungen bzw. Empfehlungen für eine Konsolidierungspolitik mußten schon zu einem Zeitpunkt getroffen bzw. ausgesprochen werden, zu dem noch sehr unbestimmt und schwer abschätzbar war, wie schnell die Produktionskapazitäten in einem künftigen Aufschwung generell oder in speziellen Bereichen, in denen öffentliche und private Nachfrage konkurrierend auftreten würden, ausgelastet sein werden. Die Einschätzung der Gefahr eines künftigen crowding-out- oder Inflationsprozesses hing deshalb entscheidend davon ab, wie die aktuelle

Situation und die weitere wirtschaftliche Entwicklung beurteilt wurden. Ich habe oben darauf hingewiesen, daß die Angebots- und Nachfragetheoretiker sowohl in der Beurteilung bestimmter Konstellationen wie auch in den ablaufstheoretischen Wirkungen weit auseinandergehen.

Mißt man den nachfrageseitigen Determinanten der Wirtschaftsentwicklung die größere Bedeutung zu, dann wird man einer zu frühzeitigen Einleitung einer Konsolidierungspolitik eher negative Wirkungen auf die weitere Nachfrageentwicklung zuschreiben und darauf hinweisen, daß — solange noch unterausgelastete Kapazitäten vorhanden sind — die Staatsverschuldung über Akzeleratorwirkungen eher crowding-in-Effekte haben könnte. Für die Inflationsentwicklung wird der Lohnpolitik eine wichtige Bedeutung beigemessen.

Umgekehrt wird man bei stärkerer Gewichtung der angebotsseitigen Determinanten der Wirtschaftsentwicklung im Sinne des oben genannten Arguments (3) der *vertrauensbildenden Wirkung* durch die frühzeitige Einleitung einer Konsolidierungspolitik eine schnellere Entfaltung der privaten Wirtschaftsinitiative vermuten, dementsprechend mit einem rascheren Aufstieg rechnen und — angesichts der erwarteten schnelleren Wiederauslastung der Produktionskapazitäten — dem crowding-out-Argument größere Bedeutung zumessen.

Das Argument (4) der *Wiedergewinnung finanzpolitischen Handlungsspielraums* ist zunächst fiskalisch damit begründet, daß eine zunehmende Neuverschuldung zu wachsenden Schuldenbeständen und damit zu steigenden Zinslasten führt. Die Stärke dieses Anstiegs war wohl allgemein überraschend, weil nicht nur der Umfang der Neuverschuldung im Jahr 1975 unerwartet hoch war; sondern sich auch die Zinssätze ungewöhnlich stark erhöhten. Angesichts eines hohen Anteils kurzfristiger Kredite schlugen steigende Zinssätze schnell auf den Zinsendienst durch. Damit wurde der finanzpolitische Handlungsspielraum in allokationspolitischer Hinsicht eingeschränkt, da die vermehrte Zinslast, wenn die Staatsquote nicht steigen soll, zur Einschränkung anderer Staatsausgaben zwingt. Der stabilitätspolitische Handlungsspielraum wurde durch einen hohen Schuldenstand und eine hohe strukturelle Neuverschuldung — wie das Jahr 1975 zeigte — reduziert, weil der konjunkturpolitisch erwünschten antizyklischen Neuverschuldung durch die Vorbelastung wirtschaftliche und politische Grenzen gesetzt waren.

c) Die Argumentation der Bundesregierung

Die Begründungen der Bundesregierung und anderer Institutionen für eine mit dem Haushalt 1976, spätestens 1977 einsetzende und in der mittelfristigen Finanzplanung fortzuführende Konsolidierung gehen durchweg davon aus, daß eine Fortführung der aufgelaufenen strukturellen Defizite im Rahmen der künftigen Nettoneuverschuldung die von der Stabilitätspolitik zu verfolgenden Ziele der Vollbeschäftigung, der Preisniveaustabilität, des Wirtschaftswachstums und des

Zahlungsbilanzausgleichs gefährden würde. Dabei wird — dies ist für das Verständnis der Argumentation wichtig — regelmäßig entweder konditional oder mit hoher Wahrscheinlichkeit unterstellt, daß sich im Jahr 1976 ein relativ kräftiger Aufschwung durchsetzen würde. So schreibt die Bundesregierung in der Begründung ihres „Entwurfs eines Gesetzes zur Verbesserung der Haushaltsstruktur (Haushaltsstrukturgesetz — HStruktG)", der dem Bundestag am 8.10.1975 zugeleitet wurde:

„1. Die Defizite der öffentlichen Haushalte haben sich in der Bundesrepublik wie auch in anderen westlichen Ländern in einem außerordentlich starken Maße erhöht ...

2. Die Ursache dieser Entwicklung liegt primär in der weltweiten Rezession, ...

3. Auch nach einer konjunkturellen Wiederbelebung würden die hohen Defizite ohne finanzpolitische Maßnahmen zum großen Teil bestehen bleiben ...".

Mit der erwarteten Wiederbelebung der Konjunktur müssen jedoch schon ab 1976 Schritte zum Abbau der Finanzierungsdefizite erfolgen. Ab 1977 muß eine nachhaltige Begrenzung des öffentlichen Kreditbedarfs erreicht werden, weil sonst die Kreditmärkte eindeutig überbeansprucht, die Finanzierung der für die Schaffung und Sicherung der Arbeitsplätze unentbehrlichen Privatinvestitionen gefährdet und die Stabilisierung des Preisniveaus erneut bedroht würde ... Die Maßnahmen zur Konsolidierung der öffentlichen Finanzen (müssen, A. E.) rasch und verbindlich getroffen werden, um Unsicherheiten über die mittelfristige Entwicklung der öffentlichen Haushalte auszuräumen ... "[8]. Hier werden also die vier in meiner Systematik genannten Argumente aufgeführt.

Für ihre Konsolidierungspolitik entwickelte die Bundesregierung einen Drei-Stufen-Plan, den der Bundesfinanzminister in seiner Einbringungsrede des Haushaltsgesetzes 1976 vortrug. Die Stufe 1 betraf den Nachtragshaushalt 1975. Die diesbezügliche Entscheidung sah vor: „Volle Hinnahme des Defizits 1975. Das heißt, keine Kürzungen im Nachtragshaushalt, sondern voller Ausgleich der konjunkturbedingten Mehrausgaben und Mindereinnahmen durch Kredite und zusätzlich ... das Bau- und Konjunkturprogramm ...". Für die zweite Stufe — das Jahr 1976 — ging die Regierung davon aus, daß der Wachstumsspielraum von 10 % etwa zur Hälfte ausgeschöpft werden könne. Dementsprechend wurde gefolgert: „In dieser Phase des konjunkturellen Übergangs ist es zwar möglich und notwendig, eine Reduzierung der öffentlichen Defizite einzuleiten. Dieses muß aber ... mit Vorsicht geschehen ... Bund, Länder und Gemeinden müssen auch in 1976 weiterhin ein hohes Maß an öffentlichen Defiziten durchhalten". Für die dritte Stufe wird festgestellt: „Ab 1977 ist wieder mit einem deutlich

8 Gesetzentwurf der Bundesregierung. Entwurf eines Gesetzes zur Verbesserung der Haushaltsstruktur (Haushaltsstrukturgesetz — HStruktG), in: Bundestagsdrucksache 7/4127, S. 30.

stärkeren Kapazitätsauslastungsgrad der Wirtschaft zu rechnen. Dann dürfen wir keine Situation haben, in der sich Staat und Wirtschaft an den Kreditmärkten einen ruinösen Wettbewerb um knappe Finanzierungsmittel und damit letztlich um gesamtwirtschaftliche Ressourcen liefern. Das aber erfordert einen drastischen Abbau des Finanzierungsdefizits für 1977“[9].

Daß die Bundesregierung bei ihren Entscheidungen stärker von angebotstheoretischen Überlegungen beeinflußt war, geht aus der Betonung des Vertrauensarguments (3) in der Begründung der mittelfristigen Finanzplanung 1975 bis 1979 hervor: „Die entscheidenden Schritte für die Konsolidierung der öffentlichen Finanzen müssen bereits bei der Aufstellung der Haushalte für das Jahr 1976 unternommen werden, damit für alle am Wirtschaftsleben Beteiligten — sowohl im öffentlichen als auch im privaten Bereich — frühzeitig Klarheit über die weitere Entwicklung der öffentlichen Finanzen geschaffen wird“[10].

d) Die Argumentation des Sachverständigenrates, des DIW und des Wissenschaftlichen Beirats beim Bundesministerium der Finanzen

In den wiederholten Äußerungen des Sachverständigenrates kommt die angebotstheoretische Begründung einer frühzeitigen Konsolidierung ebenfalls darin zum Ausdruck, daß der Rat der Festigung des Vertrauens der Wirtschaftssubjekte in die Finanzpolitik und in die weitere wirtschaftliche Entwicklung zentrale Bedeutung zumißt: „Je eher von den Privaten dem Staat seine Möglichkeit und seine Absicht geglaubt wird, die öffentlichen Haushalte zu konsolidieren, ohne dabei die Wirtschaft über Gebühr zu belasten, umso rascher kann sich die Situation am Kapitalmarkt wieder normalisieren“[11]. Auch die Effizienz einer Doppelstrategie von Expansion und Konsolidierung zugleich sieht der Sachverständigenrat entscheidend darin angelegt, daß es gelingt, wieder Vertrauen in die staatliche Politik zu schaffen: „Nicht zuletzt ist ... zu bedenken, daß eine expansive Haushaltspolitik die Erwartungen und Dispositionen der Privaten nicht nur positiv beeinflußt. Insbesondere in Zeiten stark steigender Defizite können zusätzliche öffentliche Ausgaben die Privaten in der Weise verunsichern, daß diese die kurzfristige Ausweitung der Ansprüche des Staates auch für die mittlere Frist erwarten und damit den Spielraum für die Realisierung eigener Ansprüche zu eng sehen, was sich insbesondere dort lähmend niederschlägt, wo die Privaten — wie etwa bei Investitionen — vor Entscheidungen stehen, die weit in die Zukunft greifen. Hierhin gehört auch die Furcht, riesige Staatsdefizite würden

---

[9] Haushaltsgesetz vor dem Deutschen Bundestag, in: Bulletin ..., Nr. 128 vom 5. November 1975, S. 1265-1277, S. 1268.

[10] Unterrichtung durch die Bundesregierung. Der Finanzplan des Bundes 1975 bis 1979, in: Bundestagsdrucksache 7/4101, S. 1-44, S. 3.

[11] SVR: JG 1975/76, TZ 408.

die Inflation abermals beschleunigen und dann wiederum eine Stabilisierungskrise notwendig machen. Unter diesen Umständen kann ein Anstieg des Defizits die Ertragserwartungen der Privaten stärker drücken, als die dadurch finanzierten zusätzlichen Staatsausgaben diese heben"[12].

Zu genau entgegengesetzten Empfehlungen — also einer Fortführung der Defizitpolitik und einer Verschiebung der Konsolidierung — kommt das DIW, weil es den Einfluß der beiden Komponenten der Mischstrategie — Konsolidierung und Expansion — auf die Erwartungsbildung der Wirtschaftseinheiten mit umgekehrter Gewichtung sieht: „Erst in einem anhaltenden, von reger Investitionstätigkeit getragenen Wachstumsprozeß können die hohen Defizite, dann aber verhältnismäßig leicht, auf ein vertretbares Niveau zurückgeführt werden ... Auch wenn sich in jüngster Zeit eine gewisse konjunkturelle Belebung der Gesamtwirtschaft abzeichnet, muß situationsgerechte Finanzpolitik mit expansiver Finanzpolitik gleichgesetzt werden. Die Konsolidierungsbemühungen der öffentlichen Haushalte dürfen also nicht an der falschen Stelle und zum falschen Zeitpunkt einsetzen. Nicht das nächste Jahr, sondern 1977 wird zum Jahr der Sanierung werden müssen. Bei wieder günstigem Konjunkturverlauf wird sich dann die Finanzsituation deutlich verbessern, das Defizit erheblich sinken"[13].

Da beide Institutionen die Zusammenhänge der crowding-out- und der Inflationsmechanik in ähnlicher Weise sehen, ist der Unterschied voll in den Annahmen über die Verhaltensweisen der Wirtschaftssubjekte bzw. in ihren Erwartungshaltungen begründet. Diese wiederum lassen sich weitgehend auf die unterstellten Investitionsfunktionen reduzieren. Vereinfacht ausgedrückt unterstellt der Sachverständigenrat, daß die Einleitung einer eindeutigen Konsolidierungspolitik die autonomen Investitionen anregt und damit dem wirtschaftlichen Aufschwung Impulse gibt. Der Nachfragepolitik kommt dabei nur eine gewisse subsidiäre Rolle zur Kompensation noch anhaltender konjunkturbedingter Nachfrageausfälle zu. Das DIW schreibt den induzierten Investitionen tragende Funktion zu, die ihrerseits durch anhaltende Nachfrageimpulse angeregt werden. Bevor ein hoher Auslastungsgrad erreicht ist, bewirkt die Einleitung einer Konsolidierungspolitik eine Einschränkung der Absatzerwartungen und damit der induzierten Investitionen und der von ihnen für die Beschleunigung des Aufschwungs erwarteten Impulse.

Etwas unbestimmt in dieser für die finanzpolitischen Entscheidungen gravierenden Frage äußerte sich der Wissenschaftliche Beirat beim Bundesfinanzministerium. Zum einen stellt er hinsichtlich des Zeitpunkts der Einleitung der Konsolidierung nur konditional fest, daß es dringend geboten ist, „... das Finanzierungsdefizit dann wesentlich zu reduzieren, wenn die konjunkturelle Entwicklung

[12] ebenda, TZ 228.

[13] Staatshaushalt 1976. Nochmals hohes Defizit ..., in: DIW-Wochenbericht, Heft 48-49/1975, S. 407-412, S. 411 f.

wieder zu einer stärkeren Auslastung der Produktionsfaktoren geführt hat". Wenn er dann allerdings fortfährt: „Wird bis zu diesem Zeitpunkt der Kreditbedarf des Staates nicht wesentlich reduziert ...", dann spricht dies — da eine solche Reduktion einer erheblichen Vorbereitungs- und Anlaufzeit bedarf — dafür, daß er doch an eine frühzeitige Einleitung denkt. Bei Mangel einer solchen Konsolidierung konstatiert er für die weitere konjunkturelle Entwicklung nach zwei Richtungen ernste Gefahren:

„1. Wenn die Notenbank an ihrer Politik einer relativ geringen Vermehrung der Geldmenge festhält und die mit fortschreitendem Aufstieg zu erwartenden Lohnsteigerungen den Selbstfinanzierungsspielraum der Unternehmen begrenzen, wird der Kreditbedarf des Unternehmenssektors stark ansteigen. Die Konkurrenz zwischen Privatwirtschaft, Ausland und Staat um die Kapitalmarktmittel dürfte dann die private Investitionstätigkeit sowohl über Zinssteigerungen als auch Mengenrestriktionen an der weiteren Entfaltung hindern, so daß der Aufschwung gebremst, wenn nicht sogar in einer frühen Phase zum Abbruch gebracht wird.

2. Kommt es zu einer Ausdehnung der Geldmenge, dann muß mit einer Zunahme der Inflationsrate gerechnet werden, die den Erfolg der Restriktionspolitik der vergangenen Jahre weitgehend hinfällig macht"[14].

Weitgehende Übereinstimmung besteht in den meisten Äußerungen zu dem Argument (4), daß eine Konsolidierung im Interesse einer Wiederherstellung künftigen Handlungsspielraums des Staates erforderlich sei. Dies gilt sowohl in allokativer als auch in stabilitätspolitischer Hinsicht. Durch die hohen und bei anhaltender Nettoneuverschuldung weiter zunehmenden Zinsausgaben steigt deren Anteil an den gesamten Staatsausgaben fortschreitend an — er hat sich von 3,5 % im Jahre 1970 trotz der zweimaligen Konsolidierungsaktionen bis 1988 auf 9 % erhöht. Soll die Staatsquote nicht entsprechend ansteigen, dann bedeutet eine solche Zunahme der Zinsquote eine Reduktion des Anteils der übrigen Staatsausgaben und damit eine verminderte Wahrnehmung allokationspolitischer Aufgaben. Der stabilitätspolitische Handlungsspielraum wird — wie die Entwicklung in den Jahren 1974 und insbesondere 1975 gezeigt hat — durch die Vorbelastung mit strukturellen Defiziten eingeschränkt, so daß die Kreditmärkte angesichts solcher Vorbelastung unter Umständen schon auf die erforderliche Aufnahme konjunkturbedingter, geschweige denn antizyklischer Defizite mit unerwünschten Zinssteigerungen reagieren.

[14] Gutachten des Wissenschaftlichen Beirats beim Bundesministerium der Finanzen (1975): Zur Lage und Entwicklung der Staatsfinanzen in der Bundesrepublik Deutschland, in: BMF-Dokumentation, 7. August 1975, 15/1975, S. 1-16, S. 3.

3. Finanzpolitische Maßnahmen 1975 bis 1977

a) Planung der Konsolidierung im Herbst 1975

Es dürfte kaum Zufall gewesen sein, daß die Regierung das 8. Maßnahmenpaket vom 27. August 1975, das die Phase der expansiven Politik der Rezessionsbekämpfung abschloß, genau einen Tag vor den Beschlüssen zum Haushalt 1976, mit denen die Wende zur Konsolidierungspolitik eingeleitet wurde, verabschiedete. Die bisherigen antizyklischen Maßnahmen hatten bis zum Herbst 1975 kaum Wirkung gezeigt: Die privaten Anlageinvestitionen waren im 1. Vierteljahr 1975 real um 13,4 %, im 2. Quartal um 8 % gefallen; der Rückgang hielt auch im 3. Vierteljahr mit 4,9 % noch an. Auch die Lagerhaltung wurde bis ins 3. Jahresviertel mit nicht unerheblichen Beträgen weiter reduziert. Lediglich beim privaten Konsum war im 2. und 3. Vierteljahr mit Raten von 3,5 % und 3,4 % eine Belebung zu konstatieren, die sich aber — angesichts der beträchtlichen Steuererleichterungen und der daraus resultierenden Erhöhung der Verfügungseinkommen, die die Einkommensteuerrefom zum 1. 1. 1975 gebracht hatte — in bescheidenen Größenordnungen hielt.

In dieser Situation sah sich die Regierung vor eine schwierige Aufgabe gestellt: Zum einen erforderte die anhaltende Nachfrageschwäche und der unvermindert hohe Stand der Arbeitslosigkeit weitere konjunkturpolitische Aktivität; zum anderen mußte damit gerechnet werden, daß die nachteiligen Wirkungen weiter steigender Staatsverschuldung — die Zinssätze zogen ab August trotz hoher Stützungskäufe der Bundesbank wieder an — negative Wirkungen auf die Erwartungen der Wirtschaftssubjekte auslösen und damit den Erfolg eines neuen Konjunkturprogramms gefährden würden.

Ich möchte die zeitliche Koinzidenz der Bekanntgabe eines nochmaligen Konjunkturprogramms und der Ankündigung der Konsolidierungspolitik deshalb dahingehend interpretieren, daß die Bundesregierung damit die oben genannten möglichen negativen Wirkungen erneuter bzw. verstärkter öffentlicher Kreditaufnahme verhindern wollte.

Das „Programm zur Stützung von Bau- und anderen Investitionen“ vom August 1975 hatte — wie schon erwähnt — ein Volumen von 5,75 Mrd. DM und zielte darauf ab, nicht nur eine schnelle Belebung der Konjunktur, sondern auch bestimmte strukturpolitische Ziele zu erreichen. Das Programm wurde so ausgestaltet, daß mit einem sehr viel größeren Auftragsvolumen — von 10-12 Mrd. DM — und darüber hinaus mit einem hohen Multiplikatoreffekt gerechnet werden konnte, der den erwarteten Impuls etwa verdoppeln und in weite Berciche der Wirtschaft ausstrahlen würde[15]. Zur Erreichung dieser Ziele wurden zum einen Projekte gefördert, deren Auftragsvergabe und Realisation möglichst schnell von

[15] Vgl. Erklärung der Bundesregierung zur Finanz- und Konjunkturpolitik, in: Bulletin ..., Nr. 114 vom 18. September 1975, S. 1117-1128, S. 1119.

statten gehen konnte; zum anderen wurden Finanzierungsformen — wie Investitionszuschüsse und zinsverbilligte Darlehen an Kommunen und Private — gewählt, bei denen man mit hohen implizierten Impulsen[16] rechnen konnte. Im Hinblick auf die gleichzeitig geplante Haushaltskonsolidierung sollten nach Absicht des Gesetzgebers im Bereich der öffentlichen Haushalte ausschließlich Projekte gefördert werden, die möglichst keine Folgekosten nach sich ziehen würden[17]. Bei den bundeseigenen Investitionen waren die Auswahlkriterien für die Projekte dieselben wie bei den Zuschüssen an die Gemeinden.

Die Planung der Haushaltskonsolidierung mußte sich angesichts der Labilität der konjunkturellen Situation zum einen auf einen längeren Zeitraum erstrecken und deshalb über den Haushalt 1976 hinaus eine grundlegende Revision der mittelfristigen Finanzplanung vorsehen, zum anderen implizierte die Größenordnung des zu konsolidierenden strukturellen Defizits, daß die Sanierung nicht im Wege der Haushalts- und Steuergesetzgebung allein erreicht werden konnte, sondern daß zur Kürzung bzw. zum geringeren Wachstum der Ausgaben Leistungsgesetze und sonstige Bestimmungen geändert wurden.

Aus diesem Grunde wurde in die Beratungen über die Planung des Haushalts 1976 und in den Finanzplan 1975 bis 1979 die Vorbereitung mehrerer Gesetzesänderungen einbezogen. Die Bundesregierung schloß die erste Phase ihrer diesbezüglichen Beratungen am 28. August 1975 ab und gab die für den Haushalt 1976 und den Finanzplan 1975 bis 1979 vorgesehenen Ausgabenkürzungen und Steuererhöhungen am 2. September bekannt[18]. Die formellen Beschlüsse

— zum Entwurf des Bundeshaushalts 1976 sowie zum Finanzplan 1975 bis 1979;

— über den Gesetzentwurf zur Verbesserung der Haushaltsstruktur (Haushaltsstrukturgesetz) und

— zu den Entwürfen über die Erhöhung der Umsatzsteuer um 2 Prozentpunkte (bzw. um einen Prozentpunkt bei ermäßigtem Steuersatz), der Tabaksteuer um 18 % und der Branntweinsteuer um 20 % jeweils ab 1. Januar 1977

wurden am 10. September gefaßt[19].

Dem Haushaltstrukturgesetz kam dabei — abgesehen davon, daß es bestimmte Ausgabenkürzungen überhaupt erst ermöglichte — insofern besondere Bedeutung

---

16 Ich interpretiere den Begriff der implizierten Impulse später (siehe S. 158 f.) dahingehend, daß es sich bei ihnen um Nachfrageeffekte handelt, die durch eine staatliche Maßnahme hervorgerufen werden, wobei die betreffende Maßnahme nur budgetwirksam wird, wenn durch entsprechende Reaktionen der privaten Wirtschaftseinheiten die implizierten Impulse auftreten.

17 Programm zur Stärkung von Bau- und anderen Investitionen, in: Bulletin ..., Nr. 106 vom 2. September 1975, S. 1037 - 1043, S. 1037.

18 Entwurf zum Haushalt 1976 und zum Finanzplan 1975 bis 1979, in: Bulletin ..., Nr. 106 vom 2. September 1975, S. 1035 - 1036, S. 1035.

19 Maßnahmen zur Verbesserung der Haushaltsstruktur, in: Bulletin ..., Nr. 111 vom 12. September 1975, S. 1093 - 1100, S. 1093.

zu, als eine Reihe von Bestimmungen sich auch auf die Haushalte der Länder und Gemeinden auswirkten und damit die Konsolidierung auf alle Haushalte ausgedehnt wurde. Das Haushaltsstrukturgesetz wurde deshalb auch so rechtzeitig verabschiedet, daß es zum 1. Januar 1976 in Kraft treten konnte. Der Haushaltsplan 1976 wurde auf dieser Grundlage dann am 20. Mai 1976 durch den Bundestag beschlossen.

Der Entwurf des Haushaltsstrukturgesetzes sah in 44 Artikeln die Änderung einer ähnlichen Zahl von Gesetzen und Verordnungen vom Bundesbesoldungsgesetz über das Bundesausbildungsförderungsgesetz, das Lastenausgleichsgesetz und das Krankenhausfinanzierungsgesetz bis zum Wohnungsgemeinnützigkeitsgesetz und zur Berlin-Klausel vor[20].

In der verabschiedeten Fassung enthielt das Haushaltsstrukturgesetz als wichtigste Maßnahmen:

— Einsparungen im öffentlichen Dienst,

— stufenweiser Abbau des Aufwertungsausgleichs im Bereich der Landwirtschaft,

— Änderungen im Bereich der Arbeitslosenversicherung und der Ausbildungsförderung,

— Senkung der Prämiensätze für Sparprämien und Wohnungsbauprämien sowie

— Abbau verschiedener Steuervergünstigungen.

Das Konsolidierungsziel, das mit den oben aufgeführten drei Maßnahmenbeschlüssen vom 2. bzw. 10. September erreicht werden sollte, wurde für die Jahre 1976 bis 1979 mit einer Reduktion der Nettoneuverschuldung von annähernd 100 Mrd. DM angegeben. Sie sollte sich zeitlich wie folgt verteilen:

Reduktion der Nettoneuverschuldung 1976-1979 in Mrd. DM

Jahre	1976	1977	1978	1979
in Mrd. DM	13,0	26,6	32,9	23,5

Die Zahlen überzeichnen den vermeintlichen Umfang des notwendigen Konsolidierungsbedarfs allerdings erheblich, da sie im Herbst 1975 auf der Grundlage einer Fortschreibung des Finanzplans 1974 bis 1978 berechnet wurden, in der man für das Jahr 1975 noch mit der Notwendigkeit einer wesentlich höheren Kreditaufnahme rechnete.

Die mittelfristige Finanzplanung wird laufend in der Ausgaben- und Einnahmenseite angepaßt und zur Vorbereitung der nächstjährigen Planung erweitert.

---

20 Bundestagsdrucksache 7/4127, S. 4 f.

Die Gründe dafür sind vor allem wirtschafts- und finanzpolitische Entscheidungen wie etwa Steueränderungs- oder Ausgabenbeschlüsse, die Folgekosten nach sich ziehen, sowie unvorhergesehene wirtschaftliche Entwicklungen, die für künftige Jahre eine Verschiebung des Wachstumspfades und damit auch der öffentlichen Haushaltsansätze zur Folge haben. Diese Anpassung wird im laufenden Haushalt (und damit im ersten Jahr der Finanzplanung) durch die Einfügung eines Nachtragshaushalts vorgenommen; im Finanzplan führt sie zu einer Fortschreibung. Da in dieser „Fortschreibung" das erste Jahr nur noch bedingt interessiert, dafür aber ein neues (End-)Jahr einbezogen ist, kennzeichne ich den korrigierten oder fortgeschriebenen Finanzplan von 1974 bis 1978 als „Fortschreibung 1974/75 bis 1978/79".

Diese „Fortschreibung 1974/75 bis 1978/79" liegt zeitlich zwischen dem im Juli 1974 verabschiedeten Finanzplan 1974 bis 1978 und dem Finanzplan 1975 bis 1979, der im September 1975 beschlossen wurde. Sie wurde nicht veröffentlicht, läßt sich aber aufgrund verschiedener Angaben mit dem in Tabelle 13 (S. 137) festgehaltenen Ergebnis nachkonstruieren[21].

Während die durchschnittliche jährliche Steigerung der Ausgaben des Bundes nach dem Finanzplan 1974 bis 1978 knapp 9 % betragen hatte, belief sie sich im Finanzplan 1975 bis 1979 auf 5 %[22]. Die mittelfristige Finanzplanung der Länder sah Ausgabenerhöhungen für die Jahre 1975 bis 1979 von durchschnittlich 5,5 % vor[23].

Wenn man sich vergegenwärtigt, daß die Inflationsrate zum Zeitpunkt der Planung noch 5,7 % — mit leicht fallender Tendenz — betrug, dann bedeuteten

---

21 In dem Bericht der Bundesregierung an den Deutschen Bundestag über den Finanzplan 1975 bis 1979 heißt es, daß die Bundesregierung in ihren Entscheidungen vom 27./28. August und vom 10. September 1975 durch Ausgabenkürzungen und Einnahmenverbesserungen von 13 Mrd. DM für das Jahr 1976 gegenüber dem bisherigen Finanzplan das Defizit auf 38,9 Mrd. DM gesenkt hat. Da im Finanzplan 1974 bis 1978 für das Jahr 1976 ein Defizit von 19,3 Mrd. DM vorgesehen war, kann sich die Bemerkung der Bundesregierung nicht auf den im Juni 1974 verabschiedeten Finanzplan 1974 bis 1978 beziehen. In diesem Sinne wird in dem Bericht auch erwähnt, daß in dem Betrag von 13 Mrd. DM schon Ausgabenkürzungen mit Ausgabensteigerungen saldiert seien. Später findet sich der Hinweis, daß die Einnahmenverbesserungen für 1976 (Abbau von Steuervergünstigungen und — stufenweise — des Aufwertungsausgleichs für die Landwirtschaft) sich auf 0,5 Mrd. DM belaufen, so daß die Ausgabenkürzungen 12,5 Mrd. DM betragen haben müssen. Aus diesen Angaben läßt sich dann die „Fortschreibung 1974/75 bis 1978/79" rekonstruieren: Da im Finanzplan 1975 bis 1979 das Defizit für das Jahr 1976 mit 38,9 Mrd. DM angesetzt ist, muß in der „Fortschreibung 1974/75 bis 1978/79" der Finanzierungssaldo 51,9 Mrd. DM betragen haben. Die Ausgaben im Finanzplan 1975 bis 1979 beliefen sich auf 168,1 Mrd. DM, so daß sich für die „Fortschreibung 1974/75 bis 1978/79" ein Wert von 180,6 Mrd. DM ergibt. Aus den Einnahmen von 129,2 Mrd. DM im Finanzplan 1975 bis 1979 errechnen sich dann „fortgeschriebene Einnahmen" von 128,7 Mrd. DM. Die gleichen Berechnungen lassen sich für die Jahre 1977-79 vornehmen.

22 Vgl. SVR: JG 1975/76, Tabelle 23.

23 Vgl. SVR: JG 1976/77, Tabelle 25.

Tabelle 13

"Fortgeschriebener Finanzplan 1974/75 bis 1978/79"

Jahr	Ausgaben	Einnahmen	Finanzierungs-saldo
		in Mrd.DM	
1976	180,6	128,7	51,9
1977	190,8	142,2	48,6
1978	207,1	156,4	50,7
1979	206,3	171,5	34,8

Konsolidierungsabsichten
in Mrd.DM

Jahr	Ausgaben	Einnahmen	Finanzierungs-saldo
1976	-12,5	+0,5	-13,0
1977	-17,6	+9,0	-26,6
1978	-21,8	+11,1	-32,9
1979	-11,1	+12,4	-23,5

Finanzplan 1975 bis 1979
in Mrd.DM

Jahr	Ausgaben	Einnahmen	Finanzierungs-saldo
1976	168,1	129,2	38,9
1977	173,2	151,2	22,0
1978	185,3	167,5	17,8
1979	195,2	183,9	11,3

Quellen:
Finanzbericht 1976, S.110,
eigene Berechnungen.

die geplanten Raten, daß für die Jahre der Konsolidierung eine annähernde Konstanz der realen Staatsausgaben vorgesehen war.

Ich fasse die einzelnen Phasen der Haushaltsplanung und -abwicklung in der Tabelle 14 (S. 139) nochmals zusammen:

In der „Fortschreibung 1974/75 bis 1978/79" wurden die Ausgaben um knapp 11 Mrd. DM höher, die Einnahmen um knapp 22 Mrd. DM niedriger, das Finanzierungsdefizit dementsprechend um fast 33 Mrd. DM höher veranschlagt als im Finanzplan 1974 bis 1978. Zu diesem Zeitpunkt — Ende August / Anfang September — wurde also offenbar sowohl die weitere konjunkturelle Entwicklung als auch ihre Auswirkungen auf die Haushaltsentwicklung sehr negativ eingeschätzt. Auf dieser Basis wird dann die „Konsolidierungsaktion" der Bundesregierung geplant. Das „Konsolidierungsziel" wurde im Finanzplan 1975 bis 1979 mit einem Finanzierungsdefizit von 38,9 Mrd. DM vorgegeben. Bei der Verabschiedung des Bundeshaushaltsplans 1976 im Mai 1976 wurde dieses Ziel durch weitere Senkung des Ausgabenansatzes um 4,1 Mrd. DM und Erhöhung des Einnahmenansatzes um 2,1 Mrd. DM mit der Planung eines Finanzierungssaldos von 32,7 Mrd. DM noch höher gesetzt; im Ergebnis des Haushaltes 1976 wurde es nochmals übertroffen: Die Ausgaben erhöhten sich zwar gegenüber dem Haushaltsplan um 1,2 Mrd. DM, die Einnahmen stiegen aber mit 5,5 Mrd. DM sehr viel stärker, so daß der Finanzierungssaldo mit 28,6 Mrd. DM noch um 4,3 Mrd. DM hinter dem Voranschlag zurückblieb.

Dieser Konsolidierungs„über"erfolg scheint nach diesen Zahlen in erster Linie der positiven Entwicklung der Einnahmenseite zu verdanken zu sein, was auf die sich im Verlauf des Jahres 1976 erheblich verbessernde Konjunktursituation zurückgeht. Tatsächlich war der Konsolidierungsübererfolg jedoch wesentlich in den zu hohen Ansätzen in der „Fortschreibung 1974/75 bis 1978/79" angelegt. Der Haushalt 1975 schloß mit Ausgaben von 158,8 Mrd. DM ab. Im ursprünglichen Finanzplan 1974 bis 1978 war eine durchschnittliche jährliche Steigerung von 9 % vorgesehen, dies hätte für 1976 Ausgaben in Höhe von 173 Mrd. DM bedeutet; in der Fortschreibung waren 180 Mrd. DM angesetzt. Damit war von der Ausgabenseite her der jährliche Konsolidierungsbedarf um 7 Mrd. DM — in vier Jahren also um etwa 30 Mrd. DM — zu hoch angesetzt.

Ich habe die Haushaltsplanung und -entwicklung, insbesondere die Rekonstruktion der Fortschreibung, so ausführlich dargestellt, weil ich den Eindruck habe, daß die Bundesregierung mit der Ankündigung eines „Konsolidierungszieles" von knapp 100 Mrd. DM von 1976 bis 1979 gegenüber der „Fortschreibung 1974/75 bis 1978/79" die eigenen Entscheidungen wie auch das Urteil und die Reaktion der Öffentlichkeit und der Wirtschaft vielleicht irritiert hat. Da sich der Haushaltsabschluß schon für das Jahr 1975 sehr viel positiver darstellte, als man es noch bei der Aufstellung des Nachtragshaushalts im August erwartet hatte, konnten sich die Konsolidierungsanstrengungen zur Erreichung der ange-

Tabelle 14

Phasen der Planung und des Vollzugs der Bundeshaushalte 1975 und 1976
in Mrd.DM

Jahr	Ausgaben	Einnahmen	Finanzierungssaldo
		Haushalt 1975	
Haushaltsplan 1975 incl. Nachtragshaushalt	161,5	117,0	44,5
Ist-Haushalt 1975	158,8	123,8	35,0
		Haushalt 1976	
Finanzplan 1974-1978 (Juli 1974)	169,7	150,5	19,2
"Fortschreibung 1974/75 bis 1978/79"	180,6	128,7	51,9
Konsolidierung	-12,5	+0,5	13,0
Finanzplan 1975-1979 (10.9.75)	168,1	129,2	38,9
Haushaltsplan 1976 (20.5.76)	164,0	131,3	32,7
Ist-Haushalt 1976	165,2	136,6	28,6

Quellen:
Finanzbericht 1975, S.104,
Finanzbericht 1976, S.110,
eigene Berechnungen.

strebten ausgaben- und einnahmenpolitischen Entwicklung weit unter den genannten 100 Mrd. DM halten.

b) Finanzgebarung im Jahr 1976

Der Haushaltsplan für das Jahr 1976 wurde am 20. Mai 1976 verabschiedet. Da sich seit Verabschiedung der Finanzplanung 1975 bis 1979 im September 1975 die konjunkturelle Situation deutlich verbessert hatte, konnte das geplante Finanzierungsdefizit des Bundes um 6,2 Mrd. DM auf 32,7 Mrd. DM gesenkt werden. In den Finanzplan 1975 bis 1979, der eine Reduzierung des Defizits gegenüber der „Fortschreibung 1974/75 bis 1978/79" von 13 Mrd. DM vorsah, waren neben Kürzungen bei vorwiegend konsumtiven Ausgaben gegenüber den Ansätzen im Finanzplan 1974 bis 1978 vor allem die Einsparungen durch das Haushaltsstrukturgesetz eingegangen, die sich ebenfalls vorwiegend auf konsumtive Ausgaben und auf den Abbau von Steuervergünstigungen bezogen.

Die Ausgabenkürzungen nach dem Haushaltstrukturgesetz, die ich oben schon generell aufgezählt habe, waren am höchsten bei den Zuschüssen an die Bundesanstalt für Arbeit, beim öffentlichen Dienst und bei Ausgaben im Bereich des Bundesministerium für Arbeit und Sozialordnung. Die Kürzung bei den Zuschüssen an die Bundesanstalt für Arbeit wurde dank einer Erhöhung des Beitrags zur Arbeitslosenversicherung von 2 auf 3 % ermöglicht; sie sollte so lang aufrechterhalten bleiben, bis sich die Arbeitsmarktsituation und damit die finanzielle Lage der Bundesanstalt für Arbeit verbessert hätte. Die Einsparungen im öffentlichen Dienst bezogen sich auf maßvolle Tarifabschlüsse sowie die Verringerung von Personalverstärkungsmitteln. Im Bereich des Bundesministeriums für Arbeit und Sozialordnung wurden verschiedene Leistungen nach Voraussetzung und Höhe vermindert.

Vom Volumen her kleinere Einsparungen betrafen den Bereich Wohnungswesen und Städtebau; sie wurden vor allem über die Aussetzung der Wohngeldanpassung erreicht. Subventionen im Bereich der Landwirtschaft wurden überwiegend durch Korrekturen offenkundiger Fehlentwicklungen abgebaut[24]. Im Bereich Wissenschaft und Bildung wurden die Leistungen nach dem Bundesausbildungsförderungsgesetz und dem Graduiertenförderungsgesetz geändert. Im Bereich Forschung und Technologie sollten die Einsparungen vor allem im Sektor nationale Weltraumforschung und Förderung von Transport- und Verkehrstechnologien vorgenommen werden. Im Bereich der zivilen Verteidigung wurden u. a. die Zuschüsse zum Schutzraumbau gekürzt.

Die drei expansiv orientierten Programme bzw. Maßnahmen des Jahres 1976 sind eindeutig auf die Förderung der Angebotsseite gerichtet. Es handelt sich um:

---

[24] Vgl. Staatshaushalt 1976 — Nochmals hohes Defizit ... in: DIW-Wochenbericht, Heft 48-49/1975, S. 407-412, S. 411.

(1) das Sonderprogramm für Arbeitsförderungsmaßnahmen vom 28.1.1976;

(2) die Einführung des Verlustrücktrags vom 20.4.1976 und

(3) das arbeitsmarktpolitische Programm vom 10.11.1976.

Für das „Sonderprogramm für Arbeitsförderungsmaßnahmen" (1) war ein Volumen von 200 Mio. DM angesetzt. Die Hälfte der vorgesehenen Mittel sollten privaten und öffentlichen Arbeitsgebern als Zuschüsse oder Darlehen gewährt werden, wenn sie Arbeitslosen, die von der Arbeitsmarktlage besonders betroffen waren und außerhalb des Hoch- und Tiefbaus arbeiteten, Arbeitsgelegenheiten boten. Die andere Hälfte des Programms sollte über Bildungsmaßnahmen dazu beitragen, die Jugendarbeitslosigkeit zu verringern.

Mit der im April erfolgten Verabschiedung der Einführung eines Verlustvortrages (2) wurde angestrebt, das Investitionsklima dadurch zu verbessern, daß das Risiko von Fehlinvestitionen zum Teil vom Staat übernommen wurde. Für das Jahr 1976 sollten sich die hieraus ergebenden Steuermindereinnahmen auf insgesamt etwa 300 Mio. DM belaufen.

Das im November beschlossene weitere arbeitsmarktpolitische Programm (3) sollte insbesondere den Problemgruppen des Arbeitsmarktes zugute kommen. Das Volumen belief sich auf 1,53 Mrd. DM. Daraus sollten Arbeitsbeschaffungsmaßnahmen, Mobilitäts- und Eingliederungshilfen, arbeitsfördernde Maßnahmen für Schwerbehinderte, berufliche Bildungsmaßnahmen für Jugendliche und ähnliches finanziert werden.

Soweit diese — in ihrem Volumen ja eher bescheidenen Programme — noch im Jahre 1976 ausgaben- bzw. einnahmenwirksam wurden, gingen sie in das Haushaltsergebnis des Jahres 1976 ein. Dieses fiel in den Ausgaben um 1,2 Mrd. DM höher und in den Einnahmen um 5,1 Mrd. DM höher aus als es im Haushaltsplan vorgesehen war, so daß sich das Defizit um 4,1 Mrd. DM auf 28,6 Mrd. DM ermäßigte.

c) Finanzgebarung im Jahr 1977

In die „Fortschreibung 1974/75 bis 1978/79", die die voraussichtliche Entwicklung des Bundeshaushalts 1977 ohne die Einleitung konsolidierungpolitischer Maßnahmen widerspiegelte, waren gegenüber dem Finanzplan 1974 bis 1978 die Ausgaben um 6,5 Mrd. DM höher, die Einnahmen um 21,9 Mrd. DM niedriger und dementsprechend das Finanzierungsdefizit um 28,4 Mrd. DM höher angesetzt.

In den Finanzplan 1975 bis 1979 gingen die Konsolidierungsabsichten der Bundesregierung wie schon im Vorjahr in Form von Ausgabenkürzungen und Einsparungen durch das Haushaltsstrukturgesetz ein. Dazu kamen

(4) Einnahmensteigerungen durch die Erhöhung der Tabaksteuer um 18 % und der Branntweinsteuer um 20 % zum 1.1.1977 und

(5) Einnahmensenkungen durch die Ablehnung der Erhöhung der Umsatzsteuer, die Mehreinnahmen von 7 Mrd. DM bringen sollte, die in der Planung noch eingesetzt waren.

(6) Als weitere Maßnahme, von der Einnahmenminderungen ausgehen können, ist noch das Körperschaftsteuerreformgesetz zu nennen; die Einnahmensenkungen traten allerdings aus später zu erörternden Gründen nicht auf.

Das von der Bundesregierung angestrebte Konsolidierungsziel bestand für das Jahr 1977 in einer Reduktion des Defizits um 26,6 Mrd. DM auf 22,0 Mrd. DM.

Der Finanzplan 1975 bis 1979, der im Herbst 1975 aufgestellt worden war, sah für 1977 Ausgaben in Höhe von 173,2 Mrd. DM, Einnahmen von 151,2 Mrd. DM und dementsprechend einen Finanzierungssaldo von 22 Mrd. DM vor. Aufgrund der Entwicklung im Jahre 1976 wurden diese Ansätze in der mittelfristigen Finanzplanung 1976 bis 1980 am 26.1.1977 leicht korrigiert. In diese Planung sind die im Jahr 1976 beschlossenen Maßnahmen mit ihren erwarteten finanzpolitischen Wirkungen bereits aufgenommen:

Das im November 1976 beschlossene arbeitsmarktpolitische Programm (3)[25] mit einem Volumen von 1,53 Mrd. DM wurde mit dem Großteil der Maßnahmen erst im Jahre 1977 ausgabenwirksam. Auch die im April 1976 verabschiedete Einführung des Verlustrücktrags (2)[26] dürfte sich erst im Jahre 1977 mit Steuermindereinnahmen von etwa 0,1 Mrd. DM ausgewirkt haben.

Während diese beiden Maßnahmen — wie schon erwähnt — betont angebotspolitisch konstruiert waren, lag der Ablehnung der Umsatzsteuererhöhung (5) durch den Bundesrat die — nachfragetheoretische — Überlegung zugrunde, daß der erwartete Entzugseffekt von ca. 7 Mrd. DM Steuermehreinnahmen angesichts der sich inzwischen abzeichnenden Abschwächungstendenzen der Wirtschaft nicht mehr vertretbar sei.

Die mit der Reform des Körperschaftsteuergesetzes (6), die im Sommer 1976 beschlossen wurde und zum 1. Januar 1977 in Kraft trat, angestrebte Beseitigung der Doppelbelastung der ausgeschütteten Gewinne der Kapitalgesellschaften war wieder mehr angebotspolitisch orientiert, da damit eine Anregung der Investitionstätigkeit angestrebt wurde.

Auch in den fünf Monaten bis zur Verabschiedung des Bundeshaushaltsplans 1977 am 24.6.1977 wurden nur unwesentliche Korrekturen gegenüber den im Finanzplan 1976 bis 1980 vorgesehenen Ansätzen vorgenommen. In den Bundeshaushaltsplan 1977 sind zusätzlich noch folgende expansiv orientierte Maßnahmen eingegangen:

---

[25] Siehe S. 141.

[26] Siehe S. 141.

(7) am 2. März 1977 wurde ein Gesetzentwurf über steuerliche Vergünstigungen bei der Herstellung oder Anschaffung bestimmter Wohngebäude, der rückwirkend zum 1. Januar in Kraft treten sollte;

(8) am 23.3.1977 das Programm für Zukunftsinvestitionen und

(9) am 25.5.1977 weitere Maßnahmen zur Stützung der Bauwirtschaft und zur Bekämpfung der Arbeitslosigkeit

beschlossen.

Das Gesetz über steuerliche Vergünstigungen bei der Herstellung oder Anschaffung bestimmter Wohngebäude (7) brachte eine Erweiterung der Abschreibungsvergünstigungen des § 7b EStG auf Altbauten und eine Befreiung von der Grunderwerbsteuer. Als Begründung der Gesetzesänderung wurden vermögenspolitische, städtebauliche und wohnungspolitische Ziele genannt; der Bundesminister für Raumordnung, Bauwesen und Städtebau sprach davon, daß damit „wesentliche neue Akzente in der Städtebau- und Wohnungspolitik" gesetzt werden sollten[27]. Als konjunkturpolitischer Nebenzweck wurde damit sicher auch eine Anregung der Bauwirtschaft angestrebt. Die sich aus diesen Gesetzesänderungen ergebenden jährlichen Steuermindereinnahmen wurden für 1977 auf 0,8 Mrd. DM geschätzt.

Das Programm für Zukunfsinvestitionen vom 23. März 1977 (8) stellte in seiner längerfristigen Orientierung im Rahmen der bisher behandelten Maßnahmen der „Periode der aktiven Finanzpolitik" ein Novum dar. Es bedeutete mit der offensichtlich zugrundeliegenden Absicht, das Vertrauen der Wirtschaftssubjekte in die Finanzpolitik zu stabilisieren, in Intention und Ausgestaltung einen ähnlichen Einschnitt in der Finanzpolitik wie der Übergang zur Bekanntgabe von Geldmengenzielen in der Geldpolitik. In der konkreten Ausgestaltung verfolgte dieses Programm in seinen einzelnen Teilen eine jeweils verschiedene Kombination von wachstums-, struktur- und beschäftigungspolitischen Zielstellungen. Es war ein Volumen von 16 Mrd. DM für die Jahre 1977 bis 1980 vorgesehen, wobei 13,7 Mrd. DM von den Gebietskörperschaften durch Kreditaufnahme finanziert werden sollten. Schwerpunkte waren das Verkehrswesen mit 3,7 Mrd. DM, die Energieversorgung mit 1,3 Mrd. DM, die Wasserwirtschaft mit 4,1 Mrd. DM, eine bessere Wohnungsumwelt mit 4,1 Mrd. DM und ein Ausbildungsprogramm von 0,6 Mrd. DM. Die Bundesregierung hoffte, daß die untergeordneten Gebietskörperschaften das Programm durch eigenfinanzierte Projekte aufstocken und daß zusätzlich private Investitionen angeregt würden. Die zu fördernden Projekte sollten so ausgewählt werden, daß die Aufträge beschäftigungspolitisch möglichst effizient und die Infrastrukturinvestitionen mit geringen Folgekosten verbunden wären, aber hohe Sekundärwirkungen nach sich

27 Zur Änderung des § 7b EStG und des Grunderwerbsteuergesetzes. Beschluß des Bundeskabinetts vom 2. März 1977, in: Bulletin ..., Nr. 20 vom 4. März 1977, S. 183-184, S. 184.

ziehen würden. Für das Jahr 1977 rechnete man mit einer Auftragsvergabe von etwa 3,5 Mrd. DM.

Das im Mai 1977 beschlossene neue Programm (9) sollte die Bauwirtschaft stützen und die Arbeitslosigkeit bekämpfen. Dem ersteren Ziel sollte die Erweiterung des wohnungspolitischen Regionalprogramms 1977 dienen. Insbesondere wurde damit angestrebt, den Rückgang der Wohnungsbautätigkeit in Stadtregionen und die damit verbundenen Freisetzungseffekte auf dem Arbeitsmarkt zu vermeiden. Zur kurzfristigen Bekämpfung der Arbeitslosigkeit wurden für Arbeitsbeschaffungsmaßnahmen nach dem Arbeitsförderungsgesetz zusätzlich 0,6 Mrd. DM zur Verfügung gestellt. Daneben wurde die Einräumung von zusätzlichen 1600 Planstellen für Vermittler und Berufsberater bei der Bundesanstalt für Arbeit sowie die Überprüfung von Maßnahmen vorgesehen, die die Vermittlungsbereitschaft und -fähigkeit von Arbeitslosen fördern könnte.

Obwohl diese Maßnahmen zum Teil im Jahre 1977 noch haushaltswirksam wurden, hat sich der Haushaltsabschluß gegenüber dem -voranschlag nur geringfügig geändert: er schloß in den Ausgaben mit 172,4 Mrd. DM, in den Einnahmen mit 149,8 Mrd. DM und dementsprechend mit einem Defizit von 22,6 Mrd. DM ab.

Für einen Überblick über die einzelnen Phasen der Haushaltsplanung und -durchführung 1977 stelle ich in der Tabelle 15 (S. 145) die einzelnen Schritte nochmals zusammen:

Auch hier gilt wie für das Jahr 1976, daß die „Fortschreibung 1974/75 bis 1978/79", die im August / September 1975 aufgestellt wurde, das Finanzierungsdefizit zu hoch angesetzt hatte.

Im weiteren Planungsvollzug ergaben sich von der Aufstellung des Finanzplans 1975 bis 1979 im September 1975 bis zum Abschluß des Haushalts Ende 1977 keine wesentlichen Veränderungen. Dies betrifft neben dem Finanzierungsdefizit auch die Einnahmen- und Ausgabenseite des Budgets. Dies ist verwunderlich, da in der Zeit von September 1975 und der Aufstellung des Haushaltsplans am 24.6.1977 mehrere expansive finanzpolitische Maßnahmen von nicht unerheblichem Gewicht beschlossen bzw. in diesem Zeitraum noch wirksam wurden; es weist darauf hin, daß die allgemeinen Ansätze im Umfang der zusätzlichen Ausgaben nicht ausgeschöpft wurden.

Vergleicht man die Ist-Haushalte der Jahre 1976 und '77, so zeigt sich, daß 1977 die Nettoneuverschuldung gegenüber dem Vorjahr um 6 Mrd. DM abgenommen hat. Dabei stiegen die Ausgaben um über 7 Mrd. DM an, die Einnahmen erhöhten sich jedoch um mehr als 13 Mrd. DM. Der Konsolidierungserfolg ist damit — wie schon im Vorjahr — vor allem auf die positive Entwicklung der Einnahmenseite zurückzuführen; diese Entwicklung trat trotz Ablehnung der Umsatzsteuererhöhung für 1977 ein.

Tabelle 15

Phasen der Planung und des Vollzugs des Bundeshaushalts 1977

	Ausgaben	Einnahmen in Mrd.DM	Finanzierungs-saldo
Ist-Haushalt 1976	165,2	136,6	28,6
	Haushalt für 1977		
Finanzplan 1974-1978 (Juli 1974)	184,6	164,1	20,5
"Fortschreibung 1974/75 bis 1978/79"	190,8	142,2	48,6
Konsolidierung	-17,6	+9,0	-26,6
Finanzplan 1975-1979 (10.9.75)	173,2	151,2	22,0
Finanzplan 1976-1980 (26.1.77)	171,8	148,6	23,2
Haushaltsplan 1977 (24.6.77)	171,3	150,2	21,1
Ist-Haushalt 1977	172,4	149,8	22,6

Quellen:
Finanzbericht 1975, S.104, Finanzbericht 1976, S.110, Finanzbericht 1977, S.110, eigene Berechnungen.

III. Stellungnahmen zur Konsolidierungspolitik 1976/77

Die im Laufe des Jahres 1975 sprunghaft ansteigende öffentliche Verschuldung hatte ab Mitte des Jahres eine Reihe von wissenschaftlichen Institutionen veranlaßt, der Bundesregierung — auch wenn kurzfristig noch gezielte expansive Maßnahmen nötig sein sollten — die sofortige Einleitung eines nachhaltigen Konsolidierungskurses nahezulegen. Nachdem die reale Wachstumsrate, die im Jahr 1976 sprunghaft von –1,4 % im Vorjahr auf 5,6 % angestiegen war (I. Halbjahr 1976: 6,2 %, II. Halbjahr 1976: 5 %), im Jahr 1977 auf 2,7 % zurückging (I/1977: 2,9 %, II/1977: 2,4 %), wurde allgemein von einem frühzeitigen Abbruch des Aufschwungs gesprochen und der Konsolidierungspolitik von vielen Seiten — darunter auch Institutionen, die diese Politik nachdrücklich empfohlen hatten — die Verantwortung dafür zugesprochen. Ich möchte nachstehend einige solcher Stellungnahmen dokumentieren.

1. Äußerungen des Deutschen Instituts für Wirtschafsforschung, Berlin (DIW)

Das DIW nahm im Hinblick auf die Notwendigkeit eines Konsolidierungskurses im Chor der Ratgeber von vornherein eine zurückhaltende Position ein: Wie ich oben (S. 131) schon zitiert habe, vertrat das Institut Mitte 1975 noch nachdrücklich die Auffassung, daß im Jahr 1976 im Hinblick auf die hohe Arbeitslosigkeit weiterhin eine expansive Politik angezeigt sei und daß erst 1977 das Jahr der Konsolidierung werden dürfe; auch dann sei jedoch auf die Kräfte der Selbstkonsolidierung noch nicht uneingeschränkt zu vertrauen.

Ende Januar stellte das Institut fest: „Die Finanzpolitik sollte ihre Bemühungen um den Abbau der Finanzierungsdefizite mit dem konjunkturellen Erholungsprozeß abstimmen. Der Staat muß also auf eine zu rasche Verringerung dieser Defizite verzichten, die dann, gleich ob sie über Ausgabendrosselung oder Steuererhöhung versucht wird, den Aufschwung gefährden würde“[28]. Gegenwärtig sei eine sichere Aussage darüber, wie dauerhaft der Aufschwung sein wird, nicht möglich, weil verschiedene wirtschaftliche Risiken noch nicht gebannt seien[29]. Im Verlauf des Jahres 1976 wiederholte das Institut die schon Mitte 1975 geäußerte Auffassung: „Im Jahr 1977 werden Maßnahmen zu einer nachhaltigen Senkung der Finanzierungsdefizite von der konjunkturellen Lage her begünstigt. Forcierte Bemühungen, die Haushaltsdefizite zu verringern, könnten indes den konjunkturellen Aufschwung gefährden. So wäre es ein Fehler, nur deshalb zu drastischen

---

[28] Grundlinien der Wirtschaftsentwicklung 1976. Westliche Industrieländer am Beginn eines Aufschwungs, in: DIW-Wochenbericht, Heft 3-4/1976, S. 15-30, S. 30.

[29] ebenda, S. 28 ff.

Ausgabenkürzungen zu greifen, weil der Weg über Einnahmen- (Steuer)erhöhungen politisch versperrt ist“[30].

Belies es das DIW im Jahre 1976 noch bei solchen Warnungen vor einer zu forcierten Konsolidierung, so übte es in den folgenden Jahren zunehmend schärfere Kritik an der Finanzpolitik: „Aus Furcht vor noch höheren Defiziten und wohl auch unter dem Druck der öffentlichen Meinung haben die Gebietskörperschaften in den beiden vergangenen Jahren auf eine konsequente antizyklische Ausgabenpolitik verzichtet. Angesichts des Beschäftigungseinbruches und der nur zaghaften konjunkturellen Belebung wären 1976 forcierte Ausgabensteigerungen gerade bei den Sachkäufen und Investitionen notwendig gewesen. Ein Vergleich dieser Ausgaben mit den Ansätzen der rezessionsfreien Finanzplanung 1974 bis 1978 zeigt, daß das damals anvisierte Ausgabenniveau sogar deutlich unterschritten wurde, obgleich schon zu jenem Zeitpunkt die Ansätze eher zurückhaltend waren ... Zieht man das Fazit, so hätte eine stärkere Orientierung an der Finanzplanung 1974 bis 1978 eine Verminderung der durchschnittlichen Arbeitsquote um etwa einen Prozentpunkt ermöglicht ...[31].

Im August 1977 wird eine klare Schuldzuweisung ausgesprochen: „Der Konjunkturaufschwung in der Bundesrepublik ist im zweiten Quartal dieses Jahres zum Stillstand gekommen. Chancen für einen baldigen Übergang zu einem sich selbst tragenden Aufschwung bei hohem Expansionstempo — eine für die Lösung der Arbeitsmarktprobleme unabdingbare Voraussetzung — bestehen kaum noch. Diese Chancen sind im Winterhalbjahr 1976/77 mit dem Festhalten der Finanzpolitik am Ziel der Konsolidierung vergeben worden ...

Die entscheidende Lehre aus dem Erlahmen der Aufschwungskräfte im ersten Halbjahr 1977 ist, daß alle Möglichkeiten der öffentlichen Haushalte zur Ausweitung der Nachfrage in solchen Aufgabenbereichen, in denen Bedarf vorhanden ist, entschieden und ohne zögern gelöst werden müssen“[32].

Wenige Wochen später werden diese Bemerkungen durch Hinweise auf die restriktiven Wirkungen der zunehmenden Steuereingänge ergänzt: „... restriktiv wirkte ... nicht allein die Sparsamkeit beim Ausgabenvollzug, sondern auch die kräftige Abschöpfung von privater Kaufkraft ... Der Aufschwung in der Bundesrepublik Deutschland ist früher, als es mit den bisherigen Erfahrungen über die Länge einer zyklischen Aufschwungsphase erklärt werden kann, zu Ende gegangen. Der Gipfel des Aufschwungs wurde bei einem Produktionsniveau erreicht, für den die technische Produktionskapazität in den meisten Wirtschaftszweigen,

---

30 Zur Wirtschaftslage. Konjunkturaufschwung in der Wirtschaft festigt sich, in: DIW-Wochenbericht, Heft 24/1976, S. 233-239, S. 239.

31 Konsolidierung der öffentlichen Haushalte erschwert Abbau der Arbeitslosigkeit, in: DIW-Wochenbericht, Heft 18/1977, S. 149-154, S. 154.

32 Aufschwung in der Bundesrepublik Deutschland zum Stillstand gekommen. Ergebnisse der vierteljährlichen Volkswirtschaftlichen Gesamtrechnung für das 2. Quartal 1977, in: DIW-Wochenbericht, Heft 34/1977, S. 195-300, S. 298 f.

vor allem aber das Arbeitskräftepotential, nicht befriedigend ausgelastet waren . . .[33]".

Das Gesamturteil wird im letzten Quartal 1978 dahingehend zusammengefaßt: „Untersucht man die Wirkungen, die von den öffentlichen Haushalten von dem Zeitpunkt an, als der konjunkturelle Abschwung erkennbar wurde — nämlich im zweiten Halbjahr 1973 —, auf die gesamtwirtschaftliche Entwicklung ausgegangen sind, so muß per saldo der Finanzpolitik eine prozyklische, krisenverschärfende Ausrichtung attestiert werden . . . Nachdem 1974/75 eine — wenn auch nur gemäßigt — expansive Finanzpolitik verhindert hatte, daß der Einbruch in der ökonomischen Entwicklung noch stärker ausfiel, als es tatsächlich der Fall war, gingen in der Folgezeit von den öffentlichen Haushalten eindeutig krisenverschärfende Wirkungen aus"[34].

Die Begründung für die falsche Politik wird in der Verfolgung einer falschen Theorie gesehen: „Diese Politik war faktisch einem Konzept gefolgt, das im Widerspruch zu den fundamentalen Erkenntnissen der Keynes'schen Theorie und damit zu den Intentionen des Stabilitäts- und Wachstumsgesetzes stand. In Einklang mit der Mehrheit der maßgeblichen Institutionen in der ökonomischen Politikberatung, aber auch in Übereinstimmung mit dem Credo der zahlreichen Interessenverbände und der Wirtschaftspresse, wurde eine wirtschaftspolitische Strategie entwickelt, die weitgehend neoklassischen Denkmustern entsprach"[35].

2. Äußerungen des Sachverständigenrates zur Begutachtung der gesamtwirtschaftlichen Entwicklung

Der Sachverständigenrat hatte sich in seinem Sondergutachten vom August 1975 und im Jahresgutachten 1975/76 unter dem Motto „Expansion und Konsolidierung zugleich" (JG 1975/76, TZ 384 ff.) dafür eingesetzt, daß die Finanzpolitik im Jahr 1976 zwar insgesamt noch expansiv sein sollte, daß aber die Konsolidierung schon in den ersten Schritten der Haushaltsplanung im Jahr 1975 vorbereitet und angekündigt werden und ab 1976 einsetzen müsse.

Im November 1976 beurteilt der Sachverständigenrat die konjunkturelle Situation noch dahingehend, daß „für einen Fortgang des Aufschwungs" mehr spricht „als für eine Umkehr der konjunkturellen Entwicklung"[36] und stellt retrospektiv über die Finanzpolitik des Jahres 1976, die weitgehend seinen Empfehlungen entsprach, fest: „So gesehen waren die Expansionsprogramme (der Jahre 1974

---

33 Bundesrepublik Deutschland: Expansive Staatsausgaben trotz leichter konjunktureller Aufhellung weiterhin erforderlich, in: DIW-Wochenbericht, Heft 39/1978, S. 357-377, S. 377.

34 D. Vesper (1978): Versäumnisse der Finanzpolitik — Zukunftsorientierung tut Not, in: Vierteljahreshefte zur Wirtschaftsforschung 1978, S. 301-314, S. 301 f.

35 ebenda, S. 301.

36 SVR: JG 1976/77, TZ 60.

und ’75, A. E.) ein Beitrag zur Verhinderung eines noch tieferen Abschwungs, während die ersten Schritte zur Konsolidierung, die im Herbst 1975 getan wurden, ein Beitrag zum Aufschwung waren“[37].

Ein Jahr später — im November 1977 — revidierte der Rat seine Beurteilung und stellte fest, daß das von ihm unterstützte Konzept einer Konsolidierung der öffentlichen Haushalte nicht erfolgreich war: „Die Wirtschaftspolitik der vergangenen Jahre hat eine Schlappe erlitten. Ausgerichtet darauf, die Inflation zu überwinden, im staatlichen ebenso wie im privaten Bereich der Wirtschaft die Verzerrungen zu beseitigen, die aus dem inflatorischen Übermaß an Ansprüchen entstanden waren, hat sie mit dem Konzept der mittelfristigen Orientierung in der Geldpolitik und der Finanzpolitik auf die Selbstheilungskräfte der Marktwirtschaft gesetzt, hat diese Kräfte zu unterstützen, nicht zu ersetzen versucht. Der entscheidende Erfolg, das Ingangsetzen eines sich selbst tragenden, kräftigen, aber doch nicht wieder inflationsgefährdenden Aufschwungs, hat auf sich warten lassen. Das Konzept, das diese Schlappe erlitten hat, ist im Prinzip auch das Konzept, für das der Sachverständigenrat geworben hat“[38].

Der Rat verteidigt aber gleichzeitig die Politik der Regierung und damit auch seine Empfehlungen: „Für die Chance, die mittelfristig erforderliche Konsolidierung in einem Kraftakt zu bewältigen, mußte sie (die Finanzpolitik, A. E.) das Risiko eingehen, die Aufschwungskräfte zu wenig zu stärken und damit den Fortgang des Aufschwungs zu verzögern. Die Finanzpolitik der Jahre 1976 und 1977 ist dieses Risiko eingegangen: 1976 hat sie den expansiven Impuls drastisch verringert, in diesem Jahr hat sie ihn weiter abgebaut . . . Da der konjunkturelle Aufschwung recht kräftig eingesetzt hatte, stand das Bemühen um Konsolidierung zunächst im Einklang mit den konjunkturellen Erfordernissen. Der Staat nahm seine Ansprüche an das Produktionspotential zurück. Damit war Raum gegeben für private Investitionen und Konsum . . . Daß der konjunkturelle Aufschwung schwächer ausfiel, als bis weit in das Jahr 1977 erwartet wurde, mußte der Politik der Konsolidierung Kritik einbringen. Im Nachhinein zeigte sich, daß das Maß an Konsolidierung zu groß war für einen so moderaten Aufschwung“[39].

In diesem Zusammenhang erinnert der Rat daran, „warum die Konsolidierung erforderlich geworden war und was sie zur Stabilisierung der Erwartungen auf mittlere Frist beigetragen hat. Sie war der Versuch, das Vertrauen der Privaten, das in der inflationären Phase der früheren siebziger Jahre gelitten hatte, wiederzugewinnen und deren Zukunftserwartungen zu verbessern“[40]. Dieser Vertrauensverlust beeinflußte insbesondere die Erwartungen über den Erfolg der staatlichen Konjunkturpolitik: „Private Haushalte und Unternehmen, die in dem hochschießenden Staatsdefizit ein Indiz für eine sich immer weiter ausbreitende Staatstätig-

[37] ebenda, TZ 56.
[38] SVR: JG 1977/78, TZ 335.
[39] ebenda, TZ 321.
[40] ebenda, TZ 321.

keit sahen, fürchteten um den Spielraum für eigene Aktivitäten in der Zukunft. Zudem nährte dieses Defizit die Inflationsfurcht"[41]. Als Erfolg der Konsolidierungspolitik wird konstatiert: „Die Befürchtungen jener wurden gedämpft, bei denen durch die hohe Staatsverschuldung Inflationsängste wachgehalten worden waren. Kurzfristig wurde den Privaten bei der von der Bundesbank vorgegebenen Geldpolitik ein größerer Finanzierungsspielraum eingeräumt. Mittelfristig wurde die Sorge der Privaten gemildert, daß der Staat ihren Aktivitäten im Weg stünde, wenn sich die wirtschaftliche Lage wieder normalisierte ... Hätte man bei der Konsolidierung weniger Risiko im Hinblick auf die mögliche Gefährdung der konjunkturellen Entwicklung eingehen wollen, dann hätte man bei der kurzfristigen Durchsetzung der Konsolidierung behutsamer vorgehen, dafür aber in den mittelfristigen Festlegungen entschiedener sein müssen"[42].

3. Äußerungen der fünf wirtschaftswissenschaftlichen Forschungsinstitute

Das Deutsche Institut für Wirtschaftsforschung, Berlin (Institut für Konjunkturforschung), das HWWA-Institut für Wirtschaftsforschung, Hamburg, das Ifo-Institut für Wirtschaftsforschung, München, das Institut für Weltwirtschaft an der Universität Kiel und das Rheinisch-Westfälische Institut für Wirtschaftsforschung, Essen veröffentlichen zweimal im Jahr ein Gemeinschaftsgutachten. Im Herbstgutachten 1975 warnen sie gedämpft vor einer zu harten Konsolidierungspolitik: „Insgesamt werden die stimulierenden Wirkungen (der Finanzpolitik, A. E.) im Jahr 1976 größer sein als die restriktiven. Der konjunkturanregende Einfluß der Finanzpolitik könnte jedoch schwinden, wenn der Abbau des Defizits forciert würde"[43]. Im Frühjahrsgutachten 1976 wird die konjunkturelle Entwicklung noch relativ optimistisch gesehen: „Die Aufwärtstendenz von Nachfrage und Produktion hat sich im Winterhalbjahr 1975/76 gekräftigt; bisher spricht alles dafür, daß sich der damit eingeleitete Konjunkturaufschwung fortsetzt. Die längste und tiefste Rezession der Nachkriegszeit ist überwunden"[44].

Im Herbst 1976 wird die wirtschaftliche Lage schon skeptischer beurteilt: „Die konjunkturelle Entwicklung in den Sommermonaten hat vielfach zu Zweifeln Anlaß gegeben, ob sich der Aufschwung, insbesondere der Investitionsaufschwung, nach der Sommerpause fortsetzen werde"[45]. Hinsichtlich der Inflations-

---

[41] SVR: JG 1977/78, TZ 319.

[42] ebenda, TZ 321 f.

[43] Die Lage der Weltwirtschaft und der westdeutschen Wirtschaft im Herbst 1975, in: Wirtschaftskonjunktur, Heft 10/1975, S. A1-A14, S. A10.

[44] Die Lage der Weltwirtschaft und der westdeutschen Wirtschaft im Frühjahr 1976, in: Wirtschaftskonjunktur, Heft 4/1976, S. A1-A12, S. A11.

[45] Die Lage der Weltwirtschaft und der westdeutschen Wirtschaft im Herbst 1976, in: Wirtschaftskonjunktur, Heft 10/1976, S. A9-A26, S. A16.

problematik fügt das DIW im Herbst hinzu: „Das Tempo des Aufschwungs ist so gemäßigt, daß auf absehbare Zeit die normalerweise in dieser Phase gegebene Gefahr einer Beschleunigung des Preisauftriebs als gering einzuschätzen ist. Das Aufschwungtempo läßt freilich auch keinen raschen Abbau der Arbeitslosigkeit zu“[46].

Im Frühjahr 1977 wird deutliche Kritik an der Konsolidierungspolitik geübt: „Die Konsolidierung der öffentlichen Haushalte hat zwar die Vertrauensgrundlage gefestigt, die wirtschaftliche Entwicklung aber auch negativ beeinflußt. Sie beeinträchtigte vor allem die Investitionen des Staates und entsprach insofern nicht den konjunktur- und wachstumspolitischen Erfordernissen“[47]. In der Beurteilung der wirtschaftlichen Situation gehen die Auffassungen der Institute zu diesem Zeitpunkt auseinander. Im Gutachten wird festgehalten, daß das Ifo-Institut und das Rheinisch-Westfälische Institut die wirtschaftliche Entwicklung ungünstiger beurteilen als die Mehrheit der Institute. Dennoch seien sich die an der Analyse beteiligten Institute einig darüber, „daß das Jahr 1977 zu der Anstiegsphase des Mitte 1975 eingeleiteten Konjunkturaufschwungs gehören wird; über die Stärke der Expansion gehen die Ansichten jedoch soweit auseinander, daß eine von allen Instituten gemeinsam getragene quantitative Prognose nicht vorgelegt werden kann“[48].

Das Ifo-Institut verstärkt Anfang 1978 seine Kritik an der Konsolidierungspolitik: „Die Konjunkturgerechtigkeitsmaße zeigen, daß diese Finanzpolitik der konjunkturellen Situation mit noch stark unterausgelasteten Kapazitäten und hohen Arbeitslosenquoten nicht angemessen war. Der Staat dürfte nicht unmaßgeblich daran beteiligt gewesen sein, daß der konjunkturelle Aufschwung Mitte 1976 ins Stocken geriet, noch ehe er sich gefestigt hatte. Die — nachträglich betrachtet — in dieser Phase überzogene Konsolidierungspolitik des Staates fiel nicht zufällig mit einem Stillstand in der Aufwärtsbewegung der Konjunktur zusammen“. Diese Kritik wird jedoch wieder relativiert: „Allerdings wäre es unredlich, dem Staat die Alleinschuld an dieser Entwicklung zu geben. Weithin wurde die Eigendynamik der konjunkturellen Erholung überschätzt und hohe staatliche Defizite in einem Konjunkturaufschwung als Störfaktor für den Kapitalmarkt und als psychologischer Ballast deklariert. Der Staat sah sich so zu einer energischen Konsolidierungspolitik getrieben, die aufgrund der reichlich sprudelnden Steuereinnahmen stärker als geplant voranschritt, und Mitte 1976 mit einer Verringerung der Außenimpulse und einer nur mäßigen Konsumgüternachfrage zusammentraf“[49].

---

[46] ebenda, S. A19.

[47] Die Lage der Weltwirtschaft und der westdeutschen Wirtschaft im Frühjahr 1977, in: Wirtschaftskonjunktur, Heft 4/1977, S. A1-A8, S. A5 f.

[48] ebenda, S. A8.

[49] Möglichkeiten zur Konjunkturstabilisierung nur unzureichend genutzt. Versuch einer Erfolgskontrolle öffentlicher Haushalte seit Verabschiedung des Stabilitäts- und Wachstumsgesetzes, in: Wirtschaftskonjunktur, Heft 1/1978, S. A1-A20, S. A7.

4. Ausgewählte Äußerungen einzelner Autoren

Ein weitgehend negatives Urteil zur Konsolidierungspolitik vertritt G. Müller vom Wirtschafts- und Sozialwissenschaftlichen Institut des Deutschen Gewerkschaftsbundes: „Nur eine konsequente Fortsetzung der expansiven Finanzpolitik des Jahres 1975 hätte den Aufschwung im 2. Halbjahr 1976 retten können. Statt dessen waren die öffentlichen Haushalte, in dieser Politik vom Sachverständigenrat stark unterstützt, dazu übergegangen, ihre Finanzierungsdefizite kräftig zu reduzieren. In der Entwicklung der staatlichen Ausgaben schlug sich dies deutlich nieder. Bei real sinkenden Investitionen und nur geringfügig wachsendem Staatsverbrauch waren die Gesamtausgaben des Staates 1976 und 1977 stagnativ. So war es nicht überraschend, daß der Konjunkturaufschwung ausblieb, sondern daß sich das Wachstum des privaten Sektors mehr oder minder im Ausmaß des wachsenden Porduktionspotentials überhaupt fortsetzte ...

Zu einem endogenen Aufschwung, also einem selbständigen Anwachsen der gesamtwirtschaftlichen Nachfrage über das Wachstum des Produktionspotentials hinaus, aber kam es trotz 1976 weiter stark verbesserter Profitaussichten nicht. Diese werden gerade auch durch die Finanzierungsdefizite des Staates gestützt, denn kreislaufanalytisch schlagen sich staatliche Finanzierungsdefizite bei gegebener Gesamtnachfrage in zusätzlichen Gewinnen der Unternehmer nieder. Der Sachverständigenrat dagegen fürchtete, daß eine weitere stark wachsende Staatsverschuldung die privaten Investoren verunsichern und deren Investitionstätigkeit darunter leiden würde. Wie wenig sachlich begründet derartige Ängste aber waren, zeigte sich dann 1978/79 als vor allem durch eine wieder expansivere Haushaltspolitik der unterbrochene Aufschwung fortgesetzt werden konnte, und so endlich auch die private Investitionstätigkeit verstärkt in Gang kam“[50].

Zu einem etwas zurückhaltenderen, aber tendenziell doch eher negativen Urteil über die Konsolidierungspolitik kamen M. Burret u. a.: „Die rasche Verminderung der öffentlichen Neuverschuldung und damit der konjunkturellen Impulse dürfte ... insgesamt zu den konjunkturellen Schwächetendenzen 1976/77 maßgeblich beigetragen haben. Mit der vorrangigen Verfolgung des Konsolidierungsziels ab Jahresende 1975 waren die öffentlichen Instanzen — gewollt oder ungewollt — das Risiko eines nach dem Auslaufen der Konjunkturprogramme von 1974 und 1975 naheliegenden, relativ abrupten gesamtwirtschaftlichen Nachfrageeinbruchs eingegangen ... Eine behutsamere Reduzierung des Finanzierungsdefizits wäre 1976 also nicht nur aus nachfragepolitischer Sicht angemessen, sondern wohl auch kreditmarktpolitisch ohne große Restriktionen finanzierbar gewesen ... Aus den Überlegungen ... kann insgesamt gefolgert werden, daß die öffentlichen Instanzen — im nachhinein betrachtet — die Haushaltsdefizite 1976 zunächst zu rasch verminderten und im Jahre 1977 zu spät auf einen expansiveren Kurs

---

[50] G. Müller (1980): Die Rolle der staatlichen Konjunkturpolitik bei Entstehung und Verlauf der Krise seit 1973, in: WSI-Mitteilungen, Heft 4/1980, S. 174-186, S. 183.

umschalteten; eine langsamere Verringerung der Finanzierungssalden im Jahr 1976 hätte vermutlich den konjunkturpolitischen Handlungsbedarf für 1977 entscheidend verringert und damit wiederum den Konsolidierungsspielraum für die Jahre 1977 bis 1979 etwas verbreitert“[51].

T. Sarrazin ist der Meinung, daß die Finanzpolitik von 1974 bis 1979 überwiegend prozyklisch gewirkt hat: „Sie hat zwar 1974/75 den Konjunktureinbruch entscheidend abgemildert, aber durch ihr prozyklisches Verhalten zu Beginn der 70er Jahre wahrscheinlich zur Schärfe der Stabilisierungskrise beigetragen. 1976/77 hat sie die Entfaltung eines selbst tragenden Aufschwungs verhindert, 1978/79 die im Aufschwung liegende Chance zur deutlichen Rückführung der Staatsverschuldung nicht genutzt“[52].

Eine gewisse Verteidigung der Konsolidierungspolitik kann man aus den von W. Ehrlicher und B. Rohwer verfaßten „Chroniken“ 1976 und 1977 des Finanzarchivs herauslesen: „Betrachtet man die Finanzpolitik der öffentlichen Haushalte im Zusammenhang der konjunkturellen Entwicklung seit 1975, so drängt sich im nachhinein die Frage auf, ob die Ende 1975 eingeleiteten Konsolidierungsbemühungen im Jahre 1976 überzogen wurden und zur Abschwächung der Auftriebstendenzen in der zweiten Jahreshälfte 1976 beigetragen haben und ob die öffentliche Hand im Falle einer behutsameren Konsolidierungsstrategie einen Teil der in den Jahren 1977 und 1978 zur Konjunkturstützung eingesetzten Mittel hätte einsparen können. Auch ex-post läßt sich in dieser Frage ein eindeutiges Urteil nicht fällen. In der Chronik des Vorjahres (1976, A. E.), in der wir uns eingehender mit diesem Problem beschäftigt haben, gelangten wir zu dem Ergebnis, daß die Finanzierung eines wesentlich höheren Defizits im Jahre 1976 vermutlich relativ rasch zu einer Störung des Kapitalmarktes und damit einer Beeinträchtigung des Vertrauens in die weitere Wirtschaftsentwicklung geführt hätte. Wir begründeten dies damit, daß die fiskalische Konsolidierung nicht nur aus mittel- bis längerfristigen Zielstellungen, sondern auch aus kurzfristigen stabilisierungspolitischen Forderungen notwendig war, da die öffentliche Neuverschuldung 1975 an Grenzen gestoßen war, bei deren Überschreiten man nachhaltige negative Reaktionen der Wirtschaftseinheiten zu befürchten hatte“.

Wird die Einleitung der Konsolidierungspolitik im Jahr 1976 also weitgehend akzeptiert, so fragen die Autoren hinsichtlich der Fortsetzung dieser Politik, „ob die verantwortlichen Instanzen der Finanzpolitik wenn nicht in stärkerem Umfang, so doch schon früher — im zweiten Halbjahr 1976 oder zu Jahresbeginn 1977, als die konjunkturellen Dämpfungstendenzen deutlicher erkennbar wurden

---

51 M. Burret u. a. (1980): Die Finanzpolitik 1976 bis 1979 im Spannungsfeld zwischen Konjunkturstimulierung und Haushaltskonsolidierung, in: Kredit und Kapital, 13. Jg., Heft 4/1980, S. 469-505, S. 476 ff.

52 T. Sarrazin (1981): Das Lächeln der Sphinx — oder: Die Staatsverschuldung und die Krise der Globalsteuerung, in: Aus Politik und Zeitgeschichte. Beilage zur Wochenzeitung Das Parlament, 31. Jg., Beilage 38/1981, S. 3-23, S. 14.

— wieder auf einen expansiveren Kurs hätten umschalten sollen. Hier ist den Gebietskörperschaften jedoch zugute zu halten, daß zunächst (zum Jahresende 1976 und Jahresbeginn 1977) wenig Anlaß bestand, aus den konjunkturellen Indikatoren auf ein allgemeines Erlahmen der Aufstiegskräfte zu schliessen".

Zusammenfassend kommen die beiden Verfasser zu der Feststellung, daß es schwierig bleibe, eine abschliessende Beurteilung der öffentlichen Finanzpolitik der Jahre 1974 bis 1977 zu geben: „Während kaum Zweifel darüber bestehen dürften, daß ein Abbau der hohen öffentlichen Haushaltsdefizite zur Vermeidung unerwünschter Reaktionen im privaten Sektor und zur Erweiterung des konjunkturpolitischen Handlungsspielraums unumgänglich ist, kann man keine eindeutige Antwort auf die Frage geben, ob das realisierte Tempo der Konsolidierung dem Konjunkturverlauf angemessen war. Aus wachstums- und — zumindest kurzfristig — auch beschäftigungspolitischer Sicht haben die Gebietskörperschaften ihre Haushalte 1976 sicherlich allzu rasch konsolidiert und 1977 zu spät wieder auf einen expansiveren Kurs umgeschaltet. Im Hinblick auf die Kapitalmarkt- und Preisstabilität hätten von höheren Defiziten in den Jahren 1976 und 1977 hingegen unerwünschte Wirkungen ausgehen können. Damit bleibt die Antwort in gewissem Rahmen eine Wertentscheidung zwischen den wirtschaftspolitischen Zielen Geldwertstabilität und Wirtschaftswachstum"[53].

5. Äußerungen der Bundesregierung zur Kritik an ihrer Konsolidierungspolitik

Für die Bundesregierung nahm der Bundesminister der Finanzen H. Apel in seiner Einbringungsrede zum Haushaltsgesetz 1978 vor dem Deutschen Bundestag am 5. Oktober 1977 zur Kritik an der Konsolidierungspolitik Stellung: „In diesen Monaten wird der Finanzpolitik der Vorwurf gemacht, sie sei zentral und ursächlich dafür verantwortlich, daß der Wirtschaftsaufschwung der Jahre 1975/76, der auch in 1977 noch angehalten hat, zum Stocken gekommen sei. Ich kann diese Betrachtung so nicht akzeptieren. Man kann sicherlich im Nachhinein darüber reden, ob das Konsolidierungstempo nicht zu hoch gewesen ist. Zu meinen aber, die Finanzpolitik habe die eigentlichen Wachstumsverzögerungen verursacht, wäre eine schlimme Fehlinterpretation unserer marktwirtschaftlichen Ordnung und des Anteils des Bundes an der Schaffung unseres Bruttosozialprodukts ... Nun ist es selbstverständlich unvermeidlich, Kurs und Geschwindigkeit der Finanzpolitik neuen Gegebenheiten anzupassen ... Aber Finanzpolitik ist kein flinkes und wendiges Ruderboot, das sofort auf Ruder und Maschine anspricht. Vor allem aber ist die Finanzpolitik auf Voraussagen über die künftige gesamtwirtschaftliche Entwicklung in unserem Lande und weltweit angewiesen.

[53] W. Ehrlicher, B. Rohwer (1980): Chronik. Die öffentlichen Finanzen der Bundesrepublik im Jahr 1977, in: Finanzarchiv, N. F. Bd. 38, Tübingen 1980, S. 302-335, S. 333 ff.

Sie muß ihnen Rechnung tragen. Manche der für die wirtschaftlichen Projektionen Verantwortlichen machen es sich heute in der aktuellen Diskussion etwas zu leicht. Ein ‚stop-and-go' der Finanzpolitik ist weder möglich noch sinnvoll ... Worauf es ankommt, ist, die Marschgeschwindigkeit zu modifizieren und den Kurs zu richten, ohne dabei die generelle Linie in Frage zu stellen"[54].

IV. Konsolidierungspolitische Instrumente

1. Hauptprobleme der Analyse von Budgetwirkungen

a) Zur Kennzeichnung finanzpolitischer Wirkungen

Die vorstehenden Urteile reichen von einer weitgehenden Ablehnung der Konsolidierung, wie sie seitens des zitierten Mitglieds des Forschungsinstituts der Gewerkschaften vertreten wird, bis zu einer kaum eingeschränkten Verteidigung durch die Bundesregierung. In diesem Abschnitt will ich mich mit den Instrumenten der Analyse von Budgetwirkungen beschäftigen. Ich gehe dazu von einigen theoretischen Überlegungen über die finanzpolitischen Wirkungszusammenhänge aus.

Das marktwirtschaftliche System wird über das Zusammenwirken der Angebots- und der Nachfrageseite gesteuert. Die gesamtwirtschaftliche Nachfrage setzt sich aus den wiederholt genannten Nachfragekomponenten zusammen. Das in einer Periode angebotene Gütervolumen setzt sich aus den im Inland produzierten Gütern und den Importen von Gütern und Dienstleistungen zusammen. Dementsprechend kann das Bruttosozialprodukt von der Entstehungs- (Angebots)seite als Summe der Wertschöpfung der einzelnen Wirtschaftsbereiche und des Außenbeitrags, von der Verwendungs- (Nachfrage)seite als Summe der einzelnen Nachfragekomponenten errechnet werden.

Die Einflußmöglichkeiten der Finanzpolitik auf die beiden Marktseiten lassen sich nicht präzise abgrenzen. So stellt der Staat öffentliche Güter zwar bereit, indem er z. B. öffentliche Infrastrukturleistungen anbietet; insofern scheint eine Ausweitung der Infrastruktur zunächst eindeutig als eine angebotspolitische Maßnahme. Tatsächlich erfolgt die Produktion der zur Ausweitung der Infrastruktur benötigten Güter und Leistungen aber oft weitgehend durch die private Wirtschaft; eine Erhöhung des Ausgabenansatzes für Infrastruktur kann sich zunächst also in erster Linie als Steigerung der staatlichen Ausgabenkomponente der Gesamtnachfrage niederschlagen. Man muß also folgern, daß ein Ausbau der Infrastruktur sich dann als angebotsseitige Maßnahme darstellt, wenn man ihn aus der Perspektive sieht, daß dadurch Vorleistungen für die private Wirtschaft

[54] Haushaltsgesetz 1978 vor dem Deutschen Bundestag, in: Bulletin ..., Nr. 95 vom 5. Oktober 1977, S. 869-874, S. 870 f.

bereitgestellt werden, dadurch die private Produktion verbilligt und in vielen Fällen die Ausweitung der privaten Produktion über Raum- und Verkehrserschließung erst ermöglicht wird. Betrachtet man die Erhöhung der Staatsausgaben für den Ausbau der Infrastruktur unter dem Gesichtspunkt, daß dadurch Aufträge an die Bauwirtschaft und sonstige Bereiche vergeben werden, dann stellt sich die Ausgabenerhöhung als nachfrageseitige Maßnahme dar.

Ein weiteres Beispiel sind die incentive- oder disincentive-Effekte, die von staatlichen Einnahmen- oder Ausgabenvariationen ausgehen. Die Einstufung als nachfragepolitische Maßnahme ist eindeutig, wenn — etwa über eine Erhöhung der Transferzahlungen — steigende Konsumausgaben und damit multiplikative und akzelerative Anregungen der Produktion und der Beschäftigung angestrebt werden. Die Abgrenzung ist aber immer ambivalent, wenn es um eine Förderung der Investitionstätigkeit geht, da die Investitionen mit ihrem Kapazitätseffekt auf der Angebotsseite, mit ihrer Einkommenswirkung auf der Nachfrageseite der Wirtschaft angesiedelt sind.

b) Zur quantitativen Erfassung von Angebots- und Nachfragewirkungen

Zur quantitativen Abschätzung der Wirkungen der Finanzpolitik auf den Wirtschaftsablauf sind bisher von der theoretischen Forschung nur Instrumente entwickelt worden, die die Wirkungen auf die monetäre Gesamtnachfrage zu erfassen versuchen; für die Ableitung der Wirkungen auf das Angebot steht nur die verbale Argumentation zur Verfügung. Das mag historisch zum einen darin begründet sein, daß der Einbruch der Weltwirtschaftskrise von 1929-1932, der der konjunkturtheoretischen und -politischen Entwicklung starke Impulse gegeben hat, vorwiegend im Ausfall monetärer Gedsamtnachfrage bedingt war, zum anderen — damit natürlich in Verbindung stehend — daß Keynes diese nachfrageseitigen Zusammenhänge in ein geschlossenes theoretisches System gefaßt hat, das für die kommenden drei bis vier Jahrzehnte das ökonomische Denken stark beeinflußt hat.

Diese Begründung allein ist angesichts der „monetaristischen Revolution" oder „Gegenrevolution" — wie ihre Anhänger gerne sagen — und der jüngsten Verbreitung angebotstheoretischer Vorstellungen kaum befriedigend. Es ist daher weiter anzuführen, daß es wesentlich auch in den unterschiedlichen Ansatzpunkten angebots- und nachfragetheoretischer Maßnahmen angelegt ist, wenn sich letztere besser zur Quantifizierung auf makroökonomischer Ebene eignen. So lassen sich die Impulse finanzpolitischer Maßnahmen unabhängig davon, ob angebots- oder nachfrageseitige Wirkungen angestrebt werden, in Form der Mehr- oder Minderausgaben bzw. der Mehr- oder Mindereinnahmen, die mit den betreffenden Maßnahmen verbunden sind, eindeutig quantifizieren; es mögen allenfalls Schätzprobleme hinsichtlich der künftigen Mehr- oder Mindereinnahmen auftreten. Sehr viel schwieriger ist es, mögliche Wirkungen auf das Angebot — jedenfalls im Rahmen einfacher Modelle, die sich für die wirschaftspolitische Beratung eignen — zu quantifizieren. Das liegt daran, daß angebotspolitische Maßnahmen vor allem auf die Qualifizierung der Arbeitskräfte, die Einführung technischer Neuerungen oder die Vornahme von Rationalisierungsinvestitionen zielen. Als geeignete Maßnahmen kommen ein erhöhtes Angebot bestimmter öffentlicher Leistungen, Transferzahlungen (Subventionen) oder steuerliche Begünstigungen in Frage. Auch bei solchen Maßnahmen läßt sich natürlich die Budgetwirkung — in Form der Ausgaben bzw. des Steuerausfalls — exakt erfassen. Der Versuch, daraus genauer quantifizierte Wirkungen auf die Steigerung des Angebots in Form einfacher Budgetkonzepte abzuleiten, ist bisher — soweit ich sehe — noch nicht gemacht worden. Die Argumentation bewegt sich hier vielmehr ausschließlich im qualitativen Räsonnement.

Aus diesen Gründen setzen die Budgetkonzepte, die ich nachstehend vorstellen will, ausschließlich an der Nachfrageseite an; angebotstheoretische Argumente kommen nur im Rahmen der verbalen Diskussion indirekter Wirkungen zum Tragen.

c) Zur Systematik finanzpolitischer Wirkungszusammenhänge

Ich habe oben im Hinblick auf die Unterschiede in der Quantifizierbarkeit einige angebots- und nachfragetheoretische Wirkungszusammenhänge angedeutet. Ich möchte diese im folgenden etwas genauer systematisieren.

Der Ausgangspunkt nachfrageseitiger Wirkungsanalysen ist der keynes'sche Multiplikatorzusammenhang, der seinerseits Akzeleratoreffekte nach sich zieht. Er besteht darin, daß ein autonomer, d.h. also nicht im Systemzusammenhang begründeter, positiver oder negativer Nachfragestoß über die Wirkungen, die daraus auf das Einkommen der Privaten resultieren, weitere Nachfragewirkungen induziert. Als solche Nachfragestöße (Impulse) kommen generelle Veränderungen der Staatsausgaben, der autonomen Investitionen und des Leistungsbilanzsaldos in Frage. Dementsprechend werden Staatsausgaben-Multiplikator, Investitions-Multiplikator und Außenwirtschafts-Multiplikator unterschieden. Die Höhe des Multiplikatoreffekts und damit der Sekundäreffekte ist davon abhängig, welcher Anteil des über den Impuls erzeugten zusätzlichen Einkommens wieder verausgabt bzw. gespart wird. Die von den Impulsen und den dadurch ausgelösten Multiplikatoreffekten bewirkten Einkommensteigerungen ziehen Akzeleratoreffekte nach sich.

Instrumenteneinsatz

Als wichtigste in ihrer Wirkung auf die monetäre Gesamtnachfrage unterschiedliche Instrumente unterscheide ich Ausgaben für Güter und Dienste, Transfers und Staatseinnahmen.

Primäreffekte

Als Primäreffekt möchte ich die Summe der direkten, der induzierten und der implizierten Impulse bezeichnen. Direkte Impulse gehen von Veränderungen der Staatsausgaben in Höhe der dadurch ausgelösten Nachfragewirkungen aus. Als induzierte Impulse bezeichne ich die Nachfrageveränderungen, die von der Einschränkung der Ausweitung der privaten Verfügungseinkommen durch Änderungen der Staatseinnahmen oder der Transferzahlungen ausgehen. Implizierte Impulse sind in konditionierten budgetpolitischen Maßnahmen begründet.

Direkte Impulse

Direkte Impulse gehen nur von den staatlichen Ausgaben für Güter und Dienste in Form einer entsprechenden Änderung der Staatskomponente der monetären Gesamtnachfrage aus. Transferausgaben haben über entsprechende Änderungen des privaten Verfügungseinkommens nur indirekte Nachfragewirkungen.

Als *induzierte Impulse*[55] werden die Nachfragereaktionen der Einkommensbezieher auf Veränderungen des Verfügungseinkommens durch staatliche Transfers oder steuerpolitische Maßnahmen bezeichnet. Sie bestehen bei den privaten Haushalten in der Veränderung der Konsumausgaben, deren Höhe sich nach der Konsum- bzw. Sparquote richtet. Bei den Unternehmen schlagen sie sich in Veränderungen der Investitionstätigkeit nieder, die von der finanzpolitischen Verbesserung oder Verschlechterung der Kalkulationsbedingungen oder des Investitionsrisikos beeinflußt wird.

Implizierte Impulse liegen dann vor, wenn die budgetpolitische Maßnahme so ausgestaltet ist, daß der Primäreffekt nur bei entsprechender Reaktion der Privaten zustande kommt. Dies ist etwa bei Investitionsprämien der Fall. Die zusätzliche Staatsausgabe wird nur getätigt, wenn die Unternehmen auf das Angebot des Staates reagieren und zusätzliche Investitionen tätigen. (Auf mögliche Mitnahmeeffekte komme ich sogleich zurück.) Der implizierte Impuls kann — je nach Ausgestaltung der Prämie — erheblich über den staatlichen Impuls hinausgehen: Der Unternehmer muß bei einer Prämie von 20 % das Fünffache der Prämie investieren, um diese zu erhalten.

Bei der Abschätzung möglicher implizierter Impulse ist zu beachten, daß die staatlichen Vergünstigungen — soweit nicht besondere Vorkehrungen getroffen wurden — auch von Wirtschaftssubjekten in Anspruch genommen werden kön-

---

55 Es sei betont, daß es sich hierbei nicht um induzierte Investitionen im Sinne eines kombinierten Akzelerator-Multiplikator-Modells handelt. Im Rahmen dieser Modelle geht die Anregung zu zusätzlicher Investitionstätigkeit ja von einer Steigerung der monetären Gesamtnachfrage bzw. der Konsumgüternachfrage aus. Bei den induzierten Impulsen bzw. Primärwirkungen geht es darum, daß die staatliche Maßnahme unmittelbar private Mehr- oder Minderausgaben anregt.

nen, die die entsprechenden Ausgaben auch ohne den staatlichen Zuschuß getätigt hätten, diesen jedoch, da er kostenlos angeboten wird, in Anspruch nehmen, was ihr Ausgabevolumen um genau diese Staatsausgabe verringert. Kommt es zu diesen sog. Mitnahmeeffekten, dann werden private Ausgaben durch staatliche Zuschüsse substituiert. Dies hat zur Folge, daß der direkte oder induzierte Impuls der Staatsausgabe zwar bei 1 liegt, die implizierten Nachfragewirkungen dagegen einen negativen Wert annehmen, genauer gesagt –1 betragen, so daß sich der gesamte Nachfrageeffekt auf Null saldiert.

Sekundäreffekte

Die Sekundäreffekte geben die multiplikative Folgewirkungen der Summe der direkten, induzierten und implizierten Impulse — also der Primäreffekte — an. Im Rahmen eines einfachen Ansatzes könnte man die drei Arten von Impulsen addieren und mit dem gesamtwirtschaftlichen Multiplikator multiplizieren. Wie in entsprechenden Lehrbüchern dargestellt wird, haben jedoch unterschiedliche Impulse verschiedene Multiplikatorwirkungen, weil zum einen die einzelnen Impulse unterschiedliche Wirkungen auf die Einkommensentstehung haben und zum anderen die Höhe der Multiplikatoren je nach betroffener Einkommensschicht divergiert.

2. Die Budgetkonzepte

a) Das Neutralitätsproblem der Budgetkonzepte

Die Mehrzahl der Budgetkonzepte arbeitet nicht mit einer so differenzierten Systematik von Impulsen und Wirkungen, sondern geht vom Saldo der Ausgaben- und Entzugseffekte aus, der durch gewisse Korrekturen des Finanzierungssaldos bzw. der öffentlichen Ausgaben- und Einnahmenströme modifiziert wird, und überläßt die Abschätzung der indirekten Impulse und der Sekundäreffekte der verbalen Interpretation.

H.-H. Härtel begründet diese Art des Ansatzes der Budgetkonzepte aus ihrer Entwicklung und Aufgabe: „Die Budegtkonzepte wurden vor allem als Alternative zum Budgetsaldo entwickelt, der leicht zu Fehleinschätzungen führt, der sich aber durch seine Einfachheit und Anschaulichkeit auszeichnet. Wollen die Budgetkonzepte ihre Adressaten erreichen, die nicht so sehr die Experten in Administration und Wissenschaft, sondern mehr die Politiker und die Öffentlichkeit sind, so müssen sie ebenfalls einfach und griffig sein. Für Budgetkonzepte ist deshalb kennzeichnend, daß sie nicht eine vollständige und genaue Wirkungsanalyse anstreben, sondern — bewußt vergröbernd — das Urteil über die öffentlichen Haushalte mit Hilfe eines einzigen Indikators zum Ausdruck zu bringen versuchen." Dies führe dann aber auch dazu, so fährt Härtel fort, „daß die Konstrukteure von Budgetkonzepten stets der doppelten Kritik ausgesetzt sind, daß ihr Maßstab einerseits zu grob und unvollständig sei, andererseits aber schon zu kompliziert sei und auf willkürlichen Annahmen beruhe"[56].

Das Hauptproblem dieser Art der Impulsberechnung — und darin unterscheiden sich die einzelnen Budgetkonzepte — besteht in der Frage, mit welchen Größen die aktuellen (oder geplanten) Haushaltsdaten — Ausgaben, Einnahmen, Finanzierungssaldo — verglichen werden sollen, da die zusätzlichen Nachfragewirkungen aus der Veränderung gegenüber einer solchen Vergleichsgröße resultieren. Man muß also zur Berechnung des Impulses der realisierten oder geplanten Größen wissen, bei welcher Größe der Haushaltsdaten das Budget neutral wäre, man spricht deshalb vom Neutralitätskriterium oder von der Nullpunktfixierung[57]. Mit den Budgetkonzepten — ich werde mich hier mit dem des Sachverständigenrats, dem des DIW und einer modifizierten Kombination dieser beiden Konzepte beschäftigen — sollen keine Wachstums-, sondern nur konjunkturelle Wirkungen abgeschätzt werden.

Die Definition der Neutralität eines Budgets ist in den einzelnen Konzepten — entsprechend dem unterschiedlichen Neutralitätskriterium — verschieden. Der Sachverständigenrat bezeichnet jenes Budget als neutral, das in den wichtigsten Strukturdaten keine Veränderung gegenüber der Basisperiode aufweist[58]. Im Konzept des DIW ist jenes Budget konjunkturneutral, das den Auslastungsgrad des gesamtwirtschaftlichen Produktionspotentials der laufenden Periode gegenüber dem Auslastungsgrad des Produktionspotentials der Vorperiode nicht verändert[59]. In meinem Ansatz gehe ich, da ich an einer retrospektiven Beurteilung der Konsolidierungspolitik 1975 - 1977 interessiert bin und keine Prognosen abgeben will — was ja der Zweck dieser beiden Budgetkonzepte ist — davon aus, daß die Wirkung finanzpolitischer Maßnahmen dann konjunkturneutral gewesen ist, wenn die von ihnen ausgehenden Impulse mit einer realen Rate zugenommen haben, die der in den relevanten Jahren „erreichbaren" realen Wachstumsrate des Bruttosozialprodukts entsprach; ich komme auf die Interpetation der erreichbaren Rate zurück.

Positive oder negative Impulse liegen dann vor, wenn zwischen tatsächlichen und konjunkturneutralen Größen Differenzen bestehen.

---

56 H.-H. Härtel (1982): Budgetkonzepte, in: Handbuch der Wirtschaftswissenschaft (Hrsg. W. Albers, u. a.), Bd. 9: Wirtschaft und Politik bis Zölle, Nachtrag, Stuttgart, Tübingen, Göttingen 1982, S. 724-735, S. 724.

57 R. Lenk (1977): Eine Kasuistik von Budgetkonzepten, in: Ifo-Studien, Heft 1-2/ 1977, S. 75-123, S. 91 f.

58 Vgl. SVR: JG 1981/82, Anhang V. D, S. 226.

59 Erhöhter Handlungsbedarf im Strukturwandel. Analyse der strukturellen Entwicklung der deutschen Wirtschaft. Strukturberichterstattung 1983. Beiträge zur Strukturforschung. DIW, Heft 79, Berlin 1984, S. 32 f.

b) Das Konzept des konjunkturneutralen Haushalts des Sachverständigenrates

Das Konzept des konjunkturneutralen Haushalts wurde vom Sachverständigenrat entwickelt. Der konjunkturelle Impuls mißt die Primärwirkung der Differenz zwischen Ausgaben- und Steuereffekten der Finanzgebarung. Implizierte und induzierte Impulse, Multiplikator- und Akzeleratorwirkungen sowie die Auswirkungen von Strukturveränderungen der Staatsausgaben und -einnahmen bleiben unberücksichtigt.

Der konjunkturelle Impuls ergibt sich als Differenz zwischen konjunkturneutralem und tatsächlichem Haushaltsvolumen. Das konjunkturneutrale Haushaltsvolumen ist das Budget, das keine Abweichungen von der mittelfristig als normal angesehenen Auslastung des gesamtwirtschaftlichen Produktionspotentials zur Folge hätte.

Bis einschließlich 1973 legte der Sachverständigenrat als Basisjahr das Jahr 1966 zugrunde. Für die Jahre 1974-1978 werden als Basiszeitraum die jeweils vorangegangenen 12 Jahre genommen, wobei die Daten für 1975 aufgrund starker konjunkturbedingter Sondereinflüsse dieses Jahres durch den Durchschnitt der Quoten der Jahre 1974 und 1976 ersetzt werden[60]. Ab 1978 wird der Berechnung der Impulse ein fester Basiszeitraum zugrundegelegt (fester 12-Jahresdurchschnitt: 1966-77, ohne 1975). Ab 1986 geht der Sachverständigenrat wieder zu einem Basisjahr über: er verwendet in der darauffolgenden Zeit das Jahr 1985. Diese Basisperioden bzw. -jahre gelten deshalb als konjunkturneutral, weil die finanzwirtschaftlichen Strukturquoten (Staats-, Steuer-, Kreditfinanzierungsquote, Deckungsbeitrag der sonstigen Einnahmen) für den betreffenden Zeitraum als typisch eingestuft und somit als „normal" angesehen werden.

Die Konjunkturneutralität ist zunächst dann gegeben, wenn sich die staatlichen Einnahmen, Ausgaben und demnach auch das Defizit prozentual so verändern wie das Produktionspotential. Als konjunkturneutrales Verhalten wird auch eingestuft, wenn der Staat zwar durch höhere Ausgaben einen größeren Teil des Produktionspotentials für sich in Anspruch nimmt, dabei aber gleichzeitig durch seine Einnahmengestaltung den Anspruch der Privaten an das Produktionspotential entsprechend zurückdrängt[61]. Eine Änderung der Staatsquote würde in diesem Sinne also die Neutralität nicht beeinträchtigen, wenn sich die Einnahmen gleichgerichtet entwickeln.

Um den konjunkturellen Impuls zu berechnen, geht der Sachverständigenrat schrittweise vor: Zunächst wird das Haushaltsvolumen berechnet, das auf der Basis einer mittelfristig konstanten Staatsquote neutral wäre. Hierzu wird die

60 Dieser „gleitende 12-Jahresdurchschnitt" bedeutet, daß z. B. für das Jahr 1976 die Daten der Jahre 1964-75 zugrundegelegt werden.

61 Die Theorie würde in diesem Falle einen expansiven Haavelmo-Effekt annehmen, der hier vernachlässigt wird.

durchschnittliche Staatsquote des als konjunkturneutral angenommenen Basiszeitraums mit dem Produktionspotential, das sich in dem betreffenden Jahr bei konjunkturneutralem Preisniveau ergeben würde, fortgeschrieben[62]. Diese Fortschreibung erfolgt für jedes Jahr ab Ende des Basiszeitraums bis einschließlich des zu untersuchenden Jahres. Dadurch werden inflationsbedingte Schwankungen des Budgets korrigiert. Das so berechnete Haushaltsvolumen wird um die Veränderungen des Ausgabenspielraums bereinigt, die der Staat durch seine Einnahmenpolitik bzw. die aus der wirtschaftlichen Entwicklung resultierenden Einnahmenveränderungen gewonnen oder verloren hat[63]. Das so ermittelte konjunkturneutrale Haushaltsvolumen wird dem tatsächlichen Budget gegenübergestellt. Die Differenz gibt die Höhe des konjunkturellen Impulses an.

c) Das DIW-Konzept

Das Budgetkonzept des DIW wurde als „Grobindikator für die Erfassung der *Wirkungsrichtung* der Finanzpolitik im Konjunkturverlauf" entwickelt[64]; dieser Grobindikator wird im Rahmen des umfangreichen Input-Output-Modells des Instituts errechnet. Daraus erklärt sich auch, daß zunächst zwar nicht — wie beim Sachverständigenrat — vom Gesamtbudget, sondern von der Veränderung der einzelnen Ausgaben- und Einnahmenkategorien ausgegangen wird, diese dann später aber doch (ohne weitere Differenzierung) wieder addiert werden.

Der Nachfrageimpuls jeder Einnahmen- und Ausgabenkategorie wird folgendermassen berechnet: Zunächst werden die Werte der jeweiligen Einnahmen- und Ausgabenkategorien des Vorjahres mit dem nominellen Anstieg des Produktionspotentials fortgeschrieben[65], man erhält so einen Neutralitätswert für jede Kategorie. Dieser Neutralitätswert gibt also das um das nominelle Wachstum

---

62 Der Sachverständigenrat definiert das konjunkturneutrale Preisniveau als den mit der Rate des konjunkturneutralen Preisanstiegs fortgeschriebenen Preisindex des Bruttosozialprodukts. „Ein Anstieg des Preisniveaus gilt als konjunkturneutral, wenn er durch keine marktwirtschaftliche Strategie bei Vermeidung unzumutbarer Beschäftigungsrisiken kurzfristig niedriger gehalten werden kann."(SVR: JG 1976/77, Anhang V., S. 203.)

63 Für die Steuern wird diese Veränderung errechnet, indem die Abweichung der Steuerquote des betreffenden Jahres von der des Basiszeitraums multipliziert wird mit dem Bruttosozialprodukt, das sich bei konjunkturneutralem Preisniveau und Normalauslastung des Produktionspotentials in dem betreffenden Jahr ergeben hätte. Für die sonstigen Einnahmen wird diese Änderung ermittelt als Produkt aus der Abweichung des Deckungsbeitrags der sonstigen Einnahmen in dem betreffenden Jahr von dem Deckungsbeitrag im Basiszeitraum und dem betreffenden Produktionspotential zu konjunkturneutralen Preisen.

64 Konjunkturelle Effekte der Finanzpolitik. Ergebnisse ökonometrischer Simulationsrechnungen, in: DIW-Wochenbericht, Heft 19/1982, S. 249-258, S. 249.

65 Vgl. Gesamtwirtschaftliche und strukturelle Auswirkungen von Veränderungen der Struktur des öffentlichen Sektors. Schwerpunktthema im Rahmen der Strukturberichterstattung 1983. Beiträge zur Strukturforschung. Deutsches Institut für Wirtschaftsforschung, Heft 81, Berlin 1984, S. 244.

des Produktionspotentials erhöhte Volumen dieser Kategorie an. Sodann werden die Abweichungen des in dem betreffenden Jahr realisierten Wertes jeder Kategorie von ihrem Neutralitätswert bestimmt. Die Neutralitätswerte symbolisieren ein „konjunkturneutrales“ Finanzgebaren des Staates in diesem Sektor, Abweichungen von diesem bedeuten positive oder negative Impulse. Die Differenzbeträge zwischen den tatsächlichen Volumen und den Neutralitätswerten aller Kategorien werden addiert und ergeben den positiven oder negativen Nachfrageimpuls des Gesamtbudgets.

Diese Berechnung der Impulse nach einzelnen Kategorien, die für den „Grobindikator“ uninteressant ist, hat im Rahmen des umfassenderen Modells insofern Bedeutung, als das DIW dort Multiplikatorwirkungen errechnet und für die einzelnen Ausgaben- und Einnahmenkategorien unterschiedliche Multiplikatoren ansetzt. Soweit nur der Grobindikator interessiert, kann der Gesamtimpuls auch aus der Differenz zwischen dem aktuellen Finanzierungssaldo und dem konjunkturneutralen Finanzierungssaldo, d.h. aus dem mit dem nominellen Wachstum des gesamtwirtschaftlichen Produktionspotentials fortgeschriebenen Saldo des Vorjahres errechnet werden. Konjunkturneutralität bedeutet nach diesem Konzept also — anders als beim Sachverständigenrat — daß der Staat so handelt wie im Vorjahr.

d) Ein differenziertes Vorperiodenkonzept

Meine Fragestellung unterscheidet sich von der der Budgetkonzepte dadurch, daß diese eine zukünftige Entwicklung bzw. die Wirkungen der Finanzgebarung auf eine zukünftige Entwicklung prognostizieren wollen, während ich um eine retrospektive Beurteilung bemüht bin. Auch bei solcher ex-post Betrachtung sind dabei zwar nicht die der Finanzpolitik zuzurechnenden Wirkungen auf die Wirtschaftsentwicklung bekannt, die Daten der Entwicklung, in denen sich diese Wirkungen niedergeschlagen haben, liegen jedoch vor. Insofern besteht für meine Fragestellung also kein Prognose-, sondern ein Zurechnungsproblem. Dementsprechend unterscheidet sich mein Ansatz auch von den bisher behandelten Budgetkonzepten.

Mein Ansatz steht dabei dem DIW-Konzept insofern näher, als ich — bei Modifikationen im einzelnen — sowohl mit einem Vorperiodenvergleich als Neutralitätskriterium als auch mit einer Aufspaltung der Gesamtnachfrage in einzelne Komponenten arbeite. Beim Vorjahresvergleich bzw. seiner Fortschreibung gehe ich jedoch nicht vom Produktionspotential — wie dies das DIW und auch der Sachverständigenrat (beim Basisperiodenvergleich) tun — sondern vom Bruttosozialprodukt aus. Ich gehe deshalb so vor, weil ich die Impulse, die die staatliche Finanzgebarung auf die Gesamtnachfrage und ihre einzelnen Komponenten ausübt, messen will und sich diese Impulse in den Wachstumsraten des Bruttosozialprodukts bzw. seiner nachfrageseitigen Komponenten niederschlagen.

Das DIW geht davon aus, daß der staatliche Impuls dann neutral ist, wenn er mit der Wachtumsrate des Produktionspotentials wächst. Dem liegt die Überlegung zugrunde, daß der Staat bei Steigerung seiner Ansprüche mit dieser Rate sich genau innerhalb des Spielraums hält, den ihm das reale Produktionspotential bereitstellt.

Ich versuche demgegenüber in einem ersten *globalen Ansatz,* die Wirkungsrichtung der Finanzgebarung des Staates zu bestimmen, indem ich die Wachstumsrate seiner Ausgaben und Einnahmen mit der „normalen" Wachstumsrate des Bruttosozialprodukts vergleiche. Zur Bestimmung dieser „normalen" Rate für die zweite Hälfte der 70er Jahre, die mich hier interessieren, versuche ich abzuschätzen, welche Wachstumsrate des Bruttosozialprodukts in dieser Zeit im Durchschnitt ohne größere Spannungen, insbesondere inflationärer Art, erreichbar gewesen wäre. Ich gehe dabei von der Überlegung aus, daß eine Zunahme aller Nachfragekomponenten — und damit auch der staatlichen — mit dieser Rate die Wirtschaft in der Nähe eines annähernd optimalen stetigen Wachstumspfades gehalten hätte. Die Abschätzung einer solchen „erreichbaren" Rate ist natürlich nur mit einer gewissen Willkür möglich. Ich gehe zunächst von den tatsächlich erreichten Raten aus: sie lagen von 1951-60 bei 7,5 %, von 1961-70 bei 4,5 %, von 1971-80 bei 2,7 % und von 1981-88 bei 1,7 %. In den 70er Jahren waren schwere Konjunktureinbrüche zu verzeichnen, insofern muß man die „erreichbare" Rate sicher höher ansetzen. Für meine Überlegungen genügt dabei eine grobe Bandbreite: ich nehme sie mit 3-4 % an.

In der *differenzierten Analyse* versuche ich sodann, die verschiedenen, in der obigen Systematik unterschiedenen Impulse der Finanzpolitik abzuschätzen. Ich beginne mit der *Feststellung des Instrumenteneinsatzes.* Dazu vergleiche ich die Wachstumsrate der staatlichen Ausgaben für Güter und Dienste, die der Transferzahlungen und die der Gesamteinnahmen jeweils mit der Zunahme des Bruttosozialprodukts und mit der „Normalwachstumsrate". Der Vergleich mit der Normalrate ergibt Aufschluß darüber, ob von der betreffenden Kategorie positive oder negative Impulse ausgingen, der Vergleich mit der tatsächlichen Wachstumsrate des Bruttosozialprodukts zeigt an, ob die einzelnen Komponenten zu dieser Entwicklung expansiv oder retardierend beigetragen haben. Die Veränderung der Staatsausgaben für Güter und Dienste schlägt sich in den direkten Impulsen, die der Transferausgaben und der Staatseinnahmen in Veränderungen des privaten Verfügungseinkommens nieder. Ein Vergleich der Wachstumsraten des Bruttosozialprodukts und des Verfügungseinkommens mit der Normalrate ermöglicht eine Beurteilung der Wirkungen der Transferzahlungen und der Abgabenerhebung.

Von der Steigerung des Verfügungseinkommens gehen *induzierte Impulse* auf die privaten Konsum- und Investitionsausgaben aus. Über einen Vergleich der Veränderungsraten dieser beiden privaten Ausgabenkomponenten mit der Wachstumsrate des verfügbaren Einkommens können gewisse Rückschlüsse auf die Bedeutung der Finanzgebarung für die privaten Ausgaben gezogen werden.

Des weiteren werden noch Überlegungen angestellt, welche finanzpolitischen Maßnahmen *implizierte Impulse* auf die private Konsum- und Investitionstätigkeit zur Folge gehabt haben.

Abschließend betrachte ich die *Gesamtkonstellation*, indem ich die absoluten Veränderungen des Bruttosozialproduktes mit den unterschiedlichen Änderungen der einzelnen Nachfragekomponenten vergleiche. Daraus lassen sich weitere Rückschlüsse ziehen, welche finanzpolitischen Maßnahmen bzw. wie die Konsolidierungspolitik bestimmte Nachfragekomponenten beeinflußt haben kann.

V. Wirkungen der Konsolidierungspolitik

1. Budgetwirkungen nach dem Saldenkonzept, dem Konzept des konjunkturneutralen Haushalts des Sachverständigenrates und dem DIW-Konzept

Die Konsolidierungspolitik der Jahre 1975 - 77 fand — wie einleitend zu diesem Teil erwähnt — ihren Niederschlag darin, daß zum einen die Zunahme der Staatsausgaben, die im Jahr 1975 13,3 % betragen hatte, im Jahr 1976 auf 4,5 % zurückgeführt wurde und im Jahr 1977 mit 4,9 % auf ähnlicher Höhe gehalten wurde; 1978 wurde sie wieder auf 9,7 % erhöht. In den Finanzierungssalden schlägt sich die Konsolidierungspolitik im Rückgang von 63,8 Mrd. DM auf 48 Mrd. DM im Jahr 1976 und 31,2 Mrd. DM im Jahr 1977 nieder. Im Jahr 1978 steigt der Saldo wieder auf 39,6 Mrd. DM.

Ich habe bei der Besprechung der finanzpolitischen Maßnahmen dieser Jahre eine Reihe expansiver Maßnahmen dargestellt. Soweit sie auf der Ausgabenseite ansetzen und in diesen Jahren ausgabenwirksam wurden, sind sie in die erwähnten niedrigen Zuwachsraten schon eingegangen und wurden insoweit durch noch stärkere Einschränkungen der Wachstumsraten der übrigen Haushaltsausgaben kompensiert.

Für die weitere Analyse der Finanzpolitik dieser Jahre stelle ich die Budgetwirkungen einander gegenüber, wie sie sich nach dem Saldenkonzept, dem Konzept des Sachverständigenrates und dem DIW-Konzept ergeben.

Nach den drei Konzepten ergeben sich also — mit Ausnahme des Jahres 1975 — sehr stark abweichende Impulse, die aus den nachstehend zu erörternden unterschiedlichen Ansätzen resultieren.

Das Konzept des Saldenvergleichs setzt die Budgetwirkungen mit der Differenz des Finanzierungssaldos des laufenden Jahres zu dem des Vorjahres an.

Danach ergibt sich also im Jahr 1976, in dem die Wirtschaft mit einer realen Rate von 5,6 % expandierte, ein kontraktiver Impuls von 25,8 Mrd. DM. Im Jahr

Tabelle 16

Gegenüberstellung der konjunkturellen Impulse nach den verschiedenen Konzepten 1975 bis 1978
(in Mrd.DM)

	Salden-vergleich	DIW	Sachverständigenrat Impuls	Sachverständigenrat Veränderung gegenüber dem Vorjahr
1975	+36,5	+36,3	+35,9	+23,9
1976	-25,8	-19,9	+20,7	-15,2
1977	-17,8	-16,4	+7,6	-13,1
1978	+8,4	+4,8	+20,5	+12,9

Quellen:
s. Tabelle 17-19.

Tabelle 17

Konjunkturelle Impulse nach dem Saldenvergleich von 1974 bis 1978
in Mrd.DM

	Finanzierungssaldo 1)	Differenz zum Vorjahr in Mrd.DM
1974	27,3	+18,5
1975	63,8	+36,5
1976	48,0	-25,8
1977	31,2	-17,8
1978	39,6	+8,4

Quellen:
1) SVR: JG 1986/87, Tabelle 36*, S.244.

1977 ging von der Finanzpolitik nach diesem Konzept erneut ein negativer Impuls von 17,8 Mrd. DM aus, der mit einer Abschwächung der Wachstumsrate auf 2,7 % einherging. Der positive Impuls des Jahres 1978 war wieder mit einer Zunahme der Wachstumsrate auf 3,3 % verbunden.

Der Sachverständigenrat berechnet den Impuls der Budgetgebarung als Differenz zwischen dem konjunkturneutralen Finanzierungssaldo, der sich aus potentialorientierter Kreditaufnahme, auslastungsbedingten Steuermehr- und -mindereinnahmen und inflationsbedingten Steuermehreinahmen zusammensetzt, und dem tatsächlichen Finanzierungssaldo (vgl. Tabelle 18, S. 168).

Nach dem Konzept des DIW errechnet sich der Impuls aus der Differenz zwischen den tatsächlichen Ausgaben und Einnahmen von ihren Neutralitätslinien. Ich führe die Berechnung nachstehend auf (vgl. Tabelle 19, S. 169).

Der Rat kommt zu dem Ergebnis, daß nach dem hohem Impuls von 35,9 Mrd. DM im Jahr 1975 in den beiden folgenden Jahren zwar niedrigere — aber mit 20,7 Mrd. DM und 7,6 Mrd. DM weiterhin expansive Impulse von der Finanzgebarung ausgingen, die sich dann im Jahr 1978 wieder auf 20,5 Mrd. DM erhöhten. Die Errechnung eines expansiven Impulses für das Jahr 1977 muß keinen Widerspruch zu der oben (S. 149) zitierten Feststellung, daß die Politik der Bundesregierung, die auch dem Konzept des Sachverständigenrates entsprochen hätte, eine „Schlappe“ erlitten habe, darstellen. Das Budgetkonzept ist ein Meßkonzept, das keine normative Aussage beeinhaltet; Richtung und Höhe des „angemessenen“ Impulses ergeben sich aus der wirtschaftlichen Situation und ihrer Beurteilung. In diesem Sinne fügt der Sachverständigenrat an der zitierten Stelle auch hinzu, daß diese Politik mit dem Konzept der mittelfristigen Orientierung auf die Selbstheilungskräfte der Marktwirtschaft gesetzt und diese Kräfte zu unterstützen, nicht zu ersetzen versucht habe. Der erhoffte Erfolg des Ingangsetzens eines sich selbst tragenden, kräftigen, aber doch nicht wieder inflationsgefährdenden Aufschwungs, habe aber auf sich warten lassen. Damit wird im Sinne des Meßkonzepts zwar daran festgehalten, daß ein positiver Impuls vorlag, gleichzeitig aber eingeräumt, daß dieser zu schwach war.

Das DIW kommt — nachdem es den Impuls für das Jahr 1975 mit fast genau der gleichen Höhe wie der Sachverständigenrat errechnet — für die Jahre 1976 und 1977 zu negativen Impulsen von 19,9 Mrd. DM und 16,4 Mrd. DM und erst für das Jahr 1978 zu einem expansiven Impuls. Aus diesen Ergebnissen wird verständlich, daß das DIW — auch wenn es sein Konzept ebenfalls als Meßkonzept bezeichnet — eine negative Beurteilung über die Konsolidierungspolitik abgibt. Das Institut hat sich — wie ich oben berichtet habe — nicht erst ex-post, sondern schon Ende 1975 kritisch zur Konsolidierungspolitik geäußert. Zu diesem Zeitpunkt — als die o. g. ex-post-Ergebnisse der Haushaltsentwicklung noch nicht vorlagen — hatte das Institut sich bereits dagegen gewandt, daß die Konsolidierung schon 1976 eingeleitet würde, und die Auffassung vertreten, daß erst

1977 damit begonnen werden dürfe. Die Grundlagen für die Aussage waren sicher Prognosen mit Hilfe des Institutskonzepts bzw. seines ausführlicheren Input-Output-Modells über die voraussichtlichen Wirkungen einer Haushaltspolitik im Sinne der Regierungsbeschlüsse vom August / September 1975.

Tabelle 18

Konjunkturelle Impulse nach dem Konzept des konjunkturneutralen Haushalts des Sachverständigenrats von 1975 bis 1978
(in Mrd.DM)

	Jahr	1975	1976	1977	1978
I.	konjunkturneutrale Komponenten des Finanzierungssaldos				
	a) Potentialorientierte Kreditaufnahme	-8,6	-11,7	-14,5	-15,8
	b) Auslastungsbedingte Steuermehr- bzw. -mindereinnahmen	-13,5	-5,4	-3,9	+1,0
	c) Inflationsbedingte Steuermindereinnahmen	+2,5	-1,6	+0,6	+5,5
	Summe	-19,5	-18,7	-17,8	-9,3
	./.				
II.	tatsächlicher Finanzierungssaldo	-55,5	-39,4	-25,4	-29,8
	=				
III.	konjunktureller Impuls	+35,9	+20,7	+7,6	+20,5

Quelle:
Daten für 1975: SVR: JG 1982/83, Tabelle 28, S.110.
1976: SVR: JG 1983/74, Tabelle 31, S.136.
1977: SVR: JG 1984/85, Tabelle 29, S.134.
1978: SVR: JG 1985/86, Tabelle 20, S.82.

Tabelle 19

Konjunkturelle Impulse nach dem Konzept des DIW von 1975 bis 1978 (in Mrd.DM)

Jahr	1975	1976	1977	1978
Einnahmen				
Tatsächliches Volumen	279,2	313,6	346,9	368,6
Neutralitätslinie	296,4	299,6	332,7	369,8
Differenz	+17,2	-13,9	-14,2	+1,2
Ausgaben				
Tatsächliches Volumen	328,0	345,9	364,8	392,4
Neutralitätslinie	308,8	351,9	367,0	388,9
Differenz	+19,1	-6,0	-2,2	+3,6
Finanzierungssaldo				
Tatsächliches Volumen	-48,7	-32,3	-17,9	-23,8
Neutralitätslinie	-12,4	-52,3	-34,3	-19,1
Nachfrageimpuls	+36,3	-19,9	-16,4	+4,8

Quelle:
Gesamtwirtschaftliche und strukturelle Auswirkungen von Veränderungen der Struktur des öffentlichen Sektors. Schwerpunktthema im Rahmen der Strukturberichterstattung 1983, DIW, Beiträge zur Strukturforschung, Heft 81/1984, S.252.

Die starken Divergenzen zwischen den Ergebnissen des DIW-Konzepts und des Saldenvergleichs einerseits und denen des Sachverständigenratkonzepts andererseits sind in der unterschiedlichen Wahl der Basisperiode angelegt, die ihrerseits darin begründet ist, daß jeweils andere Aussagen angestrebt werden. Sie lassen sich dahingehend interpretieren, daß das DIW eine Aussage über die konjunkturpolitische Qualität der Veränderungen allein des laufenden Haushalts machen will; deshalb wird die Konstellation des Haushalts im Vorjahr als Vergleichsbasis gewählt und unterstellt, daß ein entsprechender Haushalt (bzw. ein entsprechendes Defizit) fortgeschrieben mit der Wachstumsrate des Produktionspotentials im laufenden Jahr neutral wäre. Anders ausgedrückt: Es bleiben also alle Veränderungen der Wirtschaft und der Staatstätigkeit, die hinter die Vergleichsperiode — das Vorjahr — zurückreichen, außer Ansatz. Einem expansiven konjunkturellen Impuls ist deshalb nicht anzusehen, ob er für eine Finanzpolitik steht, die expansiver ist als ein bereits in der Vorperiode expansiver Haushalt oder für eine Finanzpolitik, die expansiver ist als ein kontraktiver Haushalt im Vorjahr[66]. Der Vorjahreshaushalt gilt als Vergleichshaushalt, also als neutral, gleich ob er mit einem hohen Defizit oder einem hohen Überschuß abgeschlossen hat.

Einer derartig „zufälligen" Bezugsgrundlage möchte der Sachverständigenrat eine Vergleichskonstellation gegenüberstellen, die in einem absoluteren Sinne neutral ist, d.h. also einen Haushalt, von dem (vermutlich) keine positiven oder negativen Impulse ausgegangen sind, was kein ausgeglichener Haushalt sein muß. Deshalb ist das Konzept so konstruiert, daß Überschüsse oder Defizite der oder des Vorjahre(s) — wenn sich die Haushaltsentwicklung in der gleichen Richtung weiterbewegt — nicht untergehen. Das Konzept ist also in einem gewissen Sinn längerfristig orientiert; deshalb enthält es auch mehrere Korrekturfaktoren. Für eine Betrachtung mehr im Sinne des DIW weist der Sachverständigenrat selbst darauf hin, daß es für die Beurteilung der kurzfristigen Wirkungen auf den Wirtschaftsablauf zweckmäßig sein kann, nicht nur den aktuellen Impuls heranzuziehen, sondern den Impuls des laufenden Jahren mit dem des Vorjahres zu vergleichen. In der verbalen Interpretation seiner Ergebnisse bezieht er diesen Vergleich auch mit ein[67].

Bei Berücksichtigung dieser Werte weisen dann die Ergebnisse, die sich nach diesen drei Verfahren ergeben, für alle vier Jahre Impulse aus, die — wenn auch in unterschiedlicher Höhe — in die gleiche Richtung gehen: im Jahr 1975 positiv, in den Jahren 1976 und '77 negativ und 1978 wieder positiv (vgl. Tabelle 16, S. 166).

---

66 Vgl. E.-M. Lipp, A. Siedenberg (1980): Budgetkonzepte in der Kritik, in: Wirtschaftsdienst, Heft 4/1980, S. 201-208, S. 205.

67 Vgl. SVR: JG 1977/78, TZ 166 und 420.

2. Konjunkturelle Impulse nach dem Konzept des differenzierten Vorperiodenvergleichs

a) Aufbereitung des Datenmaterials

Für die Analyse der Finanzgebarung nach dem Konzept des differenzierten Vorperiodenvergleichs während der Konsolidierungsphase möchte ich — wie erwähnt — von der Entwicklung der einzelnen Nachfragekomponenten in realen Werten (zu Preisen von 1980) ausgehen. Sie werden nachstehend aufgeführt.

Die staatliche Nachfragekomponente umfaßt in diesen Tabellen (Tabelle 20.1, S. 172 und Tabelle 20.2, S. 173), die im Rahmen der volkswirtschaftlichen Gesamtrechnung erstellt wird, den staatlichen Gesamthaushalt einschließlich der Sozialversicherung. Ich habe oben erwähnt, daß sich die Zahlen der Sozialversicherung ausklammern ließen, daß ich wegen der sich dadurch ergebenden Komplizierung davon jedoch absehen möchte.

Zur Abschätzung der direkten Impulse der Transferzahlungen und der abgabenbedingten Entzugseffekte auf das private verfügbare Einkommen stelle ich nachstehend die Veränderung des Bruttosozialprodukts und der privaten Verfügungseinkommen (jeweils in Preisen von 1980) gegenüber (vgl. Tabelle 21, S. 175).

b) Wirkungen der Finanzgebarung im Jahr 1976

Als globaler Ausdruck der Finanzgebarung sei wiederholt, daß im Jahr 1976 die *Gesamtausgaben* (in Preisen von 1980) um

21 Mrd. DM mit 3,3 %,

die *Gesamteinnahmen* (einschl. Sozialversicherungsbeiträge) um

46,8 Mrd. DM mit 8,4 %

gestiegen sind. Die Ausgabeneffekte hielten sich also in den Grenzen der für die zweite Hälfte der 70er Jahre zwischen 3 % und 4 % angenommenen „normalen" längerfristigen Wachstumsrate. Die Entzugseffekte gingen stark darüber hinaus; ihre mögliche Wirkung ist in der differenzierteren Analyse abzuwägen.

Die differenzierte Analyse wird mit dem *Instrumenteneinsatz* begonnen.

Restriktive Wirkungen auf die Ausgaben für *Güter und Dienste* gingen vor allem von den Maßnahmen des Haushaltsstrukturgesetzes von 1975 aus, das erhebliche Ausgabenkürzungen gegenüber der „Fortschreibung der mittelfristigen Finanzplanung 1974/75 bis 1978/79" sowohl im Bereich der Sachausgaben als auch der Personalausgaben vorsah. Von der insgesamt vorgesehenen Kürzung in Höhe von 13 Mrd. DM entfiel ein großer Teil auf Ausgaben für Güter und Dienste.

Tabelle 20.1

Nachfragekomponenten 1975 bis 1978
in Preisen von 1980

Quartal/ Halbjahr	BSP	privater Konsum	private Anlage-investitionen	staatl. Konsum 1)	staatl. Anlage-investitionen 2)	staatl. Ausgaben für Güter und Dienste*	Vorrats-veränderungen	Außenbeitrag
				absolute Werte in Mrd.DM				
1975,3	322,1	178,0	54,5	65,8	14,2	80,0	9,6	0,1
1975,4	329,5	195,2	60,5	71,1	15,0	86,1	-19,3	7,0
1976/I	644,2	355,5	108,3	129,1	23,5	152,6	17,7	10,0
1976/II	684,0	384,8	120,6	137,7	28,5	166,2	5,1	7,2
1977/I	662,7	369,1	115,1	130,2	22,5	152,7	14,8	11,0
1977/II	700,7	402,7	126,1	140,3	27,3	167,6	-1,6	5,9
1978/I	682,9	384,5	118,7	135,8	23,2	159,0	11,4	9,3
1978/II	725,0	416,9	134,8	145,0	28,0	173,0	-3,1	3,3
				absolute Veränderungen gegenüber dem Vorjahr in Mrd.DM				
1975,3	-6,3	5,8	-2,8	2,9	-0,4	2,5	-8,2	-3,6
1975,4	5,3	8,3	1,2	2,0	-0,4	1,6	0,1	-5,9
1976/I	37,8	14,8	5,9	3,2	-1,2	2,0	15,5	-0,4
1976/II	32,4	11,6	5,7	0,8	-0,7	0,1	14,8	0,1
1977/I	18,5	13,6	6,8	1,1	+1,0	0,1	-2,9	1,0
1977/II	16,7	17,9	5,5	2,6	-1,2	1,4	-6,7	-1,3
1978/I	20,2	15,4	3,6	5,6	0,7	4,9	-3,4	-1,7
1978/II	24,3	14,2	8,7	4,7	0,7	4,0	-1,5	-2,6
				relative Veränderungen gegenüber dem Vorjahr in %				
1975,3	-1,9	3,4	-4,9	4,6	-2,7	3,2		
1975,4	1,6	4,4	2,0	2,9	-2,6	1,9		
1976/I	6,2	4,3	5,8	2,5	-4,9	1,3		
1976/II	5,0	3,1	5,0	0,6	-2,4	0,1		
1977/I	2,9	3,8	6,3	0,9	-4,3	0,1		
1977/II	2,4	4,7	4,6	1,9	-4,2	0,8		
1978/I	3,0	4,2	3,1	4,3	3,1	4,1		
1978/II	3,5	3,5	6,9	3,3	2,6	3,2		

* berechnet als Summe aus Spalte 1) und 2)

Quelle:
Statistisches Bundesamt, Fachserie 18, Reihe 1.3, Konten und Standardtabellen, 1987 Hauptbericht, Tabelle 2.5, S.201.

Tabelle 20.2

Nachfragekomponenten 1975 bis 1978
in Preisen von 1980

Jahr	BSP	privater Konsum	private Anlage-investitionen	staatl. Konsum 1)	staatl. Anlage-investitionen 2)	staatl. Ausgaben für Güter und Dienste*	Vorratsveränderungen	Außenbeitrag
				absolute Werte in Mrd.DM				
1975	1258,0	713,9	217,4	262,8	53,9	316,7	-7,5	17,5
1976	1328,2	740,3	229,0	266,8	52,0	318,8	22,8	17,3
1977	1363,4	771,8	241,2	270,4	49,8	320,2	13,2	16,9
1978	1407,9	801,4	253,5	280,8	51,2	332,0	8,3	12,6
				absolute Veränderungen gegenüber dem Vorjahr in Mrd.DM				
1975	-18,5	22,4	-13,6	9,4	-1,5	7,9	-13,8	-21,4
1976	70,2	26,4	11,6	4,0	-1,9	2,1	30,3	-0,2
1977	35,2	31,5	12,2	3,6	-2,2	1,4	-9,6	-0,4
1978	44,5	29.6	12,3	10,4	1,4	11,8	-4,9	-4,3
				relative Veränderungen gegenüber dem Vorjahr in %				
1975	-1,4	3,2	-5,9	3,7	-2,7	2,6		
1976	5,6	3,7	5,3	1,5	-3,5	0,7		
1977	2,7	4,3	5,3	1,3	-4,2	0,4		
1978	3,3	3,8	5,1	3,8	2,8	3,7		

* berechnet als Summe aus Spalte 1) und 2)

Quelle:
Statistisches Bundesamt, Fachserie 18, Reihe 1.3, Konten und Standardtabellen, 1987 Hauptbericht, Tabelle 2.5, S.198.

Tabelle 21

Staatsausgaben und -einnahmen in Preisen von 1980

Jahr	Ausgaben Staatsausgaben insgesamt 1)	staatl. Konsum 2)	staatl. Investitionen 3)	Staatsausgaben für Güter und Dienste 4)	Transferausgaben 5)	Einnahmen Staatseinnahmen insgesamt 1)	Sozialversicherungsbeiträge 1)	Steuern und sonstige Einnahmen 1)
	absolute Werte in Mrd.DM							
1975	631,6	262,8	53,9	316,7	314,9	560,2	207,7	352,5
1976	652,6	266,8	52,0	318,8	333,8	607,0	224,9	382,1
1977	670,5	270,4	49,8	320,2	350,3	637,3	230,6	406,7
1978	690,5	280,8	51,2	332,0	358,5	655,5	236,7	418,8
	absolute Veränderungen gegenüber dem Vorjahr in Mrd.DM							
1975	47,1	9,4	-1,5	7,9	39,2	-7,6	11,0	-18,6
1976	21,0	4,0	-1,9	2,1	18,9	46,8	17,2	29,6
1977	17,9	3,6	-2,2	1,4	16,5	30,3	5,7	24,6
1978	20,0	10,4	1,4	11,8	8,2	18,2	6,1	12,1
	relative Veränderungen gegenüber dem Vorjahr in %							
1975	8,1	3,7	-2,7	2,6	14,2	-1,3	5,6	-5,0
1976	3,3	1,5	-3,5	0,7	6,0	8,4	8,3	8,4
1977	2,7	1,3	-4,2	0,4	4,9	5,0	2,5	6,4
1978	3,0	3,8	2,8	3,7	2,3	2,9	2,6	3,0

Quellen:
1) SVR: JG 1986/87, Tabelle 36*, S.244, deflationiert mit dem Preisindex des Bruttosozialprodukts (letzte inländische Verwendung von Gütern), in: Statistisches Bundesamt, Fachserie 18, Reihe 1.3, Konten und Standardtabellen, 1987 Hauptbericht, Tabelle 2.5, S.202.
2) Statistisches Bundesamt, Fachserie 18 Reihe 1.3, Konten und Standardtabellen, Tabelle 2.5, S.200.
3) ebenda.
4) berechnet aus Summe der Spalten 2) und 3).
5) berechnet aus Differenz der Spalten 1) und 4).

Tabelle 22

Bruttosozialprodukt und privates Verfügungseinkommen von 1975 bis 1978 (in Preisen von 1980)

	Bruttosozialprodukt 1)	privates Verfügungseinkommen 2)
	absolute Werte in Mrd.DM	
1975	1258,0	840,4
1976	1328,2	868,1
1977	1363,4	887,8
1978	1407,9	917,2
	absolute Veränderungen in Mrd.DM	
1975	-18,5	26,9
1976	70,2	27,7
1977	35,2	19,7
1978	44,5	29,4
	relative Veränderungen in %	
1975	-1,4	3,3
1976	5,6	3,3
1977	2,7	2,3
1978	3,3	3,3

Quelle:
1) Statistisches Bundesamt, Fachserie 18, Reihe 1.3, Konten und Standardtabellen, 1987 Hauptbericht, Tabelle 2.5, S.200, eigene Berechnungen.
2) SVR: JG 1986/87, Tabelle 32*, S.236 und eigene Berechnungen: reale Werte deflationiert mit dem Preisindex des Bruttosozialprodukts (letzte inländische Verwendung von Gütern) in: Statistisches Bundesamt, Fachserie 18, Reihe 1.3, Konten und Standardtabellen, 1987 Hauptbericht, Tabelle 2.5, S.202.

Expansive Impulse sind auf die Ausgaben für Güter und Dienste zunächst noch von den im Dritten Hauptteil behandelten Programmen, insbesondere von dem Programm zur Stützung von Bau- und anderen Investitionen vom August 1975 ausgegangen. Letzteres sah bei einem Volumen von (nominell) 5,75 Mrd. DM einen Betrag von 4,75 Mrd. DM für Investitionen des Bundes und der Gemeinden vor. Die Aufträge sollten bis Ende 1975 vergeben und bis Ende 1976 abgewickelt werden. Insofern dürfte der größere Teil dieses Betrags im Jahr 1976 ausgabenwirksam geworden sein.

Von den drei Sonderprogrammen des Jahres 1976 wurden Ausgaben für Güter und Dienste nur von einem Teil des Sonderprogramms für Arbeitsförderungmaßnahmen vom 28. Januar (1)[68] ausgelöst, der weitere Teil des insgesamt nur auf 200 Mio. DM ausgelegten Programms initiierte Transferzahlungen. Der relativ niedrige Ansatz dieses Programms ist — abgesehen davon, daß sich die Konjunkturbelebung zu diesem Zeitpunkt schon deutlich abzeichnete und die Haushalte auf Konsolidierungskurs gefahren werden sollten — darin begründet, daß es nur eine Ergänzung zu dem oben genannten August-Programm sein sollte: dieses betraf ja ausschließlich die Förderung der Bauwirtschaft; in dem neuen Programm war ausdrücklich vorgesehen, daß die Mittel für Förderungsmaßnahmen außerhalb des Hoch- und Tiefbaus eingesetzt werden sollten.

In geringem Umfang gingen auch von dem arbeitsmarktpolitischen Programm vom November (3)[69] expansive Wirkungen auf die Ausgaben für Güter und Dienste aus. Der größere Teil dieses Programms entfiel auf Transferausgaben und wurde erst im Jahr 1977 ausgabenwirksam.

Die Gesamtheit dieser Maßnahmen schlug sich darin nieder, daß die Ausgaben für Güter und Dienste, die im Jahr 1975 um 7,9 Mrd. DM mit einer Rate von 2,6 % zugenommen hatten, nun auf eine Zunahme von

2,1 Mrd. DM bzw. 0,7 %

reduziert wurden; ich erinnere daran, daß die monetäre Gesamtnachfrage um 70,2 Mrd. DM mit einer Rate von 5,6 % zunahm.

Da ich für die zweite Hälfte der 70er Jahre die längerfristig durchschnittlich erreichbare reale Wachstumsrate zwischen 3 % und 4 % angesetzt habe, muß man die Wirkung des *Instrumenteneinsatzes auf die Ausgaben für Güter und Dienste für dieses Jahr als restriktiv einstufen.*

Der weitere Instrumenteneinsatz betraf Änderungen des Verfügungseinkommens zum einen aus den Transferausgaben, zum anderen aus den Entzugseffekten der Abgabenerhebung.

Wesentliche Kürzungen bei einer Reihe von *Transferzahlungen* gegenüber den Ansätzen in der „Fortschreibung des Finanzplans 1974/75 bis 1978/79" sah

---

68 Siehe S. 141.
69 Siehe S. 141.

das Haushaltsstrukturgesetz vom Herbst 1975 vor. Expansiv wurden die Transferausgaben im Jahr 1976 zunächst noch von der Investitionsgüterzulage des Programms zur Förderung von Beschäftigung und Wachstum bei Stabilität vom Dezember 1974 beeinflußt, da die Prämie für bestimmte Investitionen noch bis Mitte 1977 beansprucht werden konnte. Auch aus dem Programm zur Stützung von Bau- und anderen Investitionen vom August 1975 resultierten positive Impulse in Form der Gewährung von Zinssubventionen und Investitionskostenzuschüssen. Aus dem Jahr 1976 wurde das Sonderprogramm für Arbeitsförderungsmaßnahmen vom Januar (1)[70] und — mit wohl nur geringen Beträgen — das arbeitsmarktpolitische Programm vom November (3)[71] ausgabenwirksam.

Die Gesamtheit dieser Maßnahmen schlug sich in einer Zunahme der Transferzahlungen um

18,9 Mrd. DM bzw. 6 %

nieder. Diese lag also sowohl weit über der Steigerung der Ausgaben für Güter und Dienste wie auch der monetären Gesamtnachfrage.

Das Pendant zu den Transferzahlungen, die eine Erhöhung der Verfügungseinkommen bewirken, stellen die Entzugseffekte dar, die von den *Staatseinnahmen* ausgehen. Letztere nahmen im Vergleich zum Vorjahr, wo sie um 7,6 Mrd. DM bzw. um 1,3 % abgenommen hatten, um

46,8 Mrd. DM bzw. 8,4 %

zu. Die beiden Abgabearten — Sozialabgaben sowie Steuern und sonstige Abgaben — wuchsen etwa mit der gleichen Rate. Da die Einnahmen aus Steuern und sonstigen Abgaben im Vorjahr jedoch abgenommen hatten, kommt in dieser gleichen Zuwachsrate nicht zum Ausdruck, daß die absolute Einnahmenerhöhung aus Steuern und sonstigen Abgaben (+29,6 Mrd. DM) sehr viel höher war als die aus Sozialversicherungsbeiträgen (+17,2 Mrd. DM). Die nicht unerheblich über das Wachstum des Sozialprodukts und damit des Volkseinkommens hinausgehende Steigerung der Steuereinnahmen geht im wesentlichen auf die progressive Ausgestaltung des Steuersystems zurück. Das Bruttosozialprodukt stieg in diesem Jahr nominell um 9,4 %; die Progression des Steuersystems bedingte eine entsprechend stärkere Zunahme der Entzugseffekte.

Die daraus resultierenden Einkommensentzugseffekte wurden geringfügig durch die Einführung des Verlustrücktrags vom April 1976 (2)[72] beeinflußt; die Steuermindereinnahmen aus dieser Maßnahme sollten für das Jahr 1976 300 Mio. DM betragen. Die Wirkung des Verlustrücktrags sollte in der Risikominderung und damit in der längerfristigen Anregung der privaten Investitionsbereitschaft bestehen.

---

70 Siehe S. 141.

71 Siehe S. 141.

72 Siehe S. 141.

Der Saldo aus den positiven Wirkungen der Transferausgaben (+21 Mrd. DM) und der negativen der steuerlichen Entzugseffekte (+46,8 Mrd. DM) schlägt sich in der Differenz zwischen der Veränderung des Bruttosozialprodukts und des Verfügungseinkommens nieder. Das Bruttosozialprodukt stieg in diesem Jahr mit einer Rate von 5,6 %, das private Verfügungseinkommen nur mit

3,3 %.

Der abgabenbedingte Entzugseffekt hat die expansiven Impulse der Transferausgaben also erheblich überkompensiert, und die *Steigerung der Verfügungseinkommen*, von denen die induzierten Impulse auf die privaten Konsum- und Investitionsausgaben ausgehen, etwa *auf die mittelfristige „Normalrate" reduziert.*

Bei der Abschätzung der *induzierten Impulse* ist also von diesen Wirkungen des Instrumenteneinsatzes auszugehen. Die *Konsumausgaben* sind mit einer Wachstumsrate von

3,7 %

nicht wesentlich stärker als im Vorjahr (3,2 %) gestiegen. Sie nahmen damit allerdings stärker zu als das private Verfügungseinkommen, das sich nur um 3,3 % erhöhte, was darauf hinweist, daß die Sparrate gesunken ist. Die im Vergleich zur Zunahme des Bruttosozialprodukts sehr viel geringere Steigerung des Verfügungseinkommens, die als wesentliche Ursache des relativ bescheidenen Konsumanstiegs angesehen werden kann, ist insofern von der Finanzgebarung abhängig, als sie in der starken Steigerung der abgabenbedingten Entzugseffekte begründet ist.

Die beachtliche Erholung der *Anlageinvestitionen*, die im Vorjahr um 5,9 % abgenommen hatten und nun um

5,3 %

stiegen, ist zum einem in der generell veränderten Beurteilung der wirtschaftlichen Situation begründet, die von sehr vielfältigen Bestimmungsfaktoren beeinflußt wird, zum anderen dürfte dies noch eine wesentliche Auswirkung der Investitionszulage des Konjunkturprogramms vom Dezember 1974 sein.

Diese letztere Wirkung wäre schon unter die Kategorie der *implizierten Impulse* einzuordnen. Derartig implizierte Wirkungen sind weiter noch von den Zinssubventionen und den Investitionskostenzuschüssen des August-Programms zur Stützung von Bau- und anderen Investitionen aus dem Jahr 1975 ausgegangen, welches eine Anregung der privaten Investitionstätigkeit insbesondere im Bereich des Wohnungsbaus vorsah.

Betrachtet man abschließend noch die *Gesamtkonstellation* der Veränderung der Nachfragekomponenten, von denen der Konjunkturaufschwung getragen war, so ist festzuhalten: Von der Erhöhung der monetären Gesamtnachfrage um 70,2 Mrd. DM entfällt neben der Zunahme des privaten Konsums um 26,4 Mrd.

DM, und neben dem Anstieg der privaten Anlageinvestitionen um 11,6 Mrd. DM das Hauptgewicht auf die *Vorratsveränderungen* von

30,3 Mrd. DM.

Diese Wiederauffüllung der Lagerbestände hängt zunächst natürlich — wie es oben für die Wiederbelebung der Anlageinvestitionen ausgeführt wurde — mit der generellen Verbesserung der Beurteilung der wirtschaftlichen Situation zusammen. Wenn man nach einem möglichen Einfluß der Konsolidierungpolitik dieses Jahres, die ja unmittelbar eine Dämpfung der Nachfrage bedeutete, auf die starke Steigerung der Vorratsinvestitionen fragt, so läßt sich ein solcher nur so begründen, daß diese Politik eine Stärkung des Vertrauens in die zukünftige wirtschaftliche Entwicklung ausgelöst hat. Hinsichtlich der Wirkung von Zins- und Preisbewegung auf die Vorratsinvestitionen wird meist zwischen der Wirkung niedriger (hoher) und sinkender (steigender) Zinsen und Preise unterschieden; ein niedriger Stand hätte (von der Kostenseite her) positive, ein sinkender Trend — da er mit der Erwartung weiterer Senkungen verbunden ist und eine abwartende Haltung auslöst — negative Wirkungen auf die Vorratsinvestitionen. Insofern wären der in diesem Jahr sinkende Zinstrend ebenso wie die abnehmende Inflationsrate eher Argumente gegen die Wiederauffüllung der Lager gewesen.

Der Außenbeitrag war mit einem Rückgang von 0,2 Mrd. DM etwa ausgeglichen. Gleichwohl ging davon ein erheblicher Impuls auf die monetäre Gesamtnachfrage aus, da sich der reale Außenbeitrag im Vorjahr auf –21,4 Mrd. DM belaufen hatte.

Ich fasse die Einzelergebnisse zusammen:

Die Steigerung der staatlichen Ausgaben für Güter und Dienste hielt sich mit 0,7 % erheblich unter der Normalrate und hatte insofern negative Wirkungen auf die Gesamtnachfrage. Die von dem Saldo der abgabenbedingten Entzugseffekte und der Transferzahlungen ausgehenden Einflüsse reduzierten die Zunahme des Verfügungseinkommens gegenüber dem Wachstum des Bruttosozialprodukts erheblich; die Entzugseffekte waren jedoch weniger in konsolidierungspolitischen Maßnahmen als in der built-in-flexibility der progressiven Ausgestaltung des Steuersystems begründet und sind insofern nicht der Konsolidierungspolitik zuzurechnen. Diese Effekte senkten die Steigerung der Verfügungseinkommen jedoch nicht unter die „Normalrate“. Die starke Steigerung der privaten Anlage- und Vorratsinvestitionen kann angesichts der Reduktion der staatlichen Nachfragekomponente auf eine Wachstumsrate von 0,7 % durch die Finanzgebarung nur über die gezielten Förderungsmaßnahmen vor allem der Vorjahre und als Ausdruck des durch die Konsolidierungspolitik gestärkten Vertrauens und damit als crowding-in-Effekt interpretiert werden.

Für die Analyse der Finanzpolitik des Jahres 1977 ist vorzumerken, daß die Konjunkturprogramme vom Dezember 1974 und August 1975 dem Anstieg der Investitionstätigkeit im Jahre 1976 starke (implizierte) Impulse gegeben haben

— eine Wirkung, die im Jahr 1977 mit Auslaufen der Programme nicht mehr auftrat.

Eine Zusammenfassung dieser verschiedenen Impulse zu einem quantitativen Gesamteffekt würde eine in der verbalen Argumentation nicht erreichbare Exaktheit vortäuschen. Dies gilt auch hinsichtlich möglicher Sekundärwirkungen, auf die ich deshalb nicht eingehe. Unterstreichen möchte ich aber doch, daß sowohl die für die Aufschwungsbewegung dominiernde Zunahme der Lagerhaltung wie auch die beträchtliche Erhöhung der privaten Anlageinvestitionen mit gutem Grund als Wirkungen der Konsolidierungspolitik interpretiert werden können.

Dem ließe sich natürlich entgegenhalten, daß der Auslastungsgrad des Produktionspotentials, der zwar von 90,9 % im Jahr 1975 auf 93,2 % im Jahr 1976 angestiegen war, weiterhin auf eine konjunkturbedingte Unterauslastung des Produktionsapparates hinweist, und Spielraum für eine stärker expansive Politik — nach der obigen Analyse vor allem durch eine stärkere Steigerung der Ausgaben für Güter und Dienste — gegeben hätte. Dagegen wiederum ließe sich einwenden, daß die Inflationsrate trotz der harten Konsolidierungspolitik der öffentlichen Haushalte im Jahr 1976 von 6 % im Vorjahr nur auf 4,5 % im laufenden Jahr gesenkt werden konnte. Die Weichen für die Entwicklung der Inflationsrate wurden vor allem mit den gemäßigten Lohnabschlüssen zu Beginn des Jahres gestellt; daneben hat die anhaltende Senkung des Dollarkurses im Jahr 1976 dazu beigetragen. Insofern könnte man argumentieren, daß eine gegenüber der ursprünglichen Ankündigung im Herbst 1975 weniger straffe Konsolidierungspolitik im laufenden Jahr die Geldwertentwicklung kaum beeinflußt hätte; denn für die Tarifabschlüsse zu Jahresbeginn 1976 war nicht die tatsächlich praktizierte Haushaltspolitik, sondern die erwähnte Ankündigung entscheidend. Eine demgegenüber weniger scharfe Konsolidierungspolitik im Jahr 1976 hätte aber sicher die weiterhin gemäßigten Lohnabschlüsse zu Jahresbeginn 1977 verhindert und damit das weitere Absinken der Inflationsrate im folgenden Jahr unterbrochen.

c) Wirkungen der Finanzgebarung im Jahr 1977

In den Gesamtgrößen schlug sich die Finanzgebarung im Jahr 1977 in einer Zunahme der *Gesamtausgaben* (in Preisen von 1980) um

17,9 Mrd. DM mit 2,7 %

und der *Gesamteinnahmen* (einschl. der Sozialversicherungsbeiträge) um

30,7 Mrd. DM mit 5 %

nieder.

Wie schon im Vorjahr wurden im Rahmen des Haushaltsstrukturgesetzes von 1975 bei den Gesamtausgaben erhebliche Kürzungen gegenüber dem fortgeschriebenen Finanzplan 1974/75 bis 1978/79 vorgenommen. Der Gesamtbetrag der Einsparungen belief sich auf 26,9 Mrd. DM, wovon erhebliche Beträge auf die Ausgaben für *Güter und Dienste* entfielen.

Von den verschiedenen Programmen, die Ende 1976 und im Laufe des Jahres 1977 mit der Absicht, expansive Wirkungen zu erzielen, beschlossen wurden, wurde vom Instrumenteneinsatz die Nachfrage nach *Gütern und Diensten* zunächst noch von dem arbeitsmarktpolitischen Programm vom November 1976 (3)[73] beeinflußt, das — wie ich oben schon erwähnt habe — überwiegend in diesem Jahr ausgabenwirksam wurde.

Wesentlich stärker wurden die Ausgaben für Güter und Dienste durch das Programm für Zukunftsinvestitionen vom März 1977 (8)[74] betroffen. Ich erwähnte oben, daß sich dieses Programm von bisherigen konjunkturpolitischen Maßnahmen dadurch unterschied, daß es in einer Kombination von wachstums-, struktur- und beschäftigungspolitischen Zielstellungen zum einen eine Planung für mehrere Jahre vorsah und zum anderen bei Ausgabenkategorien wie dem Verkehrswesen, der Energieversorgung, der Wasserwirtschaft und der Wohnungsumwelt ansetzte, die die Wirtschaftsentwicklung auf längere Sicht positiv fördern sollten. Von dem (nominellen) Gesamtvolumen in Höhe von 16 Mrd. DM sollten im Jahr 1977 3,5 Mrd. DM verausgabt werden. Die Bundesregierung hoffte, daß das Programmvolumen nicht nur durch die untergeordneten Gebietskörperschaften erweitert würde, sondern vor allem, daß von der Auftragsvergabe beträchtliche Sekundärwirkungen ausgehen würden.

Das im Mai beschlossene Programm zur Stützung der Bauwirtschaft und zur Bekämpfung der Arbeitslosigkeit (9)[75] sah zur Erreichung dieser Ziele überwiegend Transferausgaben vor; daneben beinhaltete das Programm die Schaffung von 1600 zusätzlichen Planstellen für Vermittler und Berufsberater bei der Bundesanstalt für Arbeit, wodurch entsprechende zusätzliche Personalausgaben initiiert wurden.

Trotz dieser zusätzlichen Ausgabenbeschlüsse stiegen die Ausgaben für Güter und Dienste im Jahre 1977 nur um

1,4 Mrd. DM bzw. 0,4 %

und blieben damit noch unter den geringen Zuwächsen des Vorjahres zurück. Die nach den Konsolidierungsbeschlüssen vom August / September 1975 vorgesehene Kürzung der Ansätze der mittelfristigen Finanzplanung, in denen die zusätzlichen Maßnahmen noch nicht berücksichtigt waren, wurde im Zug der weiteren Planung und des Vollzugs des Haushalts 1977 also noch ausgedehnt. Angesichts der in den Sonderprogrammen vorgesehenen zusätzlichen Investi-

---

73 Siehe S. 141.

74 Siehe S. 143 f.

75 Siehe S. 144.

tionsausgaben fällt besonders auf, daß die Anlageinvestitionen des Staates um 2,2 Mrd. DM abgenommen haben. Dies geht vor allem darauf zurück, daß die Gemeinden, auf die der größere Teil der investiven öffentlichen Aufgaben entfällt, in der Konsolidierungspolitik — wie ich oben schon erwähnt habe — besonders hart vorgingen.

Das Haushaltsstrukturgesetz von 1975, in dem die Konsolidierungsabsichten festgeschrieben wurden, sah — wie im Vorjahr — neben der Einschränkung der Ausgaben für Güter und Dienste auch erhebliche Reduktionen der ursprünglich angesetzten *Transferausgaben* vor. Auch diese wurden durch die expansiv orientierten Sonderprogramme nur bedingt kompensiert. Ausgabewirksam wurde in diesem Jahr zunächst das im November 1976 beschlossene arbeitsmarktpolitische Programm (3)[76] mit einem (nominellen) Volumen von 1,53 Mrd. DM, von dem noch zusätzliche implizierte Impulse ausgegangen sein dürften, da für bestimmte Förderungsmaßnahmen nur Mittel gewährt wurden, wenn die Arbeitsgeber entsprechend höhere Ausgaben tätigten. Weitere Transferzahlungen in Höhe von 0,6 Mrd. DM wurden in dem Programm zur Stützung der Bauwirtschaft und zur Bekämpfung der Arbeitslosigkeit vom Mai 1977 (9)[77] beschlossen.

Insgesamt stiegen die Transferzahlungen in diesem Jahr um

16,5 Mrd. DM bzw. 4,9 %

zwar stärker als die gesamte monetäre Nachfrage mit 2,7 %, sie blieben aber hinter der Erhöhung des Vorjahres um 18,9 Mrd. DM bzw. 6 % zurück.

Während von den Transferausgaben positive Impulse auf das private Verfügungseinkommen ausgehen, bewirkt die Steigerung der Staatseinnahmen über die Entzugseffekte entsprechend negative Wirkungen.

Die gesamten *Staatseinnahmen* sind in diesem Jahr um

30,3 Mrd. DM bzw. 5 %

gestiegen. Die Zunahme hielt sich dabei erheblich unter der des Vorjahres von 46,8 Mrd. DM bzw. 8,4 %. Auf die Entwicklung der Steuereinnahmen wirkte sich zunächst die im Vergleich zum Vorjahr erheblich geringere Zunahme des Sozialprodukts aus; da das Bruttosozialprodukt aber nominell immer noch um 6,5 % stieg, bewirkte die Progression des Steuersystems — wie im Vorjahr — eine über die Wachstumsrate des Bruttosozialprodukts hinausgehende Erhöhung der Einnahmen. Einen in den Konsolidierungsmaßnahmen angelegten weiteren Anstieg der Einnahmen bewirkte die Erhöhung der Tabak- und der Branntweinsteuer (4)[78]. Man hatte sich von der Erhöhung der Tabaksteuer um 18 % zusätzliche Einnahmen von 0,9 Mrd. DM, von der Erhöhung der Branntweinabgabe um

[76] Siehe S. 141.
[77] Siehe S. 144.
[78] Siehe S. 142.

20 % von 0,3 Mrd. DM erwartet[79]. Tatsächlich beliefen sich die Mehreinnahmen aus beiden Abgaben in diesem Jahr, die nicht nur auf die Erhöhung der Tarife zurückgeht, nur auf 0,8 Mrd. DM[80].

Eine Minderung der Steuereinnahmen resultierte weiter aus dem im April 1976 beschlossenen Verlustrücktrag (2)[81]; man rechnete mit 100 Mio. DM. Das Körperschaftsteuerreformgesetz (6)[82], das zum 1. Januar 1977 in Kraft trat, beseitigte die Doppelbelastung für ausgeschüttete Gewinne. Es zielte — wie auch der Verlustrücktrag — auf eine längerfristige Belebung der privaten Investitionen. Im Aufkommen der Körperschaftssteuer wurde diese Entlastung nicht sichtbar; es stieg wegen erhöhter Abschlußzahlungen und Vorauszahlungen erheblich an[83]. Eine Minderung des Aufkommens aus der Einkommen- und der Grunderwerbsteuer um 0,8 Mrd. DM wurde aus dem Gesetz über steuerliche Vergünstigungen bei der Herstellung oder Anschaffung bestimmter Wohngebäude durch die Erweiterung der Abschreibungsvergünstigung des § 7b EStG auf Altbauten und die Befreiung von der Grunderwerbsteuer vom März 1977 (7)[84] erwartet. Auch diese Maßnahme zielte auf eine Belebung der privaten Investitionstätigkeit.

Der gesamte Instrumenteneinsatz — soweit er Transferausgaben und Abgaben anbetraf — schlug sich in dem Unterschied zwischen der Steigerungsrate des Bruttosozialprodukts und des Verfügungseinkommens nieder. Im Vorjahr war diese Differenz angesichts der starken Erhöhung der abgabenbedingten Entzugseffekte recht erheblich; das Bruttosozialprodukt stieg um 5,6 %, das private Verfügungseinkommen nur um 3,3 %. Demgegenüber beträgt die Wachstumsrate des Bruttosozialprodukts im Jahre 1977 2,7 %, die des Verfügungseinkommens

2,3 %.

Der reduzierende Einfluß der finanzpolitischen Impulse auf das Verfügungseinkommen war also wesentlich geringer als im Vorjahr.

Bei der Abschätzung der *induzierten Impulse* ist von der Steigerung der privaten Konsum- und Investitionsausgaben auszugehen. Hier ist nun überraschend, daß zum Rückgang der Wachstumsrate des Sozialprodukts bzw. der monetären Gesamtnachfrage, die als „Abbruch des Aufschwungs“ interpretiert wird, weder der private Konsum noch die privaten Anlageinvestitionen beitrugen. Die Konsum-

79 Vgl. Pressekonferenz über die Beschlüsse der Bundesregierung zur Haushalts- und Finanzpolitik. Ausführungen des Bundesministers der Finanzen und des Bundesministers für Wirtschaft, in: Bulletin ..., Nr. 109 vom 5. September 1975, S. 1073 - 1077, S. 1076.

80 Die ursprünglich zum 1. Januar 1977 vorgesehene Erhöhung der Umsatzsteuer um 2 Prozentpunkte, die Mehreinnahmen von 10 Mrd. DM bringen sollten, wurde durch die Beschlüsse vom Juni 1976 ausgesetzt.

81 Siehe S. 141.

82 Siehe S. 142.

83 Vgl. Finanzbericht 1979, S. 27.

84 Siehe S. 143.

ausgaben, die im vorhergehenden Jahr mit einer Rate von 3,7 % gestiegen waren, nahmen in diesem Jahr um

4,3 %

zu. Sie steigen damit also beträchtlich stärker als das Bruttosozialprodukt mit 2,7 % und das private Verfügungseinkommen mit 2,3 %. Die in diesen unterschiedlichen Steigerungsraten zum Ausdruck kommende Zunahme der Konsumquote ist komplementär zur Abnahme der Sparquote. Diese hat im Krisenjahr 1975 mit 15,1 % einen Höchststand erreicht. Sie nahm im Jahr 1976 auf 13,3 %, im Jahr 1977 auf 12,2 % ab[85]. Dieser Rückgang der Sparrate kann zum einen darin begründet sein, daß sich die Einkommensverteilung zugunsten der Bezieher niedriger Einkommen, deren Sparquote niedriger ist, verschoben hat, zum anderen darin, daß die Mehrzahl der Haushalte die weitere wirtschaftliche Entwicklung positiv beurteilte, wozu die Fortsetzung der Konsolidierungspolitik durchaus beigetragen haben kann.

Die privaten Anlageinvestitionen halten die Steigerungsrate von

5,3 %,

die sie im Vorjahr erreicht hatten. Bei der Besprechung des Vorjahres wurde schon darauf hingewiesen, daß die investitionsfördernden Maßnahmen der Konjunkturprogramme vom Dezember 1974 und August 1975 im Jahr 1976 teilweise ausliefen. Die Investitionsprämie des Dezemberprogramms 1974 wurde für Ausrüstungsinvestitionen bei Fertigstellung bis Mitte 1976, bei Wohnbauten bei Fertigstellung bis Mitte 1977 gewährt. Die investitionsanregenden Wirkungen dürften zum größeren Teil im Jahr 1976 aufgetreten sein; das gilt auch für jene Teile der Programme vom August 1975 und vom Januar 1976 (1)[86], die auf Anregung der privaten Investitionstätigkeit zielten und noch zu Beginn 1977 in Anspruch genommen werden konnten.

Von diesen Maßnahmen gingen im Jahr 1977 aufgrund ihrer Ausgestaltung auch *implizierte Impulse* aus, da die Maßnahmen nur zum Tragen kamen, wenn entsprechende private Investitionsausgaben getätigt wurden. Das gleiche gilt auch für Teile des November-Programms 1976 (3)[87], das mit 1,53 Mrd. DM ausgelegt war und Ansätze für Arbeitsbeschaffungsmaßnahmen, Mobilitäts- und Eingliederungshilfen, arbeitsfördernde Maßnahmen für Schwerbehinderte und berufliche Bildungsmaßnahmen für Jugendliche vorsah, da diese Hilfen nur gewährt wurden, wenn von privaten Arbeitgebern entsprechend höhere Mittel eingesetzt wurden. Für die Maßnahmen des Jahres 1977 trifft das für das Januar- und das März-Programm zu.

---

[85] SVR: JG 1987/88, Tab. 29*, S. 302 f.

[86] Siehe S. 141.

[87] Siehe S. 141.

Die Vielzahl der seit Ende 1974 ergriffenen, teilweise zwar nicht sehr umfangreichen, aber gezielt auf die Förderung der privaten Investitionstätigkeit gerichteten Maßnahmen dürfte im Jahr 1976 einen Vorzieheffekt in dem Sinne gehabt haben, daß Investitionen, die für einen späteren Zeitpunkt vorgesehen waren, schon im Jahr 1976 eingeleitet wurden. Wenn dies der Fall war, dann spricht einiges dafür, daß die privaten Anlageinvestitionen, die im Jahr 1976 und '77 mit einer Rate von jeweils 5,3 % zugenommen haben, ohne solche Maßnahmen im Jahr 1976 vielleicht mit einer geringeren, im Jahr 1977 mit einer höheren Rate gewachsen wären.

Eine derartige Argumentation könnte von Gegnern und Befürwortern einer antizyklischen Politik in unterschiedlicher Richtung weitergeführt werden: Der sehr starke Anstieg der privaten Anlageinvestitionen von einer negativen Rate von –5,9 % im Jahr 1975 auf 5,3 % im Jahr 1976 und das anschließende Verharren auf dieser Wachstumsrate im Jahr 1977 (und mit 5,1 % auch noch im Jahr 1978) ist für einen sich selbst tragenden Aufschwung untypisch, da dieser durch eine akzelerierende Zunahme der Investitionstätigkeit gekennzeichnet ist. Die Gegner einer antizyklischen Konjunkturpolitik könnten daraus die Folgerung ableiten, daß antizyklische Maßnahmen nur vorübergehende „Strohfeuer-Effekte" erzeugen, die bei Wegfall wieder „erlöschen" und eine kontinuierlichere Dynamik der Wirtschaft verhindern. Befürworter der antizyklischen Politik könnten argumentieren, daß die investitionsfördernden Maßnahmen zu kurzfristig terminiert bzw. nicht entsprechend verlängert wurden und damit die Entfaltung eines sich selbst tragenden Aufschwungs verhindert wurde.

Untypisch für diese Phase des Konjunkturverlaufs war nach den bisherigen Erfahrungen auch die Entwicklung des Außenbeitrags. Er hat im Jahr 1976 um 0,2 Mrd. DM abgenommen; diese Bewegung setzte sich auch im Jahr 1977 noch mit 0,4 Mrd. DM fort. Im Verlauf meiner Untersuchung wurde wiederholt darauf hingewiesen, daß der antizyklischen Bewegung des Außenbeitrags bis in die erste Hälfte der 70er Jahre eine zentrale Bedeutung für die Steuerung des Konjunkturgeschehens im Sinne einer Bremsung in Zeiten der Überhitzung und einer Belebung in der Rezession und in den ersten Aufstiegsphasen zukam. Diese Wirkung entfiel, als sich mit der Ölkrise ein Gleichlauf der bis dahin phasenverschoben ablaufenden nationalen Konjunkturbewegungen durchgesetzt hatte. Darüber hinaus dürfte eine nicht unwesentliche Rolle gespielt haben, daß sich in der deutschen Wirtschaft durch die jahrelange Überbewertung der DM gewisse Fehlentwicklungen im Aufbau der Produktionsstruktur herausgebildet hatten, die nach der Freigabe der Wechselkurse zunehmend deutlich wurden und deren Korrektur eine längere Anpassungszeit erforderte[88].

---

[88] Vgl. W. Ehrlicher (1976): Strukturelle Fehlentwicklungen in der Wirtschaft der Bundesrepublik Deutschland, in: Kredit und Kapital, 9. Jg., 1976, S. 1-23, S. 10 ff.

Bei einer Zusammenschau der Entwicklung aller Komponenten der monetären Gesamtnachfrage fällt auf, daß der Rückgang der Wachstumsrate des Sozialprodukts bzw. der monetären Gesamtnachfrage von 5,6 % im Jahr 1976 auf 2,7 % im Jahr 1977 ausschließlich auf den Rückgang der Vorratsinvestitionen zurückgeht, ja daß dieser sogar stärker war als die Veränderung der monetären Gesamtnachfrage: letztere war im Jahr 1976 um 70 Mrd. DM bei einer Zunahme der Lagerhaltung von 30,3 Mrd. DM gestiegen. Im Jahr 1977 nahm die monetäre Gesamtnachfrage bei einer Abnahme der Lagerhaltung von 9,6 Mrd. DM nur um 35,2 Mrd. DM zu. Gegenüber dem Jahr 1976 ergibt sich von dieser Veränderung in der Vornahme von Vorratsinvestitionen ein negativer monetärer Impuls von über 40 Mrd. DM.

Bevor ich weiter auf die mit der Entwicklung der Vorratsinvestitionen angesprochene Problematik eingehe, möchte ich die Einzelergebnisse der finanzpolitischen Analyse zusammenfassen:

Die Zunahme der staatlichen Ausgaben für Güter und Dienste blieb mit 0,4 % erheblich unter der Normalrate und hatte somit negative Wirkungen auf die Gesamtnachfrage. Der Saldo zwischen den negativen Wirkungen der Abgabenerhebung und den positiven der Transferzahlungen auf das Verfügungseinkommen war in diesem Jahr niedriger als im Jahr 1976. Dementsprechend war auch der Abstand zwischen der Wachstumsrate des Bruttosozialprodukts und der des privaten Verfügungseinkommens mit 2,7 % bzw. 2,4 % geringer. Der überproportional steigende Entzugseffekt geht dabei wiederum weniger auf konsolidierungspolitische Maßnahmen, sondern auf die Progression des Steuersystems zurück. Auswirkungen auf den Konsum gingen von der im Vergleich zum Vorjahr geringeren Steigerung des Verfügungseinkommens nicht aus. Der Konsum wuchs — bei Rückgang der Sparquote — sehr viel stärker als das private Verfügungseinkommen. Die privaten Anlageinvestitionen stiegen zwar nicht mit einer akzelerierenden Rate, wie es für einen sich selbst tragenden Aufschwung typisch wäre; die Zunahme hielt sich jedoch auf der gleichen Rate wie im Vorjahr, so daß auch bei dieser Komponente von keinem Abbruch der Konjunkturentwicklung gesprochen werden kann. Untypisch war das Stagnieren des Außenbeitrags in den beiden betrachteten Jahren insofern, als in früheren Jahren im Aufschwung eine starke Zunahme festzustellen war. Ein Zusammenhang mit der Konsolidierungspolitik läßt sich hier nicht sehen. *Der Abbruch des Konjunkturaufschwungs war* — wenn man bei einer positiven Wachstumsrate von 2,7 % von einem solchen sprechen will —, *von den Komponenten der monetären Nachfrage her gesehen, voll in dem Rückgang der Vorratsinvestitionen begründet.*

Dieses Ergebnis, in dem ich die wichtigste Aussage der vorstehenden Analyse der Konsolidierungspolitik sehe, ist überraschend und könnte Anlaß sein, die bisherigen Urteile über die Konsolidierungspolitik zu korrigieren oder zumindest zu modifizieren. Ich will dieses Ergebnis deshalb noch etwas interpretieren.

Im Jahr 1976 ging ein wesentlicher Teil der Zunahme der monetären Gesamtnachfrage, die den Konjunkturaufschwung getragen hat, auf die Zunahme der Vorratsinvestitionen und der privaten Anlageinvestitionen zurück. Ich habe dort argumentiert, daß dies — soweit man eine Verbindung zur Finanzgebarung herstellen kann — auf positive Erwartungseffekte der Konsolidierungspolitik und — hinsichtlich der Anlageinvestitionen — auf die investitionsfördernde Maßnahmen in Form von Prämienzahlungen oder Steuererleichterungen zurückzuführen ist. Im Jahr 1977 haben die Anlageinvestitionen mit der gleichen Rate wie im Vorjahr zugenommen, insofern könnte man allenfalls argumentieren, daß das Auslaufen der investitionsfördernden Maßnahmen die Akzeleration des Aufschwungs, die ja von einer stärkeren Steigerung der Anlageinvestitionen hätte getragen werden müssen, unterbrochen hat.

Hinsichtlich der Vorratsinvestitionen stellt sich die Frage, ob deren scharfer Einbruch mit der Konsolidierungspolitik in Zusammenhang steht. Ich erinnere nochmals daran, daß die Vorratsinvestitionen, die im Vorjahr über 30 Mrd. DM zugenommen hatten, in diesem Jahr um knapp 10 Mrd. DM abnahmen, so daß sich ein stark negativer Effekt auf die monetäre Gesamtnachfrage ergab.

Die Antwort ist nicht leicht zu geben, da die Bestimmungsgründe für die Bewegung der Vorratsinvestitionen noch weniger geklärt sind als die Determinanten der Anlageinvestitionen. Darüber hinaus wäre festzuhalten, daß sich gerade in der Lagerhaltung in jüngster Zeit aufgrund der technischen Entwicklung ganz entscheidende Veränderungen durchgesetzt haben und weiter durchsetzen. Die traditionelle Lehre von den Bewegungsvorgängen des Wirtschaftslebens unterscheidet drei Formen von Zyklen: die langfristigen Kontradieff-Zyklen, die mittelfristigen Juglar-Wellen, die bis zur Weltwirtschaftskrise — in einer Reihe von Ländern auch noch bis zum Zweiten Weltkrieg — als die Konjunkturwellen im engeren Sinne angesehen wurden, und die Kitchin-Wellen, als deren Bewegungsursache überwiegend typische Veränderungen der Lagerhaltung gelten.

Die Schwierigkeit eines Modells typischer Veränderungen der Lagerhaltung liegt darin, daß solche Veränderungen im Konjunkturverlauf aus gegensätzlichen Gründen und dementsprechend in gegensätzlich zu interpretierenden Konjunktursituationen auftreten können: Im Wirtschaftsaufschwung tritt in Erwartung höherer Produktion und höherer Absätze eine Zunahme der Lagerhaltung ein, im Wirtschaftsabschwung nehmen die Vorratsinvestitionen aus den umgekehrten Gründen ab. Die erwartete Preis- und Zinsentwicklung sind neben der Nachfrageerwartung weitere Argumente: Zur rechtzeitigen Bedienung einer erwarteten Nachfragesteigerung werden die Lagerbestände auf allen Ebenen ausgebaut; im Aufschwung werden steigende Preis erwartet, insofern besteht ein Interesse, sich frühzeitig zu noch günstigen Preisen einzudecken; soweit Vorratsinvestitionen über Kreditaufnahme finanziert werden, besteht ein ähnlicher Zusammenhang, da der Zinssatz in den ersten Phasen des Aufschwungs noch niedrig ist. Für

Abschwungsphasen gelten die gleichen Zusammenhänge mit umgekehrten Vorzeichen. Auch für die entgegengesetzte Entwicklung, daß die Lagerhaltung in der Hochkonjunktur abnimmt und im Abschwung zunimmt, lassen sich einleuchtende Argumente anführen: Bei schnellem Aufschwung können in der Wiederauffüllung der Lager von Seiten der Lieferanten Engpässe auftreten, die dazu zwingen, die Lagerhaltung unter das eigentlich gewünschte Maß zu reduzieren; umgekehrt kann es bei rückläufiger Nachfrage dazu kommen, daß die Lagerbestände unfreiwillig anwachsen. Den Werten, die die Entwicklung der Lagerhaltung anzeigen, ist nicht anzusehen, ob es sich dabei um freiwillige oder unfreiwillige Vorratsinvestitionen oder -desinvestitionen handelt.

Seit einiger Zeit vollziehen sich darüber hinaus in der Lagerhaltung beträchtliche strukturelle Wandlungen durch die Verbreitung des „Just-in-time-Systems". Die Entwicklung begann mit einer Zentralisation der Lagerhaltung durch Verlagerung oder durch Konzentration der einzelwirtschaftlichen oder lokalen Lagerhaltung bei regionalen Zentralen. Seit der fortschreitenden Computerisierung der Produktions- und Absatzvorgänge erfolgt die Anforderung von Vorprodukten, Ersatzteilen usw. just in time, d.h. also erst bei unmittelbarem Bedarf, so daß Lagerbestände im früheren Umfang überflüssig werden. Diese Entwicklung hält weiter an. Damit könnte die besondere Mechanik des Aufbaus und des Abbaus von Lagerbeständen, die in den traditionellen Konjunktur- und Wachstumszyklen eine wichtige Determinante war, entfallen.

Damit möchte ich zu der Frage zurückkommen, inwieweit die Konsolidierungspolitik die scharfe Wende in der Vornahme von Vorratsinvestitionen, die die wichtigste Determinante für den „Abbruch" des Konjunkturaufstiegs im Jahre 1977 war, verursacht oder mitverursacht hat. Ein solcher Zusammenhang bestünde dann, wenn die anhaltende Konsolidierungspolitik die Nachfrageerwartungen negativ beeinflußt hat und damit eine vorsichtigere Disposition in der Wiederauffüllung der Lager nahegelegt hätte. In ähnlichem Sinne wird in der Berichterstattung der damaligen Zeit argumentiert, daß sich die Nachfrage zögernder ausdehnte, als dies erwartet worden war und daß dies einen Abbau in der Lagerhaltung bewirkte. In dieser globalen Form ist diese Argumentation nicht überzeugend, da sie sich im Zusammenhang der Aggregate als Zirkelschluß darstellt: Die verhaltenere Entwicklung der Nachfrage war ja gerade in der Entwicklung jener Nachfragekomponente begründet — den Vorratsinvestitionen —, deren rückläufige Entwicklung erklärt werden soll. Man könnte nun argumentieren, daß es für den einzelnen Produzenten oder Händler nicht relevant ist, ob die verhaltene Nachfrageentwicklung (oder die Minderung) auf den Rückgang der Vorratsinvestitionen oder andere Nachfragekomponenten zurückgeht; entscheidend sei, daß er damit konfrontiert ist. In diesem Falle müßte man das obige Argument dahingehend modifizieren, daß die Konsolidierungspolitik im zweiten Jahr zwar die Endnachfrage noch nicht tangiert, daß sie aber die Absatzerwartungen speziell der Vorratsdisponenten negativ beeinflußt hat. Es spricht viel dafür, daß die Vorratsinvestitionen in besonderer Weise von Erwartungen abhängig sind.

Eine kausale Verbindung zur Konsolidierungspolitik würde sich dann so darstellen, daß diese im Jahr 1976 — auf Grund der Erwartung expandierender Wirtschaftsentwicklung — einen positiven Einfluß auf den Konsum, die Anlage- und die Vorratsinvestitionen hatte, der im Jahr 1977 nur auf den privaten Konsum und die privaten Anlageinvestitionen anhielt, bei den Vorratsinvestitionen aber — angesichts derer besonderer Empfindlichkeit — in die negative Richtung umschlug. Darüber hinaus könnte man natürlich sehr viel allgemeiner fragen, inwieweit im Rahmen der unstetigen Entwicklung des marktwirtschaftichen Prozesses ein eigenständiger endogener Mechanismus der Lagerhaltung vorliegt, der durch exogene Einflüsse verstärkt, abgeschwächt oder kompensiert werden kann.

Für ein abschließendes Urteil wären sicher sehr viel detailliertere Untersuchungen über die Art der Vorratsveränderungen nach Bereichen, Branchen, Produktionsstufen usw. erforderlich, die hier nicht angestellt werden können. Der globale Überblick über die Entwicklung der Vorratsinvestitionen gegen Ende meines Untersuchungszeitraums geht aber dahin, daß ihre Bewegung — solange die Lagerhaltung eine bedeutende Rolle spielt — von einer eigenständigen Mechanik des Überschießens und des Unterschießens gesteuert wird. Eine analoge Mechanik wird in jüngerer Zeit für die Erklärung der Wechselkursentwicklung konzipiert. Bei der Deutung eines solchen Über- und Unterschießens der Vorratsinvestitionen wäre ihre von den Anlageinvestitionen wesentlich verschiedene Stellung in der dynamischen Wirtschaftsentwicklung zu berücksichtigen. Bewegungen in den Anlageinvestitionen bedingen einen schnelleren oder langsameren Ausbau des Kapitalstocks, der die Produktions- und Konsummöglichkeiten in der Zukunft bestimmt. Demgegenüber handelt es sich bei den Vorratsinvestitionen um eine Zwischenstufe für die laufende Versorgung. Lager werden aufgefüllt und wieder abgebaut. Wenn die Auffüllung wie im Jahr 1976 nach einem starken Abbau wie in den Jahren 1974 und '75 vollzogen ist und vielleicht sogar ein gewisses Überschießen eingetreten ist, wird der weitere Aufbau abgebrochen. Angesichts der Größenordnungen in Relation zur Zunahme der monetären Gesamtnachfrage kann die Bewegung der Lagerhaltung in einzelnen Jahren zum wichtigsten, ja einzigen Bestimmungsgrund der Konjunkturentwicklung werden. Dies wäre ein Argument für eine antizyklische Politik eigener Art, deren sinnvoller Ansatz natürlich eine genauere Kenntnis der Art und der Determination der Mechanik der Lagerhaltung voraussetzen würde.

Abschließend möchte ich auch hier — wie bei der Besprechung des Vorjahres — wieder die Frage stellen, welche Wirkungen ein Aufschub der Konsolidierungspolitik im Jahr 1977 gehabt hätte. Der Auslastungsgrad des Produktionspotentials, der im Lauf des Jahres 1977 zwar weiter auf 94,2 % stieg, damit aber immer noch erheblich unter dem Normalsauslastunggrad lag, und die weiterhin anhaltende Arbeitslosigkeit — die Zahl der Arbeitslosen hatte 1977 nur um 30 000 abgenommen — hätte eine stärkere Zunahme der staatlichen Ausgaben für Güter und Dienste wohl erlaubt. Für dieses Jahr gilt allerdings noch stärker als für das Vorjahr die Frage nach den Konsequenzen für die Geldwertentwicklung: Die Inflationsrate sank im Lauf des Jahres weiter auf 3,5 %, diese Entwicklung wurde neben der vorsichtigen Geldmengenerweiterung durch die Bundesbank vor allem durch die erneut gemäßigten Lohnabschlüsse zu Beginn des Jahres 1977, die sich aber immer noch erheblich über der stabilitätspolitisch angebrachten Zunahme hielten, und das weitere Absinken des Dollarkurses ermöglicht. Insofern läuft die Frage darauf hinaus, ob eine Verschiebung des Konsolidierungskurses, die schon bei den Haushaltsberatungen Ende 1976 / Anfang 1977 deutlich geworden wäre, nicht zu anderen Ergebnissen in den Tarifverhandlungen geführt und damit den weiteren Abbau der Inflationsrate verhindert hätte. Ich möchte annehmen, daß es — wenn die Einkommenspolitik weiter von autonomen Tarifpartnern betrieben worden wäre — kaum zu dem weiteren Absinken der Preissteigerungsrate auf den Tiefstand im Jahr 1978 von 2,6 % gekommen wäre. Wenn eine flankierende, auf stabilitätskonforme Lohnabschlüsse gerichtete Einkommenspolitik — etwa in Form eines Stabilitätspaktes — praktiziert wird, ist diese Gefahr — wenn überhaupt gegeben — sehr viel geringer. Das Problem ist die Frage der politischen Durchsetzbarkeit einer solchen Einkommenspolitik — gleich in welcher Form der Institutionalisierung.

Die Verschiebung, wenn nicht die Einstellung der Konsolidierungsbemühungen hätten eine Wiederbelebung der aktiven antizyklischen Finanzpolitik, wie sie während meines Untersuchungszeitraumes betrieben wurde, schon im Jahr 1977 bedeutet. Die Renaissance, die diese Politik ab 1978 erfuhr, wäre dann mit einer höheren Inflationsrate gestartet und hätte damit wohl auch früher von einer neuerlichen Konsolidierung gestoppt werden müssen. Ich werde die zuletzt angeschnittene Frage in meinen Schlußbemerkungen, in denen ich einen kurzen Ausblick auf die Jahre 1978 bis 1982 anstelle, noch weiterverfolgen.

VI. Zusammenfassung

Ich habe in den letzten Abschnitten versucht, die Entwicklung der Jahre 1976 und '77 mit Hilfe eines gegenüber den traditionellen Budgetkonzepten differenzierteren Ansatzes zu analysieren. Das hatte zur Folge, daß ich auf der einen Seite auch zu differenzierteren Aussagen über die Entwicklung und Bedingtheit einzelner Größen kommen konnte, daß auf der anderen Seite aber die Saldierung dieser vielfältigen qualitativen Einzelaussagen zu einem quantitativen Gesamtergebnis nur eingeschränkt möglich war. Eine exakte Verarbeitung der Einzelergebnisse wäre nur im Rahmen eines ökonometrischen Modells erreichbar gewesen, die die Möglichkeiten eines einzelnen überschreitet.

Ich will trotz dieser Restriktion versuchen, eine kurze Antwort auf die Fragestellung meines Themas „Finanzpolitik 1967 - 1977 im Spannungsfeld zwischen konjunkturpolitischen Erfordernissen und Haushaltskonsolidierung“ zu geben.

Bei dieser Antwort wird zum einen davon ausgegangen, daß es das Ziel der aktiven Finanzpolitik ist, die Wirtschaftsentwicklung zu verstetigen, d.h. also die starken Ausschläge des nominellen und realen Wirtschaftswachstums zu vermeiden; zum anderen wird unterstellt, daß die Vermeidung oder zumindest Minderung solcher Schwankungen — die Ausschläge der realen Wachstumsrate des Bruttosozialprodukts in der Nachkriegszeit bewegten sich real zwischen +11,8 % (1955) und –1,4 % (1975), der Inflationsrate (wenn man die Extremwerte der Jahre 1951 und 1953 außer Ansatz läßt) zwischen 6,9 % (1973/74) und – 0,2 % (1986) — für die Volkswirtschaft insgesamt selbst dann einen Wohlfahrtsgewinn bedeutet hätten, wenn dies im längerfristigen Schnitt mit einer gewissen Minderung des Wachstumsrate verbunden gewesen wäre[89].

Unter diesen Annahmen geht das Ergebnis meiner Untersuchung dahin, daß der Konsolidierungspolitik der Jahre 1976/77 ein besseres Prädikat als der aktiven Finanzpolitik der vorhergehenden und — so möchte ich vorgreifend hinzufügen — auch der folgenden Jahre zu erteilen ist. Mit diese Aussage ist indirekt das weitere Ergebnis verbunden, daß ich das verbreitete Urteil, die Konsolidierungspolitik der Jahre 1976/77 hätte zum Abbruch des Konjunkturaufschwungs geführt, nach meiner „differenzierteren" Analyse nicht teilen kann. Auch diese Aussage ist zunächst wieder in der Zielstellung aktiver Konjunkturpolitik, die auf Verstetigung der Wirtschaftsentwicklung gerichtet ist, angelegt; denn von dieser Zielstellung her betrachte ich es weder als besonderen Erfolg der Stabilitätspolitik, wenn nach einer Wachstumsrate von -1,4 % im Jahr 1975 im Jahr 1976 eine Rate von 5,6 %, noch als stabilitätspolitisches Versagen, wenn im darauf folgenden Jahr ein Wachstum von „nur" 2,7 % erreicht wurde.

Der Zielstellung stetigen Wachstums, die bei weniger hektischer Finanzpolitik wahrscheinlich auch erfüllbar gewesen wäre, hätte es mehr entsprochen, wenn im Jahr 1976 eine etwas niedrigere, im Jahr 1977 eine etwas höhere Rate erreicht worden wäre. Dabei ist natürlich nicht an eine volle Nivellierung gedacht, denn nach einem konjunkturellen Einbruch mit negativen Raten erfordert die Rückkehr zur trendmäßigen Entwicklung schon rein rechnerisch eine höhere Rate. Die Wachstumsrate des privaten Konsums als vom Volumen her größte Komponente der monetären Gesamtnachfrage entwickelte sich sehr stetig: von 3,2 % im Jahr 1975 über 3,7 % im Jahr 1976 auf 4,3 % im Jahr 1977. Die privaten Anlageinvestitionen zeigen von 1975 auf '76 einen noch stärkeren Sprung als die Gesamtnachfra-

---

89 Für eine solche Annahme sprechen m. E. vor allem drei Gründe: Zunächst bedeuten Inflationsprozesse für Besitzer niedriger und mittlerer Vermögen hohe Verluste, weil sie in der Optimierung der Vermögensanlage bei schwankenden Zinssätzen ungeübt sind; sodann erfolgen bei rückläufiger Wirtschaftstätigkeit Entlassungen von Arbeitskräften — u. a. auf Grund unserer arbeitsrechtlichen Bestimmungen — schneller als Wiedereinstellungen bei Belebung der Wirtschaftstätigkeit — das kann zu zunehmender Dauerarbeitslosigkeit führen; schließlich kann erwartet werden, daß eine stetigere Wirtschaftsentwicklung auf längere Sicht eine gleichmäßigere Einkommens- und Vermögensverteilung bewirkt.

ge, nämlich von –5,9 % auf +5,3 %; auf dieser Größenordnung verharren sie im Jahr 1977. Es wurde oben festgestellt, daß die vielfältigen finanzpolitischen Förderungsmaßnahmen in den Jahren 1974-1976 Vorzugseffekte hatten. Bei etwas geringerem Mitteleinsatz wäre die Zuwachsrate der privaten Anlageinvestitionen im Jahr 1976 vielleicht etwas geringer und dafür 1977 etwas höher gewesen, so daß auch hier eine kontinuierliche Entwicklung nach der Rezession eingetreten wäre.

Die Ursache der Nachfrageausschläge in den Jahren 1976 und 1977 war das Über- und Unterschießen der Vorratsinvestitionen von –13,8 Mrd. DM im Jahr 1975 über +30,3 Mrd. DM im Jahr 1976 auf –9,6 Mrd. DM im Jahr 1977 (jeweils in Preisen von 1980). Ein Zusammenhang dieses Überschießens im Jahr 1976 mit der Konsolidierungspolitik läßt sich kaum konstruieren: Die staatlichen Ausgaben für Güter und Dienste, die im Jahr 1975 noch um 7,9 Mrd. DM (in Preisen von 1980) zugenommen hatten, stiegen im Jahr 1976 nur um 2,1 Mrd. DM. Aus nachfragetheoretischer Sicht kann ein Rückgang der staatlichen Nachfragekomponente sicher nicht der Anlaß für eine Zunahme der Vorratsinvestitionen gewesen sein; wenn man hier einen Zusammenhang sehen will, dann könnte er nur aus dem — angebotstheoretischen — Argument der vertrauensbildenden Wirkung der mit der Konsolidierungspolitik verbundenen Einschränkung der staatlichen Ausgaben für Güter und Dienste begründet werden.

Nicht so eindeutig fällt das Urteil für die Entwicklung im Jahr 1977 aus. Hier wurde die Zunahme der staatlichen Ausgabenkomponente in Fortführung des Konsolidierungskurses weiter von 21,1 Mrd. DM im Vorjahr auf 1,4 Mrd. DM reduziert. Die Ausweitung dieser Komponente blieb damit — wie oben festgestellt — mit einer Wachstumsrate von 0,4 % erheblich hinter der angenommenen „Normalrate" von 3-4 % zurück. Eine stärkere Steigerung der staatlichen Nachfragekomponente hätte vielleicht einen geringeren Rückgang der Vorratsinvestitionen zur Folge gehabt; welche Größenordnung hier erforderlich gewesen wäre, ist — angesichts der oben erwähnten Unsicherheit über Form und Determinanten eines möglichen Lagerhaltungszyklus — nicht zu sagen. Als Einwand gegen eine gewisse Aufgabe des Konsolidierungskurses im Jahr 1977 durch stärkere Ausweitung der staatlichen Ausgaben für Güter und Dienste verbleibt die oben angedeutete Vermutung, daß diese — unter den gegebenen Bedingungen der Lohnfindung — zu höheren Lohnabschlüssen mit den oben erläuterten Folgen für den weiteren Abbau der Inflation geführt hätte.

Wirkungen der öffentlichen Transfer- und Einnahmenentwicklung auf die privaten Ausgaben für Konsum und Anlageinvestitionen konnten — abgesehen von den positiven Effekten der auf Förderung der privaten Anlageinvestitionen gerichteten gezielten Maßnahmen — nicht festgestellt werden; insofern läßt sich ein direkter Einfluß auf die Entwicklung der Vorratsinvestitionen wieder nur insoweit ableiten, als eine geringer dosierte Expansionspolitik in den Jahren 1974/75 vielleicht ein Überschießen im Jahr 1976 verhindert hätte.

Schlußbemerkung

Wiederbelebung der aktiven Konjunkturpolitik 1978 bis 1982

Im Interesse einer zusätzlichen Bestätigung dieses Ergebnisses meiner Untersuchung, daß die antizyklische Finanzpolitik sich bei mangelnder lohnpolitischer Absicherung offenbar kaum so steuern läßt, daß es bei expansiver Orientierung nicht zur Überhitzung und / oder Inflation kommt und daß die Dämpfung solcher Entwicklungen nicht in Form einer „weichen Landung", sondern nur über tiefere Abstürze möglich ist, will ich abschließend noch einen kurzen Überblick über die Entwicklung von 1978 bis 1982 geben.

Die wirtschaftliche Entwicklung zeigte im Sommer 1977 einen gewissen Einbruch: die realen Wachstumsraten beliefen sich in Vierteljahreswerten auf 4,0 %, 1,8 %, 2,0 % und 2,9 %. Dies veranlaßte den Finanzplanungsrat und die Bundesregierung bei den Vorbereitungen der mittelfristigen Finanzplanung 1977 bis 1981 und der Haushaltsplanung für 1978 wieder zu einem expansiven Kurs überzugehen. Die Bundesregierung beschloß im Herbst einen umfangreichen Katalog von Maßnahmen. Der für notwendig erachtete Impuls sollte auf zwei Wegen erreicht werden: „Steuererleicherungen (von 1978: 7 Mrd. DM ansteigend auf 10½ Mrd. DM in 1981) sollen die Massenkaufkraft ohne zusätzliche Kostenbelastungen für die Wirtschaft stärken und die private Investitionsfähigkeit kräftigen. Expansive Staatsausgaben — insbesondere im Bereich der Investitionen — erhöhen direkt die gesamtwirtschaftliche Nachfrage, und zwar primär für 1978"[1]. Der Sachverständigenrat gab dieser Politik insofern eine Rechtfertigung, als er festgestellt hatte, daß das strukturelle Defizit im Jahr 1977 weitgehend beseitigt war und daß angesichts des schwachen Wirtschaftswachstums ein konjunkturelles Defizit vertretbar sei: „Die konjunkturellen Schwächetendenzen verlangen von der Finanzpolitik, daß diese ihr Augenmerk wieder stärker auf die kurzfristige Konjunkturstützung richtet, ... Da die Gefahr drohte, daß sich die — aus ungelösten Problemen auf der Angebotsseite resultierende — konjunkturelle Nachfrageschwäche verselbständigt, muß die Finanzpolitik kurzfristig die schwachen Auftriebskräfte stützen und die Wachstumsimpulse stärken"[2].

In der Finanzplanung des Bundes wurde eine Zunahme der Ausgaben um 10,1 % und eine Steigerung des Defizits von 20,7 Mrd. DM auf 27,5 Mrd. DM

---

1 Finanzbericht 1978, S. 72.

2 SVR: JG 1977/78, TZ 105*.

vorgesehen[3]. Länder und Gemeinden sollten ihre Ausgaben so erhöhen, daß der öffentliche Gesamthaushalt im Jahr 1978 um 9,5 % zunehmen würde[4]. Tatsächlich nahmen die Gesamtausgaben der Gebietskörperschaften im Jahr 1978 gegenüber dem Vorjahr um 9,7 % zu. Das Defizit stieg von 31,7 Mrd. DM auf 39,6 Mrd. DM an. Die Wachstumsrate erhöhte sich wieder auf 3,3 %. Unter den Nachfragekomponenten kam den staatlichen Ausgaben für Gütern und Dienste besondere Bedeutung zu. Sie stiegen nominell um 7,8 %, real um 3,7 %, nachdem die Zunahme im Vorjahr nur 1,6 % bzw. 0,4 % betragen hatte. Die Inflationsrate sank trotzdem auf Grund gemäßigter Lohnerhöhungen und des sinkenden Dollarkurses weiter auf 2,6 % ab.

Im Jahr 1979 wurde die expansive Finanzpolitik fortgesetzt. Die Ausgaben der Gebietskörperschaften wurden um 8,4 % erhöht; da die Einnahmen nur um 7,6 % zunahmen, erhöhte sich das Defizit von 39,6 Mrd. DM im Vorjahr auf 46,6 Mrd. DM. Der vom Sachverständigenrat errechnete konjunkturelle Impuls stieg noch stärker von 20,5 Mrd. DM auf 32,0 Mrd. DM[5]. Obwohl sich die Lohnerhöhungen zu Anfang 1979 mit etwa 5 % weiter in mäßigen Größenordnungen hielten — die Gewerkschaften richteten ihre Forderungen angesichts der anhaltenden Arbeitslosigkeit mehr auf Arbeitszeitverkürzungen als auf Lohnforderungen —, trat in der Geldwertentwicklung eine scharfe Wende ein: Die Inflationsrate, die im Vorjahr mit 2,6 % den Tiefpunkt erreicht hatte, stieg auf 3,7 % an.

Der Erfolg der erneut expansiven Finanzpolitik, die ja in erster Linie auf die Bekämpfung der Arbeitslosigkeit gerichtet war, blieb in den beiden Jahren 1978 und 1979 relativ bescheiden. Obwohl die reale Wachstumsrate des Bruttosozialprodukts von 2,7 % im Jahr 1977 über 3,3 % im Jahr 1978 auf 4,0 % im Jahr 1979 zunahm und die Vollauslastung des Produktionspotentials nach der älteren Berechnung[6] des Sachverständigenrates im Jahr 1979, nach der jüngeren[7] schon im Jahr 1978 erreicht und im Jahr 1979 nicht unerheblich überschritten wurde, ging die Arbeitslosigkeit, die Ende 1977 1,03 Mio. betragen hatte, im Jahr 1978 nur um 40 000 zurück. Erst im folgenden Jahr wurde mit einem Abbau um 110 000 ein gewisser Erfolg erreicht.

Mit der Umkehr der Geldwertentwicklung schaltete die Zentralbank schnell auf restriktiven Kurs um. Nachdem sie in den Vorjahren noch — teilweise erhebliche — Überschreitungen ihres Geldmengenziels zugelassen hatte, hielt sie sich in den Jahren 1979 und 1980 mit einer Ausweitung von 6,4 % bzw. 4,9 % im Jahresverlauf jeweils an der Untergrenze der auf 6-9 % bzw. 5-8 %

---

3 Finanzbericht 1978, S. 94.
4 ebenda, S. 73.
5 SVR: JG 1985/86, Tabelle 20, S. 82.
6 SVR: JG 1980/81, Schaubild 12, S. 57.
7 SVR: JG 1987/88, Schaubild 15, S. 66.

festgesetzten Bandbreite[8]. Gleichzeitig erhöhte sie ab März 1979 den Diskontsatz in schnellen Schritten von 3 % auf schließlich 7,5 % im Mai 1980. Diesen Satz behielt sie bis August 1982 bei. Die Inflationsrate stieg — nachdem auch die Lohnerhöhungen im Jahr 1980 mit im Durchschnitt etwa 7 % wieder stärker zunahmen — weiter über 5,3 % im Jahr 1980 auf 6,3 % im Jahr 1981 an.

Der wirtschaftliche Aufschwung brach im Jahr 1980 teils im Zusammenhang mit der zweiten Ölkrise, teils als Folge der restriktiven Geldpolitik mit einem Rückgang der Wachstumsrate von 4 % auf 1,5 % wieder ab; der Einbruch setzte sich mit einer Stagnation im Jahr 1981 und einem Rückgang auf –1,0 % im Jahr 1982 fort.

Die Finanzpolitik versuchte zunächst noch mit einer Steigerung des konjunkturellen Impulses — nach der Berechnung des Sachverständigenrats von 33,9 Mrd. DM im Jahr 1979 über 42,0 Mrd. DM im Jahr 1980 auf 46,9 Mrd. DM im Jahr 1981[9] — gegenzusteuern. Mit einem Grundsatzbeschluß zum Haushalt 1982 vom 30. Juli und den Beschlüssen des Entwurfs zum Haushalt 1982 und der mittelfristigen Finanzplanung 1981 bis 1985 vom 2. / 3. September gab sie diese Politik auf und schaltete — obwohl die Arbeitslosigkeit inzwischen die Millionengrenze wieder überschritten und die Auslastung des Produktionspotentials stark abnehmende Tendenz zeigte — wieder auf Konsolidierungskurs um[10]. Die Abschwungstendenzen verschärften sich und die Arbeitslosigkeit stieg im Jahr 1982 auf fast 2 Millionen an.

Als Ergebnis dieses kurzen Ausblicks bleibt festzuhalten, daß auch der dritte Versuch innerhalb der Periode aktiver Finanzpolitik von 1967 bis 1982, nach einer Zeit expansiver Politik und zunehmender Geldentwertung eine „weiche Landung“ zu erreichen, nicht gelungen ist. Die Frage, ob die Wohlfahrtsgewinne, die in dieser Zeit durch die expansive Politik erzielt wurden, durch die Wohlfahrtsverluste, die mit der „harten Landung“ verbunden waren, überkompensiert wurden, ist schwer zu beantworten.

Ich habe einleitend die kontroversen Positionen der Angebots- und Nachfragetheoretiker dargestellt und betont, daß es mir in dieser Untersuchung nicht darum geht, die eine oder andere Auffassung zu beweisen, sondern daß ich die beiderseitigen Theoreme als Fragestellungen und Hilfsmittel zur Analyse und Interpretation der Periode der aktiven Finanzpolitik verwenden will.

Von 1967 bis 1976 stieg des Bruttosozialprodukt (in Preisen von 1980) von 949 Mrd. DM auf 1 363 Mrd. DM um 41 % bzw. mit einer durchschnittlichen jährlichen realen Wachstumsrate von 3,4 %: Das war — wenn man bedenkt, daß die erste Ölkrise in diese Zeit fällt — ein durchaus bemerkenswertes Ergebnis.

[8] H. Schlesinger (1988), S. 10.

[9] SVR: JG 1984/85, Tabelle 30, S. 136.

[10] Finanzbericht 1982, S. 45 ff.

Da die Fragestellung dieser Arbeit konjunktur- und nicht wachstumspolitisch war, wurde die Frage des Beitrags der Finanzpolitik zu diesem Ergebnis nicht aufgeworfen. Im Hinblick auf das Ziel, die nominellen und realen Ausschläge der Wirtschaftsentwicklung zu dämpfen und einen stetigen Verlauf zu erreichen, hat die antizyklische Politik — wie das Schaubild auf S. 85 zeigt — versagt.

Bei der Analyse der zur Begründung der finanzpolitischen Entscheidungen und ihrer Kritik vorgetragenen Argumente zeichneten sich fortschreitend deutlicher zwei Strategien ab, die über divergierende Ansätze eine Verstetigung ereichen wollen:

— eine längerfristig orientierte, kontinuierliche Finanzgebarung, die nicht auf jeden tatsächlichen oder vermeintlichen Ausschlag der wirtschaftlichen Entwicklung hektisch reagiert und

— eine Ergänzung der antizyklischen Finanzpolitik durch eine flankierende stabilitätsorientierte Einkommenspolitik.

Die Konsolidierungspolitik der Jahre 1975 bis '77 kann als ein erster Versuch einer Neuorientierung der Finanzpolitik in Richtung der ersten Strategie angesehen werden. Dieser Versuch wurde vorzeitig abgebrochen. Ob die konsequente Weiterführung dieses Ansatzes, dazu geführt hätte, daß der 1977 vermeintlich abgebrochene Aufschwung schon damals in eine stetigere Anstiegsbewegung, wie sie ab 1982 über bisher sieben Jahre angehalten hat, eingemündet wäre, muß offen bleiben. In dieser letzten Periode wurde bei insgesamt niedrigeren Wachstumsraten zwar eine stetigere Entwicklung ereicht; dagegen gelang es nicht, die Arbeitslosigkeit nennenswert abzubauen.

Die zweite Strategie will die antizyklische Nachfragesteuerung mit ausgaben- und einnahmenpolitischen Instrumenten beibehalten, möchte aber das Überschießen in expansiver Richtung über die Ergänzung durch eine flankierende stabilitätsorientierte Einkommenspolitik verhindern; damit könnte dann auch das Unterschießen in Form der „harten Landung" vermieden werden, da die Geldpolitik nicht zur Bremsung gezwungen würde. Die Ergebnisse meiner Untersuchung sprechen insoweit für dieser Strategie, als das Überschießen in Form schnell zunehmender Inflationsraten entscheidend mit der Durchsetzung überhöhter Lohnsteigerungen zusammenhing. Die politische Durchsetzung und Bewährung dieser Strategie steht — jedenfalls für die Bundesrepublik — noch aus.

Literaturverzeichnis

Andel, N. (1983): Finanzwissenschaft, Tübingen 1983.

Andel, N. (1974): Das Konzept des konjunkturneutralen Haushalts, in: Finanzarchiv, N.F. Bd. 32, Tübingen 1974, S. 46-68.

Barthel, J. / Welsch, J. (1978): Die beschäftigungspolitische Konzeption des Sachverständigenrats im neuen Jahresgutachen, in: Die Neue Gesellschaft, 25. Jg., 1978, S. 117-120.

Berg, G. (1979): Mittelfristige Aspekte der Haushaltsgestaltung, in: Wirtschaftsdienst, Heft 9/1979, S. 443-448.

Borell, R. (1976): Tief im Defizit, in: Wirtschaftsdienst, Heft 1/1976, S. 22.

Brümmerhoff, D. (1987): Finanzwissenschaft, 2. Auflage, München, Wien, Oldenburg 1987.

Bünger, K. / Weilepp, M. (1973): Konzepte zur Messung der Konjunkturwirkungen der Staatstätigkeit, in: Wirtschaftdienst, Heft 6/1973, S. 321-329.

Bulletin des Presse- und Informationsamtes der Bundesregierung. Verschiedene Jahrgänge.

Bundesgesetzblatt. Verschiedene Jahrgänge.

Bundestagsdrucksache. Verschiedene Jahrgänge.

Burret, M. u. a. (1980): Die Finanzpolitik 1976 bis 1979 im Spannungsfeld zwischen Konjunkturstimulierung und Haushaltskonsolidierung, in: Kredit und Kapital, 13. Jg., Heft 4/1980, S. 469-505.

Deutsche Bundesbank: Auszüge aus Presseartikeln. Verschiedene Jahrgänge.

Deutsche Bundesbank: Geschäftsberichte. Verschiedene Jahrgänge.

Deutsche Bundesbank: Monatsberichte. Verschiedene Jahrgänge.

Deutsches Institut für Wirtschaftsforschung: DIW-Wochenberichte. Verschiedene Jahrgänge.

Deutsches Institut für Wirtschaftsforschung: Strukturberichterstattung. Verschiedene Jahrgänge.

Dieckheuer, G. (1980): Der crowding-out-Effekt — zum gegenwärtigen Stand der Theorie und Empirie, in: Vierteljahreshefte zur Wirtschaftsforschung, Heft 2/1980, S. 126-147.

Duwendag, D. (1983): Staatsverschuldung — Notwendigkeit und Gefahren, Baden-Baden 1983.

Ehrlicher, W. (1981): Finanzwirtschaft, öffentliche II: Die Finanzwirtschaft der Bundesrepublik Deutschland, in: Handbuch der Wirtschaftswissenschaft, 3. Bd.: Finanzen bis Handelshemmnisse, nicht-tarifäre, Stuttgart, Tübingen, Göttingen, S. 164-195.

Ehrlicher, W. (1988 b): Die Geld-, Finanz- und Einkommenspolitik im volkswirtschaftlichen Systemzusammenhang, in: Kredit und Kapital, 21. Jg., 1988, S. 163-181.

Ehrlicher, W. (1979): Grenzen der Staatsverschuldung, in: Wirtschaftswissenschaft als Grundlage staatlichen Handelns. Heinz Haller zum 65. Geburtstag (Hrsg.: Bohley, P. / Tolkemitt, G.), Tübingen 1979, S. 27-46.

Ehrlicher, W. (1985): Ein neuer Methodenstreit?, in: Jahrbuch für Sozialwissenschaften, Bd. 36, 1985, S. 109-127.

Ehrlicher, W. (1977): Öffentliche Sachausgaben, in: Handbuch der Finanzwissenschaft, Auflage, Bd. 1, Tübingen 1977, S. 753-795.

Ehrlicher, W. (1976): Strukturelle Fehlentwicklungen in der Wirtschaft der Bundesrepublik Deutschland, in: Kredit und Kapital, 9. Jg., 1976, S. 1-23.

Ehrlicher, W. (1988a): Wandlungen in den Konzepten der Geld-, Finanz- und Lohnpolitik 1948-1986, in: Herausforderungen der Wirtschaftspolitik. Festschrift zum 60. Geburtstag von Claus Köhler (Hrsg.: Flic, W. / Hübl, L. / Pohl, R.), Berlin 1988, S. 315-336.

Ehrlicher, W. / Rohwer, B. (1978): Chronik. Die öffentlichen Finanzen der Bundesrepublik Deutschland im Jahre 1975, in: Finanzarchiv, N.F. Bd. 36, Tübingen 1978, S. 485-512.

Ehrlicher W. / Rohwer, B. (1979): Chronik. Die öffentlichen Finanzen der Bundesrepublik Deutschland im Jahre 1976, in: Finanzarchiv, N.F. Bd. 37, Tübingen 1979, S. 307-337.

Ehrlicher, W. / Rohwer, B. (1980): Chronik. Die öffentlichen Finanzen der Bundesrepublik Deutschland im Jahre 1977, in: Finanzarchiv, N.F. Bd. 38, Tübingen 1980, S. 302-335.

Ehrlicher, W. / Hagemann, R. (1975/76): Chronik. Die öffentlichen Finanzen in der Bundesrepublik im Jahre 1973, in: Finanzarchiv, N.F. Bd. 34, Tübingen 1975/76, S. 116-137.

Ehrlicher, W. / Leibinger, H.-B. (1981): Chronik. Die öffentlichen Finanzen in der Bundesrepublik Deutschland 1978, in: Finanzarchiv, N.F. Bd. 39, Tübingen 1981, S. 462-494.

Emminger, O. (1976): Deutsche Geld- und Währungspolitik im Spannungsfeld zwischen innerem und äußerem Gleichgewicht (1948-1975), in: Währung und Wirtschaft in Deutschland 1876-1975, Frankfurt / Main 1976, S. 485-554.

Fabritius, H. G. (1975): Konjunkturtheoretische Vorstellungen des Sachverständigenrates zur Begutachtung der gesamtwirtschaftlichen Entwicklung. Eine Analyse der bis einschließlich 1972 veröffentlichten Gutachten. Volkswirtschaftliche Schriften, Heft 231, Berlin 1975.

Faust, R. (1979): Sachverständigenrat zwischen Keynesianismus und Monetarismus. Zur Konzeption der Sachverständigengutachten seit 1964. Institut für marxistische Studien und Forschungen (MSF). Informationsbericht Nr. 30.

Fecht, R. (1974): Die staatliche Tätigkeit in der Bundesrepublik Deutschland 1972, in: Finanzarchiv, N.F. Bd. 32, Tübingen 1974, S. 135-154.

Feldsieper, M. (1984): Staatsverschuldung, Konsolidierung und strukturelles Defizit, in: Finanzarchiv, N.F. Bd. 42, Tübingen 1984, S. 20-38.

Finanzberichte. Hrsg.: Bundesministerium der Finanzen, Bonn. Verschiedene Jahrgänge.

Gandenberger, O. (1980): Grenzen der Staatsverschuldung. Theoretische Erkenntnisse und Anwendung auf die Situation in der Bundesrepublik Deutschland, in: Beihefte der Konjunkturpolitik, Heft 27/1980, S. 9-18.

Gandenberger, O. (1972): Intertemporale Verteilungswirkungen der Staatsverschuldung, in: Probleme der Staatsverschuldung, Schriften des Vereins für Socialpolitik, N. F. Bd. 61, Berlin 1972, S. 189-213.

Gandenberger, O. (1981): Die Theorie der öffentlichen Verschuldung, in: Handbuch der Finanzwissenschaft, 3. Auflage, Bd. 3, Tübingen 1981, S. 3-49.

Gandenberger, O. (1983): Thesen zur Staatsverschuldung, in: Staatsfinanzierung im Wandel, Schriften des Vereins für Socialpolitik, N.F. Bd. 134, Berlin 1983, S. 843-865.

Gandenberger, O. (1974): Die Wirkungen des öffentlichen Kredits auf die Einkommensverteilung, in: WISU, 1974, S. 383-387.

Gschwendtner, H. (1981): Staatsverschuldung und finanzwirtschaftlicher Ausgabenspielraum, in: Finanzarchiv, N.F. Bd. 39, Tübingen 1981, S. 306-318.

Haberler, G. (1975): Wirtschaftswachstum und Stabilität. Wirtschaft und Wirtschaftspolitik im Wandel, Zürich 1975.

Härtel, H.-H. (1982): Budgetkonzepte, in: Handbuch der Wirtschaftswissenschaft (Hrsg.: Albers, W. u. a.), Bd. 9: Wirtschaft und Politik bis Zölle, Nachtrag, Stuttgart, Tübingen, Göttingen 1982, S. 724-735.

Hagemann, G. (1969): Chronik. Die öffentlichen Finanzen in der Bundesrepublik im Jahre 1965-1967, in: Finanzarchiv, N.F. Bd. 28, Tübingen 1969, S. 300-320.

Hagemann, G. (1972): Die staatliche Tätigkeit in der Bundesrepublik Deutschland 1970 und 1971, in: Finanzarchiv, N.F. Bd. 31, Tübingen 1972, S. 147-161.

Hansmeyer, K.-H. (1984): Der öffentliche Kredit 1 und 2, 3. Auflage, Frankfurt 1984 und 1987.

Hauser, H. J. (1979): Verteilungswirkungen der Staatsverschuldung, Frankfurt am Main 1979.

Hemmerich, F. (1982): Die Beschäftigungspolitik in der Bundesrepublik Deutschland in den Jahren 1974-1978. Eine wirkungsanalytische Untersuchung vor dem Hintergrund des spezifischen Charakters der Wirtschaftskrise und unter Berücksichtigung der aktuellen Funktionsmechanismen des Arbeitsmarktes. Volkswirtschaftliche Schriften, Heft 326, Berlin 1982.

Hesse, H. (1983): Theoretische Grundlagen der „fiscal Policy". Hagener Universitätstexte, München 1983.

Hoffmann, W. G. (1965): Das Wachstum der Deutschen Wirtschaft seit der Mitte des 19. Jahrhunderts, Berlin, Heidelberg, New York, 1965.

Institut für Arbeitsmarkt- und Berufsforschung der Bundesanstalt für Arbeit: Staat und Beschäftigung. Angebots- versus Nachfragepolitik in Theorie und Praxis. Beiträge zur Arbeitsmarkt- und Berufsforschung. AB 88, Nürnberg 1985.

Jaeger, F. (1982): Die Unterstellung der Staatsverschuldung unter ökonomisch fundierte Regelbindungen, in: Jahrbuch für Nationalökonomie und Statistik, Band 197, 1982, S. 413-435.

Jahreswirtschaftsberichte der Bundesregierung. Verschiedenen Jahrgänge.

Kloten, N. (1976): Erfolg und Mißerfolg der Stabilitätspolitik (1969 - 1974), in: Währung und Wirtschaft in Deutschland 1876 - 1975, Frankfurt am Main 1976, S. 643 - 690.

Kock, H. (1975): Stabilitätspolitik im föderalistischen System der Bundesrepublik Deutschland. Analyse und Reformvorschläge, Köln 1975.

Krause-Junk, G. (1982): Konsolidierung der öffentlichen Haushalte, strukturelles Defizit und konjunktureller Impuls. Zu einigen Begriffen des Sachverständigenrates, in: Finanzarchiv, N.F. Bd. 40, Tübingen 1982, S. 1 - 22.

Küchle, H. (1979): Zur Konjunkturtheorie des Sachverständigenrates, in: WSI-Mitteilungen, Heft 7/1979, S. 384 - 391.

Kuus, K.-A. (1982): Die Problematik der mittelfristigen Bezugsgrößen im „Konzept des konjunkturneutralen Haushalts", Freiburg 1982.

Leibfritz, W. (1979): Maßnahmen zur Überwindung der Wachstumsschwäche und ihre Grenzen — der Beitrag der Fiskalpolitik, in: Ifo-Schnelldienst, Heft 8/1979, S. 6 - 12.

Leibfritz, W. (1977): Öffentliche Haushalte auf Konsolidierungskurs, in: Wirtschaftskonjunktur, Ifo-Institut für Wirtschaftsforschung, Heft 3/1977.

Leibinger, H.-B. / Rohwer, B. (1981): Die Fiskalpolitik in den Jahren 1974 bis 1979: Ineffiziente Instrumente oder unzulängliche Anwendung?, in: Konjunkturpolitik. Zeitschrift für angewandte Wirtschaftsforschung, Heft 5/1981, S. 261 - 278.

Leibinger, H.-B. / Rohwer, B. (1983): Was kann die Fiskalpolitik noch leisten?, in: Konjunkturpolitik. Zeitschrift für angewandte Wirtschaftsforschung, Heft 3/1983, S. 141 - 162.

Leicht, A. (1976): „Keineswegs eine Konsolidierung". Albert Leicht über den Haushalt 1976, in: Wirtschaftswoche, Heft 5/1976, S. 28.

Lenk, R. (1977): Eine Kasuistik von Budgetkonzepten, in: Ifo-Studien, 23. Jg., Heft 1/2, 1977, S. 75 - 123.

Lenk, R. (1980): Konjunkturelle Wirkungen der Staatsverschuldung. Theoretische Aspekte und eine empirische Analyse für die Bundesrepublik Deutschland, in: Ifo-Studien, Heft 3/1980, S. 217 - 240.

Lenk, R. (1979): Zur Schätzung und Beurteilung konjunktureller Wirkungen öffentlicher Haushalte. Schriftenreihe des Ifo-Instituts für Wirtschaftsforschung, Nr. 100, Berlin, München 1979.

Lerner, A. P. (1979): Funktionale Finanzpolitik und Staatsschuld. Wiederabgedruckt in: Öffentliche Verschuldung, (Hrsg.: Nowotny, E.), Stuttgart, New York 1979, S. 87 - 94.

Lipp, E.-M. / Siedenberg, A. (1980): Budgetkonzepte in der Kritik, in: Wirtschaftsdienst, 60. Jg., Heft 4/1980, S. 201 - 208.

Matthöfer, H. (1980): Zur Rolle der Finanzpolitik in der Wirtschafts- und Gesellschaftspolitik, in: Wirtschaftspolitik — kontrovers. (Hrsg.: Simmert, D.), Köln 1980, S. 277 - 301.

Meißner, W. (1980): Die Lehre der Fünf Weisen. Eine Auseinandersetzung mit den Jahresgutachten des Sachverständigenrates zur Begutachtung der gesamtwirtschaftlichen Entwicklung, Köln 1980.

Meißner, W. / Welsch, J. (1977): Der Sachverständigenrat und die Strukturpolitik, in: WSI-Mitteilungen, Heft 2/1977, S. 65 - 70.

Meißner, W. / Welsch, J. (1976): Tendenzwende: Ökonomische Aspekte, in: Gewerkschaftliche Monatshefte, Heft 6/1976, Köln, S. 332-344.

Müller, G. (1980): Die Rolle der staatlichen Konjunkturpolitik bei Entstehung und Verlauf der Krise seit 1973, in: WSI-Mitteilungen, Heft 4/1980, S. 174-186.

Musgrave, R. A. / Musgrave, P. B. / Kullmer, L. (1975): Die öffentlichen Finanzen in Theorie und Praxis, Band 1-4, Tübingen 1975.

Musgrave, R. A. (1958): Theorie der öffentlichen Schuld. Handbuch der Finanzwissenschaft (Hrsg.: Gerloff, W. / Neumark, F.), 2. Auflage, Bd. 3, Tübingen 1958, S. 68-137.

Neumark, F. (1952): Grundsätze und Arten der Haushaltsführung und Finanzbedarfsdekkung, in: Handbuch der Finanzwissenschaft (Hrsg.: Gerloff, W. / Neumark, F.), 2. Auflage, Bd. 1, Tübingen 1952, S. 606-669.

Neumark, F. (1969): Ein neuer Kommentar zum Stabilitätsgesetz, in: Finanzarchiv, N.F. Bd. 28, Tübingen 1969, S. 321-333.

Oberhauser, A. (1976 a): Geld- und Kreditpolitik bei weitgehender Vollbeschäftigung und mäßigem Preisanstieg (1958-1974), in: Währung und Wirtschaft in Deutschland 1876-1975, Frankfurt / Main 1976, S. 609-642.

Oberhauser, A. (1970): Gewinnorientierte Einkommenspolitik und Staatsverschuldung, in: Theorie und Praxis des finanzpolitischen Interventionismus (Hrsg.: Haller, H.), Tübingen 1970, S. 529-550.

Oberhauser, A. (1986): Globalsteuerung erfordert lohnpolitische Absicherung, in: Die Zukunft der Globalsteuerung (Hrsg.: Körner, H. / Uhlig, Ch.), Bern 1986, S. 149-175.

Oberhauser, A. (1985 b): Lohnsteigerungen und Beschäftigung. Zur Absicherung wachstums- und beschäftigungspolitischer Strategien durch Lohn- und Vermögenspolitik, in: Wirtschaftspolitik und wirtschaftliche Entwicklung. Festschrift für Walter Hesselbach (Hrsg.: Langkau, J. / Köhler, C.), Bonn 1985, S. 201-216.

Oberhauser, A.(1984): Öffentliche Verschuldung zwischen Konsolidierungszwang und Konjunkturstabilisierung. Probleme und Perspektiven am See, Bodenseekreis, 1984.

Oberhauser, A. (1985 a): Das Schuldenparadox, in: Jahrbuch für Nationalökonomie und Statistik, Bd. 200, Stuttgart 1985, S. 333-348.

Oberhauser, A. (1976 b): Stabilitätspolitik zur Vermeidung der nächsten Rezession, in: Wirtschaftsdienst, Heft 12/1976, S. 623-628.

Oberhauser, A. (1985 c): Umrisse eines Stabilitätspaktes zwischen den Tarifpartnern, dem Staat und der Zentralbank, in: Gemeinsam aus der Beschäftigungskrise. Materialien für die Bildungspolitik. Arbeitsgemeinschaft katholisch-sozialer Bildungswerke in der Bundesrepublik Deutschland, AKSB Dokumente-Manuskripte-Protokolle, Heft 13, Bonn 1985, S. 54-65.

Oberhauser, A. (1986): Wie nachfragewirksam sind Änderungen der Staatsausgaben?, in: Schweizer Bankverein, Der Monat, Heft 9, S. 17-18.

Öffentliche Verschuldung, (Hrsg.: Nowotny, E.), Stuttgart 1979.

Pehl, G. (1978): Es bleibt bei über einer Million Arbeitslosen: Wirtschaftsentwicklung und Wirtschaftspolitik zwischen den DGB-Bundeskongressen 1975 und 1979, in: Gewerkschaftliche Monatshefte, Heft 3/1978, S. 168-178.

Pfeffer, A. (1975): Wirtschaftliche Entwicklung und Wirtschaftspolitik, in: Gewerkschaftliche Monatshefte, Heft 12/1975, S. 737-744.

Pohl, R. (1980): Die Auswirkungen der Staatsverschuldung auf die Finanzmärkte, in: Beihefte der Konjunkturpolitik. Zeitschrift für angewandte Wirtschaftsforschung, Heft 27: Probleme der Staatsverschuldung, Berlin 1980, S. 85-103.

Pohl, R. (1981): Einige geldtheoretische und geldpolitische Probleme des crowding-out des privaten Sektors durch den Staat, in: Geldpolitik, Zins und Staatsverschuldung. Schriften des Vereins für Socialpolitik, N.F. Bd. 111, Berlin 1981, S. 263-286.

Pohl, R. / Zwiener, R. (1982): Ein monetäres Teilmodell — ein Beitrag zur Weiterentwicklung des ökonometrischen Konjunkturmodells der Wirtschaftsforschungsinstitute, in: Vierteljahreshefte zur Wirtschaftsforschung, Heft 3/1982, S. 277-293.

Pohmer, D. (1972): Die Staatsverschuldung als Instrument der Verteilungspolitik, in: Probleme der Staatsverschuldung. Schriften des Vereins für Socialpolitik, N.F. Bd. 61, Berlin 1972, S. 143-187.

Priewe, J. (1976): Die beschäftigungstheoretische und -politische Konzeption des Sachverständigenrates in seinem Jahresgutachten 1975/76, in: WSI-Mitteilungen, Heft 9/1976, S. 511-523.

Probleme der Staatsverschuldung, (Hrsg.: Haller, H. / Albers, W.), Schriften des Vereins für Socialpolitik, Berlin 1972.

Public Dept and Future Generations, (Hrsg.: Ferguson, J. M.), Chapel Hill 1964.

Röhling, W. (1982): Der Einsatz nachfragewirksamer Staatsausgaben als konjunkturelle Steuergröße, in: Aktuelle Probleme der Wirtschaftspolitik. Ökonometrische Untersuchungen anhand des F&T-Modells, Tübingen 1982.

Rohwer, B. (1982): Beschäftigungspolitik bei anhaltend geringem Wirtschaftswachstums. Eine Analyse der Beschäftigungswirkungen längerfristig niedriger Wachstumsraten und möglicher wirtschaftspolitischer Kompensationsstrategien. Volkswirtschaftliche Schriften, Heft 317, Berlin 1982.

Rohwer, B. (1988): Konjunktur und Wachstum. Theorie und Empirie der Produktionsentwicklung in der Bundesrepublik Deutschland seit 1950, Berlin 1988.

Rohwer, B. (1986): Spielräume einer stärker expansiven Finanzpolitik, in: Wege zur Vollbeschäftigung. Konzepte einer aktiven Bekämpfung der Arbeitslosigkeit (Hrsg.: Krupp, H.-J. / Rohwer, B. / Rothschild, K. W.), Freiburg 1986, S. 148-167.

Rohwer, B. (1983): Strukturelles Defizit und Konsolidierungsbedarf, in: Ifo-Studien. Zeitschrift für empirische Wirtschaftsforschung, Heft 4/1983, S. 299-318.

Sachverständigenrat zur Begutachtung der gesamtwirtschaftlichen Entwicklung: Jahresgutachten. Verschiedene Jahrgänge.

Sachverständigenrat zur Begutachtung der gesamtwirtschaftlichen Entwicklung: Sondergutachten. Verschiedene Jahrgänge.

Sarrazin, T. (1983): Die Finanzpolitik des Bundes 1970-1982. Eine kritische Würdigung, in: Finanzarchiv, N.F. Bd. 41, Tübingen 1983, S. 373-387.

Sarrazin, T. (1985): Die Finanzpolitik des Bundes 1970-1982, in: Kämpfer ohne Pathos. Festschrift für Hans Matthöfer zum 60. Geburtstag (Hrsg.: Schmidt, H. / Hesselbach, W.), Bonn 1985, S. 195-201.

Sarrazin, T. (1981): Das Lächeln der Sphinx — oder: Die Staatsverschuldung und die Krise der Globalsteuerung, in: Aus Politik und Zeitgeschichte. Beilage zur Wochenzeitung Das Parlament, Heft 38/1981, S. 3-23.

Scherer, K. (1977): Maßstäbe zur Beurteilung von konjunkturellen Wirkungen des öffentlichen Haushalts. Finanzwissenschaftliche Schriften, Bd. 3, Frankfurt, Bern, 1977.

Scherf, W. (1985): Budgetmultiplikatoren, in: Jahrbuch für Nationalökonomie und Statistik, Bd. 200, Stuttgart 1985, S. 349-363.

Scherf, W. (1989): Zur Abgrenzung und finanzpolitischen Bedeutung verschiedener Arten der Staatsverschuldung, in: Jahrbuch für Nationalökonomie und Statistik, Bd. 206, Stuttgart 1989, S. 136-159.

Schiller, C. (1983): Staatsausgaben und crowding-out-Effekte, Frankfurt / Main 1983.

Schlesinger, H. (1976): Geldpolitik in der Phase des Wiederaufbaus (1950-1958), in: Währung und Wirtschaft in Deutschland 1876-1975 (Hrsg.: Deutsche Bundesbank), Frankfurt am Main 1976, S. 555-607.

Schlesinger, H. (1988): Das Konzept der Deutschen Bundesbank, in: Wandlungen des geldpolitischen Instrumentariums der Deutschen Bundesbank (Hrsg.: Ehrlicher, W. / Simmert, D.). Beihefte zu Kredit und Kapital, Heft 10, Berlin 1988, S. 3-20.

Schmidt, K. (1984): Mehr qualitative Konsolidierung und weniger Normalverschuldung, in: Wirtschaftsdienst, Heft 6/1984, S. 274-278.

Sievert, O. (1979): Die Steuerbarkeit der Konjunktur durch den Staat, in: Staat und Wirtschaft. Schriften des Vereins für Wirtschafts- und Socialwissenschaften. N. F. Bd. 101 (Hrsg.: Weizsäcker, C. C. v.), Berlin 1979, S. 809-846.

Sinn, H. W. (1983): Pro und contra Crowding-out. Zur Stichhaltigkeit dreier populärer Argumente, in: Kredit und Kapital, 16. Jg., 1983, S. 488-512.

Statistisches Bundesamt: Statistisches Jahrbuch. Verschiedene Jahrgänge.

Statistisches Bundesamt: Fachserie 17, Reihe 7, Preise und Preisindices für die Lebenshaltung, 1987.

Statistisches Bundesamt: Fachserie 18, Reihe 1. 3, Konten und Standardtabellen, 1987 Hauptbericht.

Stucken, R. (1964): Finanzwissenschaftliche Deckungsgrundsätze, in: Probleme des öffentlichen Budgets (Hrsg.: Jecht, H.), Schriften des Vereins für Socialpolitik, N.F. Bd. 31, Berlin 1964, S. 49-60.

Stucken, R. (1927): Grundsätze für die Anleihepolitik, in: Archiv für Sozialwissenschaften und Sozialpolitik, Bd. 57, 1927, S. 746-768.

Stucken, R. (1968): Die Haushaltspolitik im Gesetz zur Förderung der Stabilität und des Wachstums der Wirtschaft vom 8. Juni 1967, in: Finanzarchiv, N.F. Bd. 27, Tübingen 1968, S. 202-219.

Teichmann, D. (1980): Finanzpolitik zwischen Konsolidierung und Wachstumsförderung, in: Beschäftigungssichernde Finanzpolitik (Hrsg. Schäfer, C. / Tofaute, H.), Frankfurt / Main, New York 1980, S. 49-61.

Thiel, E. (1977): Etat-Konsolidierung 1977, in: Wirtschaftsdienst, Heft 2/1977, S. 54-55.

Thormälen, T. (1976): Der konjunkturneutrale Haushalt — Tautologie ohne empirischen Aussagegehalt, in: Wirtschaftsdienst, Heft 7/1976, S. 370-376.

Thormählen, T. (1981): Kritische Bemerkungen zur Berechnung des strukturellen Defizits, in: Wirtschaftsdienst, Heft 8/1981, S. 389-396.

Thormählen, T. (1977): Methodische Ansätze und Aussagefähigkeit von Budgetkonzepten, in: WiSt, Heft 6/1977, S. 263-270.

Thormählen, T. / Stahl, G. (1980): Das „neue" Budgetkonzept des SVR, in: Wirtschaftsdienst, Heft 2/1980, S. 103-108.

Thoss, R. (1980): Notwendigkeiten und Möglichkeiten steigender Staatsverschuldung, in: Beschäftigungssichernde Finanzpolitik (Hrsg.: Schäfer, C. / Tofaute, H.), Frankfurt / Main, New York, S. 79-87.

Vaubel, R. (1982): Ansätze zur Kürzung der Staatsausgaben, in: Wirtschaftsdienst, Heft 1/1982, S. 43-52.

Vesper, D. (1981): Staatliche Einflußnahme auf die Baunachfrage. Eine Analye für die Jahre 1965 bis 1980. Beiträge zur Stukturforschung, Heft 69, Berlin 1981.

Vesper, D. (1978): Versäumnisse der Finanzpolitik — Zukunftsorientierung tut Not, in: Vierteljahreshefte zur Wirtschaftsforschung 1978, S. 301-314.

Vesper, D. / Zwiener, R. (1982 a): Finanzpolitik und konjunkturelle Entwicklung. Einige Bemerkungen und Simulationsergebnisse zur Effizienz finanzpolitischer Konjunktursteuerung, in: WSI-Mitteilungen, Heft 10/1982, S. 587-596.

Vesper, D. / Zwiener, R. (1982 b): Konjunkturelle Effekte der Finanzpolitik 1974 bis 1981. Ergebnisse ökonometrischer Simulationsrechnungen, in: DIW-Wochenbericht, Heft 19/1982, S. 249-258.

Vomfelde, W. (1985): Abschied von Keynes? Eine Antwort auf die monetaristisch neoklassische Gegenrevolution, Frankfurt / Main, New York 1985.

Wegner, K. (1981): Im Blickpunkt: Sachverständigenrat und Konjunktur- und Wachstumspolitik der Bundesregierung seit 1964. Aachener ökonomische Studien, Frankfurt / Main 1981.

Welsch, J. (1980): Globalsteuerung in der Bundesrepublik Deutschland. Eine kritische Analyse der Stabilitäspolitik seit 1967, Köln 1980.

Wille, E. (1983): Zum Konsolidierungsbedarf der öffentlichen Haushalte , in: Perspektiven der deutschen Wirtschaftspolitik (Hrsg.: Siebert, H.), Stuttgart 1983, S. 97-111.

Willms, M. (1978): Volkswirtschaftliche Wirkungen einer zunehmenden Staatsverschuldung, in: Wirtschaftsdienst, Heft 9/1978, S. 439-445.

Wirtschaftskonjunktur. Berichte des Ifo-Instituts für Wirtschaftsforschung, Berlin, München. Verschiedene Jahrgänge.

Der Wissenschaftliche Beirat beim Bundesministerium der Finanzen: Entschließungen, Stellungnahmen und Gutachten 1949-1973 (Hrsg.: Wissenschaftlicher Beirat beim Bundesministerium der Finanzen), Tübingen 1974.

Der Wissenschaftliche Beirat beim Bundesministerium der Finanzen: Gutachten und Stellungnahmen 1974-1987 (Hrsg.: Wissenschaftlicher Beirat beim Bundesministerium der Finanzen), Tübingen 1987.

WSI-Mitteilungen. Zeitschrift des Wirtschafts- und Sozialwissenschaftlichen Instituts des Deutschen Gewerkschaftsbundes, Köln. Verschiedene Jahrgänge.

Zimmermann, H. / Henke, K.-D. (1985): Finanzwissenschaft, 4. Auflage, München 1985.

Zwiener, R. (1980): Weiterentwicklung des kurzfristigen ökonometrischen Modells der Wirtschaftsforschungsinstitute, in: Vierteljahreshefte zur Wirtschaftsforschung, Heft 3/4 1980, S. 281-296.

Tabellenanhang

Tabelle 1*

Wachstumsraten 1964-1982
in jeweiligen Preisen und in Preisen von 1980

- Jahreswerte
- Halbjahreswerte
- Vierteljahreswerte

jeweils
- absolute Werte in Mrd.DM
- relative Veränderung gegenüber dem Vor(halb-/viertel-)jahr in Prozent
- absolute Veränderung gegenüber dem Vor(halb-/viertel-)jahr in Mrd.DM

Quelle:
Statistisches Bundesamt, Fachserie 18, Reihe 1.3, Konten und Standardtabellen, 1987 Hauptbericht, Tabelle 2.5, S.198ff.

Jahr in jeweiligen Preisen	BSP	privater Konsum	staatl. Konsum	Bruttoinvestitionen	Anlageinvestitionen	Anlageinvestitionen privat	Anlageinvestitionen Staat	Vorratsveränderungen	Außenbeitrag
1964	419,6	233,5	62,1	118,1	111,7	90,8	20,9	6,4	5,9
1965	458,2	257,6	69,6	130,6	119,9	99	20,9	10,7	0,3
66	487,4	275,1	75,4	129,5	124,2	103	21,2	5,3	7,4
67	493,7	282,6	80	113,7	114,2	95,3	18,9	-0,5	17,3
68	533,7	300,7	82,7	130,5	119,4	98,7	20,7	11,1	19,7
69	597,8	330,9	93,1	156,2	138,9	115,2	23,7	17,3	17,6
1970	675,7	368,8	106,5	186,2	172	141	31,1	14,2	14,1
71	751,8	409,4	126,8	200,6	196,1	162,4	33,7	4,5	14,9
72	825,1	452,1	141,1	214	209,2	175,3	33,8	4,8	17,9
73	918,9	495,4	163,2	231,8	219,3	184,1	35,1	12,5	28,6
74	985,6	533,7	190,2	217,7	212,7	172,7	40	5	43,9
1975	1029,4	585,3	210	204	209,4	169,7	39,7	-5,4	30
76	1126,2	632,5	221,7	242,8	225,6	186,4	39,3	17,2	29,1
77	1199,2	683,2	235	251,9	242,4	203,4	39	9,5	29,1
78	1291,6	728,9	252,9	272,4	266	223,4	42,6	6,4	37,5
79	1396,6	785	273,3	326,9	303,4	255,6	47,8	23,5	11,3
1980	1485,2	840,8	297,8	349,6	335,8	282,7	53,1	13,8	-3
81	1545,1	887,8	318,2	323,8	335,2	285,4	49,8	-11,4	15,2
82	1597,1	918	326,2	315,4	326,9	281,6	45,3	-11,5	37,5

Wachstumsrate in % Jahr in jeweiligen Preisen	BSP	privater Konsum	staatl. Konsum	Bruttoinvestitionen	Anlageinvestitionen	Anlageinvestitionen privat	Anlageinvestitionen Staat
1964							
1965	9,2	10,3	12,1	10,6	7,3	9,0	0,0
66	6,4	6,8	8,3	-0,8	3,6	4,0	1,4
67	1,3	2,7	6,1	-12,2	-8,1	-7,5	-10,8
68	8,1	6,4	3,4	14,8	4,6	3,6	9,5
69	12,0	10,0	12,6	19,7	16,3	16,7	14,5
1970	13,0	11,5	14,4	19,2	23,8	22,4	31,2
71	11,3	11,0	19,1	7,7	14,0	15,2	8,4
72	9,7	10,4	11,3	6,7	6,7	7,9	0,3
73	11,4	9,6	15,7	8,3	4,8	5,0	3,8
74	7,3	7,7	16,5	-6,1	-3,0	-6,2	14,0
1975	4,4	9,7	10,4	-6,3	-1,6	-1,7	-0,7
76	9,4	8,1	5,6	19,0	7,7	9,8	-1,0
77	6,5	8,0	6,0	3,7	7,4	9,1	-0,8
78	7,7	6,7	7,6	8,1	9,7	9,8	9,2
79	8,1	7,7	8,1	20,0	14,1	14,4	12,2
1980	6,3	7,1	9,0	6,9	10,7	10,6	11,1
81	4,0	5,6	6,9	-7,4	-0,2	1,0	-6,2
82	3,4	3,4	2,5	-2,6	-2,5	-1,3	-9,0

absolute Veränderung Jahr in jeweiligen Preisen	BSP	privater Konsum	staatl. Konsum	Bruttoinvestitionen	Anlageinvestitionen	Anlageinvestitionen privat	Anlageinvestitionen Staat	Vorratsveränderungen	Außenbeitrag
1964,0									
1965,0	38,6	24,1	7,5	12,5	8,2	8,2	0,0	4,3	-5,6
66,0	29,2	17,5	5,8	-1,1	4,3	4,0	0,3	-5,4	7,1
67,0	6,3	7,5	4,6	-15,8	-10,0	-7,7	-2,3	-5,8	9,9
68,0	40,0	18,1	2,7	16,8	5,2	3,4	1,8	11,6	2,4
69,0	64,1	30,2	10,4	25,7	19,5	16,5	3,0	6,2	-2,1
1970,0	77,9	37,9	13,4	30,0	33,1	25,8	7,4	-3,1	-3,5
71,0	76,1	40,6	20,3	14,4	24,1	21,4	2,6	-9,7	0,8
72,0	73,3	42,7	14,3	13,4	13,1	12,9	0,1	0,3	3,0
73,0	93,8	43,3	22,1	17,8	10,1	8,8	1,3	7,7	10,7
74,0	66,7	38,3	27,0	-14,1	-6,6	-11,4	4,9	-7,5	15,3
1975,0	43,8	51,6	19,8	-13,7	-3,3	-3,0	-0,3	-10,4	-13,9
76,0	96,8	47,2	11,7	38,8	16,2	16,7	-0,4	22,6	-0,9
77,0	73,0	50,7	13,3	9,1	16,8	17,0	-0,3	-7,7	0,0
78,0	92,4	45,7	17,9	20,5	23,6	20,0	3,6	-3,1	8,4
79,0	105,0	56,1	20,4	54,5	37,4	32,2	5,2	17,1	-26,2
1980,0	88,6	55,8	24,5	22,7	32,4	27,1	5,3	-9,7	-14,3
81,0	59,9	47,0	20,4	-25,8	-0,6	2,7	-3,3	-25,2	18,2
82,0	52,0	30,2	8,0	-8,4	-8,3	-3,8	-4,5	-0,1	22,3

Jahr in Preisen von 1980	BSP	privater Konsum	staatl. Konsum	Brutto-investi-tionen	Anlage-investi-tionen	Anlage-investi-tionen privat	Anlage-investi-tionen Staat	Vorrats-verände-rungen	Außen-beitrag
1964	875,7	448,2	172,5	247,5	237,8	193,4	44,4	9,7	7,5
1965	922,7	479	181	266	248,9	204	44,9	17,1	-3,3
66	950,1	493,7	186,7	261,6	251,9	206,7	45,2	9,7	8,1
67	949,4	498,9	193,5	233,7	234,5	193,2	41,3	-0,8	23,3
68	1004,2	522,5	194,4	260	243	199	43,9	17	27,3
69	1079,6	564,1	203	294,8	266,8	219,2	47,7	28	17,6
1970	1134	606,8	211,9	316,3	291,9	238,1	53,8	24,4	-1
71	1168	638,1	222,8	316,9	309,6	255,7	53,9	7,3	-9,8
72	1217	666,6	232,1	326,2	317,9	265,4	52,4	8,3	-7,9
73	1274,1	687	243,6	335,2	316,8	264,8	52	18,4	8,3
74	1276,5	691,5	253,4	292,7	286,4	231	55,4	6,3	38,9
1975	1258	713,9	262,8	263,8	271,3	217,4	53,9	-7,5	17,5
76	1328,2	740,3	265,8	303,8	281	229	52	22,8	17,3
77	1363,4	771,8	270,4	304,2	291	241,2	49,8	13,2	16,9
78	1407,9	801,4	280,8	313	304,7	253,5	51,2	8,3	12,6
79	1463,6	830,4	290,3	351,8	326,7	274,1	52,6	25,1	-8,9
1980	1485,2	840,8	297,8	349,6	335,8	282,7	53,1	13,8	-3
81	1485,3	836,4	303,3	309	319,7	271,7	48	-10,7	36,6
82	1471	825,2	300,7	293,3	302,9	259,4	43,5	-9,6	51,7

Wachstums-rate in % Jahr in Preisen von 1980	BSP	privater Konsum	staatl. Konsum	Brutto-investi-tionen	Anlage-investi-tionen	Anlage-investi-tionen privat	Anlage-investi-tionen Staat
1964							
1965	5,4	6,9	4,9	7,5	4,7	5,5	1,1
66	3,0	3,1	3,1	-1,7	1,2	1,3	0,7
67	-0,1	1,1	3,6	-10,7	-6,9	-6,5	-8,6
68	5,8	4,7	0,5	11,3	3,6	3,0	6,3
69	7,5	8,0	4,4	13,4	9,8	10,2	8,7
1970	5,0	7,6	4,4	7,3	9,4	8,6	12,8
71	3,0	5,2	5,1	0,2	6,1	7,4	0,2
72	4,2	4,5	4,2	2,9	2,7	3,8	-2,8
73	4,7	3,1	5,0	2,8	-0,3	-0,2	-0,8
74	0,2	0,7	4,0	-12,7	-9,6	-12,8	6,5
1975	-1,4	3,2	3,7	-9,9	-5,3	-5,9	-2,7
76	5,6	3,7	1,5	15,2	3,6	5,3	-3,5
77	2,7	4,3	1,3	0,1	3,6	5,3	-4,2
78	3,3	3,8	3,8	2,9	4,7	5,1	2,8
79	4,0	3,6	3,4	12,4	7,2	8,1	2,7
1980	1,5	1,3	2,6	-0,6	2,8	3,1	1,0
81	0,0	-0,5	1,8	-11,6	-4,8	-3,9	-9,6
82	-1,0	-1,3	-0,9	-5,1	-5,3	-4,5	-9,4

absolute Veränderung Jahr in Preisen von 1980	BSP	privater Konsum	staatl. Konsum	Brutto-investitionen	Anlage-investitionen	Anlage-investitionen privat	Anlage-investitionen Staat	Vorrats-veränderungen	Außenbeitrag
1964,0									
1965,0	47,0	30,8	8,5	18,5	11,1	10,6	0,5	7,4	-10,8
66,0	27,4	14,7	5,7	-4,4	3,0	2,7	0,3	-7,4	11,4
67,0	-0,7	5,2	6,8	-27,9	-17,4	-13,5	-3,9	-10,5	15,2
68,0	54,8	23,6	0,9	26,3	8,5	5,8	2,6	17,8	4,0
69,0	75,4	41,6	8,6	34,8	23,8	20,2	3,8	11,0	-9,7
1970,0	54,4	42,7	8,9	21,5	25,1	18,9	6,1	-3,6	-18,6
71,0	34,0	31,3	10,9	0,6	17,7	17,6	0,1	-17,1	-8,8
72,0	49,0	28,5	9,3	9,3	8,3	9,7	-1,5	1,0	1,9
73,0	57,1	20,4	11,5	9,0	-1,1	-0,6	-0,4	10,1	16,2
74,0	2,4	4,5	9,8	-42,5	-30,4	-33,8	3,4	-12,1	30,6
1975,0	-18,5	22,4	9,4	-28,9	-15,1	-13,6	-1,5	-13,8	-21,4
76,0	70,2	26,4	4,0	40,0	9,7	11,6	-1,9	30,3	-0,2
77,0	35,2	31,5	3,6	0,4	10,0	12,2	-2,2	-9,6	-0,4
78,0	44,5	29,6	10,4	8,8	13,7	12,3	1,4	-4,9	-4,3
79,0	55,7	29,0	9,5	38,8	22,0	20,6	1,4	16,8	-21,5
1980,0	21,6	10,4	7,5	-2,2	9,1	8,6	0,5	-11,3	5,9
81,0	0,1	-4,4	5,5	-40,6	-16,1	-11,0	-5,1	-24,5	39,6
82,0	-14,3	-11,2	-2,6	-15,7	-16,8	-12,3	-4,5	1,1	15,1

Halbjahr in jeweiligen Preisen	BSP	privater Konsum	staatl. Konsum	Bruttoinvestitionen	Anlageinvestitionen	Anlageinvestitionen privat	Anlageinvestitionen Staat	Vorratsveränderungen	Außenbeitrag
1964,1	196	109,5	28,3	53,9	51,1	41,8	9,3	2,8	4,2
64,2	223,6	123,9	33,7	64,2	60,6	49	11,6	3,6	1,7
1965,1	215,2	119,9	31,6	63,4	55,3	46	9,3	8,1	0,3
65,2	243	137,7	38	67,2	64,6	53,1	11,5	2,6	0
66,1	232,7	130,6	34,7	65,9	59,5	49,8	9,7	6,4	1,5
66,2	254,7	144,4	40,7	63,6	64,7	53,2	11,5	-1,1	5,9
67,1	234,1	134,3	37,1	53,8	53,2	44,7	8,5	0,6	8,8
67,2	259,6	148,3	42,9	59,8	60,9	50,6	10,4	-1,1	8,5
68,1	247,3	140,9	37,9	59,9	53,5	44,5	9	6,4	8,7
68,2	286,4	159,9	44,8	70,6	65,9	54,2	11,7	4,7	11,1
69,1	275,5	154,9	42,7	70,4	61,5	51,5	10	8,9	7,5
69,2	322,3	176	50,4	85,8	77,4	63,7	13,7	8,4	10,1
1970,1	314,8	171,8	48,8	88,4	76,3	63,5	12,8	12,1	5,9
70,2	360,9	197,1	57,7	97,9	95,8	77,5	18,3	2,1	8,3
71,1	354,6	192,4	59,2	95,1	91,6	76,6	15,1	3,5	7,8
71,2	397,2	217	67,6	105,5	104,5	85,9	18,6	1	7,1
72,1	388,7	212,7	66,1	102,3	98,8	83,4	15,4	3,5	7,5
72,2	436,4	239,4	75	111,7	110,4	91,9	18,4	1,3	10,3
73,1	435,6	236,7	74,7	111,4	106,3	90,3	16	5,1	12,8
73,2	483,3	258,6	88,5	120,4	113	93,8	19,2	7,4	15,8
74,1	467,8	253,2	86,1	107	102,4	84,3	18,1	4,6	21,4
74,2	517,8	280,5	104,1	110,7	110,3	88,4	21,9	0,4	22,5
1975,1	487,9	276,5	96	98,5	97,7	79,6	18,1	0,8	16,8
75,2	541,5	308,8	114	105,5	111,7	90,1	21,6	-6,2	13,3
76,1	537,2	302	102,2	117,8	105,3	87,8	17,5	12,5	15,2
76,2	589	330,5	119,5	125	120,3	98,6	21,7	4,7	13,9
77,1	574,4	325	107,9	126,4	113,7	96,3	17,4	12,7	15,1
77,2	624,8	358,1	127,1	125,5	128,7	107,1	21,6	-3,2	14,1
78,1	616,1	348,8	115,9	131,6	122,2	103,3	18,9	9,4	19,7
78,2	675,5	380,1	136,9	140,7	143,7	120	23,7	-3	17,8
79,1	663,4	374,7	125,8	152,7	137	116,7	20,3	15,7	10,2
79,2	733,2	410,3	147,5	174,2	166,4	138,9	27,5	7,8	1,1
1980,1	717,4	401,9	137,4	176,8	158	133,5	24,5	18,8	1,3
80,2	767,8	438,9	160,3	172,8	177,8	149,2	28,6	-5	-4,3
81,1	738,5	423,3	148,8	166,2	158,2	135,3	23	8	0,2
81,2	806,6	464,5	169,4	157,6	177	150,1	26,9	-19,4	15,1
82,1	769,8	442,6	152,9	158,7	152	131,6	20,3	6,7	15,6

rate in % Halbjahr in jeweiligen Preisen		Konsum	Konsum	Investitionen	Investitionen	Investitionen privat	Investitionen Staat
1964,1							
64,2							
1965,1	9,8	9,5	11,7	17,6	8,2	10,0	0,0
65,2	8,7	11,1	12,8	4,7	6,6	8,4	-0,9
66,1	8,1	8,9	9,8	3,9	7,6	8,3	4,3
66,2	4,8	4,9	7,1	-5,4	0,2	0,2	0,0
67,1	0,6	2,8	6,9	-18,4	-10,6	-10,2	-12,4
67,2	1,9	2,7	5,4	-6,0	-5,9	-4,9	-9,6
68,1	5,6	4,9	2,2	11,3	0,6	-0,4	5,9
68,2	10,3	7,8	4,4	18,1	8,2	7,1	12,5
69,1	11,4	9,9	12,7	17,5	15,0	15,7	11,1
69,2	12,5	10,1	12,5	21,5	17,5	17,5	17,1
1970,1	14,3	10,9	14,3	25,6	24,1	23,3	28,0
70,2	12,0	12,0	14,5	14,1	23,8	21,7	33,6
71,1	12,6	12,0	21,3	7,6	20,1	20,6	18,0
71,2	10,1	10,1	17,2	7,8	9,1	10,8	1,6
72,1	9,6	10,6	11,7	7,6	7,9	8,9	2,0
72,2	9,9	10,3	10,9	5,9	5,6	7,0	-1,1
73,1	12,1	11,3	13,0	8,9	7,6	8,3	3,9
73,2	10,7	8,0	18,0	7,8	2,4	2,1	4,3
74,1	7,4	7,0	15,3	-3,9	-3,7	-6,6	13,1
74,2	7,1	3,5	17,6	-8,1	-2,4	-5,8	14,1
1975,1	4,3	9,2	11,5	-7,9	-4,6	-5,6	0,0
75,2	4,6	10,1	9,5	-4,7	1,3	1,9	-1,4
76,1	10,1	9,2	6,5	19,6	7,8	10,3	-3,3
76,2	8,8	7,0	4,8	18,5	7,7	9,4	0,5
77,1	6,9	7,6	5,6	7,3	8,0	9,7	-0,6
77,2	6,1	8,4	6,4	0,4	7,0	8,6	-0,5
78,1	7,3	7,3	7,4	4,1	7,5	7,3	8,6
78,2	8,1	6,1	7,7	12,1	11,7	12,0	9,7
79,1	7,7	7,4	8,5	16,0	12,1	13,0	7,4
79,2	8,5	7,9	7,7	23,8	15,8	15,8	16,0
1980,1	8,1	7,3	9,2	15,8	15,3	14,4	20,7
80,2	4,7	7,0	8,7	-0,8	6,9	7,4	4,0
81,1	2,9	5,3	8,3	-6,0	0,1	1,3	-6,1
81,2	5,1	5,8	5,7	-8,8	-0,4	0,6	-5,9
82,1	4,2	4,6	2,8	-4,5	-3,9	-2,7	-11,7
82,2	2,6	2,4	2,3	-0,6	-1,2	-0,1	-7,4

absolute Veränderung Halbjahr in jeweiligen Preisen	BSP	privater Konsum	staatl. Konsum	Brutto-investitionen	Anlage-investitionen	Anlage-investitionen privat	Anlage-investitionen Staat	Vorrats-veränderungen	Außen-beitrag
1964,1									
64,2									
1965,1	19,2	10,4	3,3	9,5	4,2	4,2	0,0	5,3	-3,9
65,2	19,4	13,8	4,3	3,0	4,0	4,1	-0,1	-1,0	-1,7
66,1	17,5	10,7	3,1	2,5	4,2	3,8	0,4	-1,7	1,2
66,2	11,7	6,7	2,7	-3,6	0,1	0,1	0,0	-3,7	5,9
67,1	1,4	3,7	2,4	-12,1	-6,3	-5,1	-1,2	-5,8	7,3
67,2	4,9	3,9	2,2	-3,8	-3,8	-2,6	-1,1	0,0	2,6
68,1	13,2	6,6	0,8	6,1	0,3	-0,2	0,5	5,8	-0,1
68,2	26,8	11,6	1,9	10,8	5,0	3,6	1,3	5,8	2,6
69,1	28,2	14,0	4,8	10,5	8,0	7,0	1,0	2,5	-1,2
69,2	35,9	16,1	5,6	15,2	11,5	9,5	2,0	3,7	-1,0
1970,1	39,3	16,9	6,1	18,0	14,8	12,0	2,8	3,2	-1,6
70,2	38,6	21,1	7,3	12,1	18,4	13,8	4,6	-6,3	-1,8
71,1	39,8	20,6	10,4	6,7	15,3	13,1	2,3	-8,6	1,9
71,2	36,3	19,9	9,9	7,6	8,7	8,4	0,3	-1,1	-1,2
72,1	34,1	20,3	6,9	7,2	7,2	6,8	0,3	0,0	-0,3
72,2	39,2	22,4	7,4	6,2	5,9	6,0	-0,2	0,3	3,2
73,1	46,9	24,0	8,6	9,1	7,5	6,9	0,6	1,6	5,3
73,2	46,9	19,2	13,5	8,7	2,6	1,9	0,8	6,1	5,5
74,1	32,2	16,5	11,4	-4,4	-3,9	-6,0	2,1	-0,5	8,6
74,2	34,5	21,9	15,6	-9,7	-2,7	-5,4	2,7	-7,0	6,7
1975,1	20,1	23,3	9,9	-8,5	-4,7	-4,7	0,0	-3,8	-4,6
75,2	23,7	28,3	9,9	-5,2	1,4	1,7	-0,3	-6,6	-9,2
76,1	49,3	25,5	6,2	19,3	7,6	8,2	-0,6	11,7	-1,6
76,2	47,5	21,7	5,5	19,5	8,6	8,5	0,1	10,9	0,6
77,1	37,2	23,0	5,7	8,6	8,4	8,5	-0,1	0,2	-0,1
77,2	35,8	27,6	7,6	0,5	8,4	8,5	-0,1	-7,9	0,2
78,1	41,7	23,8	8,0	5,2	8,5	7,0	1,5	-3,3	4,6
78,2	50,7	22,0	9,8	15,2	15,0	12,9	2,1	0,2	3,7
79,1	47,3	25,9	9,9	21,1	14,8	13,4	1,4	6,3	-9,5
79,2	57,7	30,2	10,6	33,5	22,7	18,9	3,8	10,8	-16,7
1980,1	54,0	27,2	11,6	24,1	21,0	16,8	4,2	3,1	-8,9
80,2	34,6	28,6	12,8	-1,4	11,4	10,3	1,1	-12,8	-5,4
81,1	21,1	21,4	11,4	-10,6	0,2	1,8	-1,5	-10,8	-1,1
81,2	38,8	25,6	9,1	-15,2	-0,8	0,9	-1,7	-14,4	19,4
[illegible]	[illegible]	[illegible]	[illegible]	[illegible]	[illegible]	[illegible]	[illegible]	[illegible]	15,4

in Preisen von 1980		Konsum	Konsum	Investi- tionen	Investi- tionen	Investi- tionen privat	Investi- tionen Staat	Verände- rungen	Beitrag
1964,1	416	211,1	81,9	116,1	109,1	89,4	19,7	7	6,8
64,2	459,7	237,1	90,6	131,3	128,6	104	24,7	2,7	0,7
1965,1	440,1	225,3	84,5	131,6	114,9	94,8	20	16,7	-1,3
65,2	482,6	253,7	96,5	134,4	134	109,2	24,8	0,4	-2
66,1	459,8	235,5	89,4	134	120,3	99,5	20,7	13,7	1
66,2	490,3	258,2	97,3	127,7	131,7	107,2	24,5	-4	7,1
67,1	452,9	237,4	91,8	111,6	108,2	89,7	18,4	3,4	12,2
67,2	496,5	261,5	101,7	122,2	126,4	103,5	22,9	-4,2	11,1
68,1	469,9	245,2	92	120,3	109,5	90,1	19,3	10,8	12,4
68,2	534,3	277,3	102,4	139,7	133,5	108,9	24,6	6,2	14,9
69,1	506,3	265,3	97	135,3	120,9	100,2	20,7	14,4	8,7
69,2	573,3	298,9	106	159,5	145,9	119	27	13,6	8,9
1970,1	537,5	284,4	100,8	153,1	131,1	108,5	22,6	22	-0,8
70,2	596,5	322,4	111,1	163,2	160,8	129,6	31,2	2,4	-0,2
71,1	560,7	303,2	107,7	152,2	145,7	121,3	24,4	6,5	-2,4
71,2	607,3	334,9	115	164,7	163,9	134,4	29,6	0,8	-7,4
72,1	582,9	317,9	112,8	157,9	151,1	127,1	24	6,8	-5,7
72,2	634,1	348,7	119,3	168,3	166,8	138,3	28,4	1,5	-2,2
73,1	616,6	331,9	117,4	166,6	155	131,1	23,8	11,6	0,7
73,2	657,5	355,1	126,2	168,6	161,8	133,6	28,2	6,8	7,5
74,1	623,9	332,4	121,4	147,8	139,9	114,4	25,4	7,9	22,3
74,2	652,6	359,1	131,9	145	146,6	116,6	30	-1,6	16,6
1975,1	606,4	340,7	125,9	129,3	127,1	102,4	24,7	2,2	10,4
75,2	651,6	373,2	136,9	134,4	144,1	114,9	29,2	-9,7	7,1
76,1	644,2	355,5	129,1	149,5	131,8	108,3	23,5	17,7	10
76,2	684	384,8	137,7	154,3	149,2	120,6	28,5	5,1	7,2
77,1	662,7	369,1	130,2	152,4	137,6	115,1	22,5	14,8	11
77,2	700,7	402,7	140,3	151,8	153,4	126,1	27,3	-1,6	5,9
78,1	682,9	384,5	135,8	153,3	141,9	118,7	23,2	11,4	9,3
78,2	725	416,9	145	159,7	162,8	134,8	28	-3,1	3,3
79,1	709,8	400,8	141,4	170,1	150,2	127,3	23	19,9	-2,6
79,2	753,8	429,6	148,9	181,7	176,5	146,9	29,6	5,2	-6,3
1980,1	730,7	406,1	145,5	178,7	160,1	135,2	24,9	18,6	0,4
80,2	754,5	434,6	152,3	170,9	175,7	147,5	28,2	-4,8	-3,3
81,1	725,8	404,4	149,8	162	152,2	130,1	22,2	9,8	9,5
81,2	759,5	432	153,5	146,9	167,4	141,7	25,8	20,5	27,1
82,1	722,3	401,9	149,2	147,8	141	121,6	19,4	6,8	23,3
82,2	748,7	423,3	151,5	145,4	161,8	137,8	24	16,4	28,4

Wachstumsrate in % Halbjahr in Preisen von 1980	BSP	privater Konsum	staatl. Konsum	Bruttoinvestitionen	Anlageinvestitionen	Anlageinvestitionen privat	Anlageinvestitionen Staat
1964,1							
64,2							
1965,1	5,8	6,7	3,2	13,4	5,3	6,0	1,5
65,2	5,0	7,0	6,5	2,4	4,2	5,0	0,4
66,1	4,5	4,5	5,8	1,8	4,7	5,0	3,5
66,2	1,6	1,8	0,8	-5,0	-1,7	-1,8	-1,2
67,1	-1,5	0,8	2,7	-16,7	-10,1	-9,8	-11,1
67,2	1,3	1,3	4,5	-4,3	-4,0	-3,5	-6,5
68,1	3,8	3,3	0,2	7,8	1,2	0,4	4,9
68,2	7,6	6,0	0,7	14,3	5,6	5,2	7,4
69,1	7,7	8,2	5,4	12,5	10,4	11,2	7,3
69,2	7,3	7,8	3,5	14,2	9,3	9,3	9,8
1970,1	6,2	7,2	3,9	13,2	8,4	8,3	9,2
70,2	4,0	7,9	4,8	2,3	10,2	8,9	15,6
71,1	4,3	6,6	6,8	-0,6	11,1	11,8	8,0
71,2	1,8	3,9	3,5	0,9	1,9	3,7	-5,1
72,1	4,0	4,8	4,7	3,7	3,7	4,8	-1,6
72,2	4,4	4,1	3,7	2,2	1,8	2,9	-4,1
73,1	5,8	4,4	4,1	5,5	2,6	3,1	-0,8
73,2	3,7	1,8	5,8	0,2	-3,0	-3,4	-0,7
74,1	1,2	0,2	3,4	-11,3	-9,7	-12,7	6,7
74,2	-0,7	1,1	4,5	-14,0	-9,4	-12,7	6,4
1975,1	-2,8	2,5	3,7	-12,5	-9,1	-10,5	-2,8
75,2	-0,2	3,9	3,8	-7,3	-1,7	-1,5	-2,7
76,1	6,2	4,3	2,5	15,6	3,7	5,8	-4,9
76,2	5,0	3,1	0,6	14,8	3,5	5,0	-2,4
77,1	2,9	3,8	0,9	1,9	4,4	6,3	-4,3
77,2	2,4	4,7	1,9	-1,6	2,8	4,6	-4,2
78,1	3,0	4,2	4,3	0,6	3,1	3,1	3,1
78,2	3,5	3,5	3,3	5,2	6,1	6,9	2,6
79,1	3,9	4,2	4,1	11,0	5,8	7,2	-0,9
79,2	4,0	3,0	2,7	13,8	8,4	9,0	5,7
1980,1	2,9	1,3	2,9	5,1	6,6	6,2	8,3
80,2	0,1	1,2	2,3	-5,9	-0,5	0,4	-4,7
81,1	-0,7	-0,4	3,0	-9,3	-4,9	-3,8	-10,8
81,2	0,7	-0,6	0,8	-14,0	-4,7	-3,9	-8,5

in Preisen von 1980						privat	Staat		
1964,1									
64,2									
1965,1	24,1	14,2	2,6	15,5	5,8	5,4	0,3	9,7	-8,1
65,2	22,9	16,6	5,9	3,1	5,4	5,2	0,1	-2,3	-2,7
66,1	19,7	10,2	4,9	2,4	5,4	4,7	0,7	-3,0	2,3
66,2	7,7	4,5	0,8	-6,7	-2,3	-2,0	-0,3	-4,4	9,1
67,1	-6,9	1,9	2,4	-22,4	-12,1	-9,8	-2,3	-10,3	11,2
67,2	6,2	3,3	4,4	-5,5	-5,3	-3,7	-1,6	-0,2	4,0
68,1	17,0	7,8	0,2	8,7	1,3	0,4	0,9	7,4	0,2
68,2	37,8	15,8	0,7	17,5	7,1	5,4	1,7	10,4	3,8
69,1	36,4	20,1	5,0	15,0	11,4	10,1	1,4	3,6	-3,7
69,2	39,0	21,6	3,6	19,8	12,4	10,1	2,4	7,4	-6,0
1970,1	31,2	19,1	3,8	17,8	10,2	8,3	1,9	7,6	-9,5
70,2	23,2	23,5	5,1	3,7	14,9	10,6	4,2	-11,2	-9,1
71,1	23,2	18,8	6,9	-0,9	14,6	12,8	1,8	-15,5	-1,6
71,2	10,8	12,5	3,9	1,5	3,1	4,8	-1,6	-1,6	-7,2
72,1	22,2	14,7	5,1	5,7	5,4	5,8	-0,4	0,3	-3,3
72,2	26,8	13,8	4,3	3,6	2,9	3,9	-1,2	0,7	5,2
73,1	33,7	14,0	4,6	8,7	3,9	4,0	-0,2	4,8	6,4
73,2	23,4	6,4	6,9	0,3	-5,0	-4,7	-0,2	5,3	9,7
74,1	7,3	0,5	4,0	-18,8	-15,1	-16,7	1,6	-3,7	21,6
74,2	-4,9	4,0	5,7	-23,6	-15,2	-17,0	1,8	-8,4	9,1
1975,1	-17,5	8,3	4,5	-18,5	-12,8	-12,0	-0,7	-5,7	-11,9
75,2	-1,0	14,1	5,0	-10,6	-2,5	-1,7	-0,8	-8,1	-9,5
76,1	37,8	14,8	3,2	20,2	4,7	5,9	-1,2	15,5	-0,4
76,2	32,4	11,6	0,8	19,9	5,1	5,7	-0,7	14,8	0,1
77,1	18,5	13,6	1,1	2,9	5,8	6,8	-1,0	-2,9	1,0
77,2	16,7	17,9	2,6	-2,5	4,2	5,5	-1,2	-6,7	-1,3
78,1	20,2	15,4	5,6	0,9	4,3	3,6	0,7	-3,4	-1,7
78,2	24,3	14,2	4,7	7,9	9,4	8,7	0,7	-1,5	-2,6
79,1	26,9	16,3	5,6	16,8	8,3	8,6	-0,2	8,5	-11,9
79,2	28,8	12,7	3,9	22,0	13,7	12,1	1,6	8,3	-9,6
1980,1	20,9	5,3	4,1	8,6	9,9	7,9	1,9	-1,3	3,0
80,2	0,7	5,0	3,4	-10,8	-0,8	0,6	-1,4	-10,0	3,0
81,1	-4,9	-1,7	4,3	-16,7	-7,9	-5,1	-2,7	-8,8	9,1
81,2	5,0	-2,6	1,2	-24,0	-8,3	-5,8	-2,4	25,3	30,4
82,1	-3,5	-2,5	-0,6	-14,2	-11,2	-8,5	-2,8	-3,0	13,8
82,2	-10,8	-8,7	-2,0	-1,5	-5,6	-3,9	-1,8	-4,1	1,3

Vierteljahr in jeweiligen Preisen	BSP	privater Konsum	staatl. Konsum	Bruttoinvestitionen	Anlageinvestitionen	Anlageinvestitionen privat	Anlageinvestitionen Staat	Vorratsveränderungen	Außenbeitrag	Export	Import
1973,1	213,1	114,2	36,9	56,2	48,3	41,6	6,7	7,9	5,8	49,7	43,9
73,2	222,5	122,6	37,7	55,1	57,9	48,7	9,2	-2,8	7,1	53,1	46
73,3	234,3	122,6	38,4	66,5	55,4	45,9	9,5	11,1	6,7	54,2	47,5
73,4	249	136	50,1	53,8	57,5	47,9	9,6	-3,7	9,1	60	50,9
1974,1	227,8	121,8	41,7	52,5	47,3	39,3	8	5,2	11,7	64,8	53,1
74,2	240	131,4	44,4	54,5	55,1	45	10,1	-0,6	9,7	68,8	59,1
74,3	252,8	133,8	45,3	66,4	53,9	43,3	10,6	12,5	7,3	71,4	64,2
74,4	265	146,7	58,8	44,3	56,4	45,1	11,3	-12,1	15,2	73,9	58,7
1975,1	236,7	131,9	45,8	48,7	44,5	36,4	8,1	4,2	10,2	64,6	54,4
75,2	251,2	144,6	50,2	49,8	53,2	43,2	10	-3,4	6,6	67,2	60,6
75,3	261,5	146,3	50,4	60,6	53	42,5	10,5	7,6	4,2	66,6	62,4
75,4	280	162,5	63,5	44,9	58,7	47,6	11,1	-13,8	9,1	72,8	63,8
1976,1	260,2	146,2	49,3	56,4	46,2	38,9	7,3	10,2	8,2	72,6	64,4
76,2	277	155,7	52,9	61,4	59,1	48,8	10,3	2,3	7	76,3	69,3
76,3	284,9	156,4	52,6	71,5	56,8	46,4	10,4	14,7	4,4	77,6	73,2
76,4	304,1	174,1	66,9	53,5	63,5	52,2	11,3	-10	9,6	82,6	73
1977,1	280,6	156,8	52,1	63,9	51,7	44,2	7,5	12,2	7,8	78,2	70,3
77,2	293,8	168,2	55,8	62,5	62	52,1	9,9	0,5	7,3	81,2	73,9
77,3	298,6	170,1	55,8	71,4	61,6	51,4	10,2	9,8	1,3	79,8	78,4
77,4	326,2	188,1	71,2	54,1	67,1	55,7	11,4	-13	12,7	86,7	74
1978,1	299,7	169	56,4	63,8	53,7	46,1	7,7	10,1	10,4	82,1	71,6
78,2	316,4	179,9	59,5	67,8	68,5	57,3	11,2	-0,7	9,2	85,5	76,2
78,3	325,5	181,5	60,4	78,1	68,9	57,4	11,4	9,2	5,5	85,4	79,9
78,4	350	198,5	76,6	62,6	74,8	62,6	12,2	-12,2	12,3	91,7	79,4
1979,1	322,6	178,4	61	75,1	58	50,7	7,3	17,1	8	88,8	80,8
79,2	340,8	196,2	64,8	77,6	79	66	13	-1,4	2,2	92,1	89,9
79,3	353,3	193,9	66	96,1	79,6	66,2	13,3	16,5	-2,7	95,2	98
79,4	379,9	216,4	81,5	78,1	86,8	72,7	14,1	-8,7	3,9	101,3	97,4

Wachstumsrate in % Vierteljahr in jeweiligen Preisen	BSP	privater Konsum	staatl. Konsum	Bruttoinvestitionen	Anlageinvestitionen	Anlageinvestitionen privat	Anlageinvestitionen Staat	Export	Import
1973,1									
73,2									
73,3									
73,4									
1974,1	6,9	6,7	13,0	-6,6	-2,1	-5,5	19,4	30,4	21,0
74,2	7,9	7,2	17,8	-1,1	-4,8	-7,6	9,8	29,6	28,5
74,3	7,9	9,1	18,0	-0,2	-2,7	-5,7	11,6	31,7	35,2
74,4	6,4	7,9	17,4	-17,7	-1,9	-5,8	17,7	23,2	15,3
1975,1	3,9	8,3	9,8	-7,2	-5,9	-7,4	1,2	-0,3	2,4
75,2	4,7	10,0	13,1	-8,6	-3,4	-4,0	-1,0	-2,3	2,5
75,3	3,4	9,3	11,3	-8,7	-1,7	-1,8	-0,9	-6,7	-2,8
75,4	5,7	10,8	8,0	1,4	4,1	5,5	-1,8	-1,5	8,7
1976,1	9,9	10,8	7,6	15,8	3,8	6,9	-9,9	12,4	18,4
76,2	10,3	7,7	5,4	23,3	11,1	13,0	3,0	13,5	14,4
76,3	8,9	6,9	4,4	18,0	7,2	9,2	-1,0	16,5	17,3
76,4	8,6	7,1	5,4	19,2	8,2	9,7	1,8	13,5	14,4
1977,1	7,8	7,3	5,7	13,3	11,9	13,6	2,7	7,7	9,2
77,2	6,1	8,0	5,5	1,8	4,9	6,8	-3,9	6,4	6,6
77,3	4,8	8,8	6,1	-0,1	8,5	10,8	-1,9	2,8	7,1
77,4	7,3	8,0	6,4	1,1	5,7	6,7	0,9	5,0	1,4
1978,1	6,8	7,8	8,3	-0,2	3,9	4,3	2,7	5,0	1,8
78,2	7,7	7,0	6,6	8,5	10,5	10,0	13,1	5,3	3,1
78,3	9,0	6,7	8,2	9,4	11,9	11,7	11,8	7,0	1,9
78,4	7,3	5,5	7,6	15,7	11,5	12,4	7,0	5,8	7,3
1979,1	7,6	5,6	8,2	17,7	8,0	10,0	-5,2	8,2	12,8
79,2	7,7	9,1	8,9	14,5	15,3	15,2	16,1	7,7	18,0
79,3	8,5	6,8	9,3	23,0	15,5	15,3	16,7	11,5	22,7
79,4	8,5	9,0	6,4	24,8	16,0	16,1	15,6	10,5	22,7

absolute Veränderung Vierteljahr in jeweiligen Preisen	BSP	privater Konsum	staatl. Konsum	Brutto-investitionen	Anlage-investitionen	Anlage-investitionen privat	Anlage-investitionen Staat	Vorrats-veränderungen	Außen-beitrag	Export	Import
1973,1											
73,2											
73,3											
73,4											
1974,1	14,7	7,6	4,8	-3,7	-1,0	-2,3	1,3	-2,7	5,9	15,1	9,2
74,2	17,5	8,8	6,7	-0,6	-2,8	-3,7	0,9	2,2	2,6	15,7	13,1
74,3	18,5	11,2	6,9	-0,1	-1,5	-2,6	1,1	1,4	0,6	17,2	16,7
74,4	16,0	10,7	8,7	-9,5	-1,1	-2,8	1,7	-8,4	6,1	13,9	7,8
1975,1	8,9	10,1	4,1	-3,8	-2,8	-2,9	0,1	-1,0	-1,5	-0,2	1,3
75,2	11,2	13,2	5,8	-4,7	-1,9	-1,8	-0,1	-2,8	-3,1	-1,6	1,5
75,3	8,7	12,5	5,1	-5,8	-0,9	-0,8	-0,1	-4,9	-3,1	-4,8	-1,8
75,4	15,0	15,8	4,7	0,6	2,3	2,5	-0,2	-1,7	-6,1	-1,1	5,1
1976,1	23,5	14,3	3,5	7,7	1,7	2,5	-0,8	6,0	-2,0	8,0	10,0
76,2	25,8	11,1	2,7	11,6	5,9	5,6	0,3	5,7	0,4	9,1	8,7
76,3	23,4	10,1	2,2	10,9	3,8	3,9	-0,1	7,1	0,2	11,0	10,8
76,4	24,1	11,6	3,4	8,6	4,8	4,6	0,2	3,8	0,5	9,8	9,2
1977,1	20,4	10,6	2,8	7,5	5,5	5,3	0,2	2,0	-0,4	5,6	5,9
77,2	16,8	12,5	2,9	1,1	2,9	3,3	-0,4	-1,8	0,3	4,9	4,6
77,3	13,7	13,7	3,2	-0,1	4,8	5,0	-0,2	-4,9	-3,1	2,2	5,2
77,4	22,1	14,0	4,3	0,6	3,6	3,5	0,1	-3,0	3,1	4,1	1,0
1978,1	19,1	12,2	4,3	-0,1	2,0	1,9	0,2	-2,1	2,6	3,9	1,3
78,2	22,6	11,7	3,7	5,3	6,5	5,2	1,3	-1,2	1,9	4,3	2,3
78,3	26,9	11,4	4,6	6,7	7,3	6,0	1,2	-0,6	4,2	5,6	1,5
78,4	23,8	10,4	5,4	8,5	7,7	6,9	0,8	0,8	-0,4	5,0	5,4
1979,1	22,9	9,4	4,6	11,3	4,3	4,6	-0,4	7,0	-2,4	6,7	9,2
79,2	24,4	16,3	5,3	9,8	10,5	8,7	1,8	-0,7	-7,0	6,6	13,7
79,3	27,8	12,4	5,6	18,0	10,7	8,8	1,9	7,3	-8,2	9,8	18,1
79,4	29,9	17,9	4,9	15,5	12,0	10,1	1,9	3,5	-8,4	9,6	18,0

Vierteljahr in Preisen von 1980	BSP	privater Konsum	staatl. Konsum	Bruttoinvestitionen	Anlageinvestitionen	Anlageinvestitionen privat	Anlageinvestitionen Staat	Vorratsveränderungen	Außenbeitrag	Export	Import
1973,1	304,5	161,3	58,2	85,5	71,5	61,2	10,3	14	-0,4	73,2	73,6
73,2	312,1	170,6	59,2	81,1	83,5	69,9	13,6	-2,4	1,2	76,7	75,5
73,3	328,7	169,5	59,6	98,1	79,7	65,7	14	18,4	1,5	77,1	75,7
73,4	328,8	185,6	66,6	70,5	82,1	68	14,2	-11,6	6,1	83,6	77,5
1974,1	309,4	161,8	59,7	76,2	65,8	54,4	11,4	10,4	11,7	85,7	74
74,2	314,5	170,6	61,7	71,6	74,1	60,1	14	-2,5	10,6	86,2	75,6
74,3	328,4	172,2	62,9	89,7	71,9	57,3	14,6	17,8	3,7	87,3	83,7
74,4	324,2	186,9	69,1	55,3	74,7	59,3	15,4	-19,4	12,9	88,7	75,8
1975,1	298,2	164	61,7	65,5	58,3	47,1	11,1	7,2	7	77,9	70,9
75,2	308,2	176,6	64,2	63,9	68,9	55,3	13,5	-5	3,4	80,5	77,1
75,3	322,1	178	65,8	78,3	68,7	54,5	14,2	9,6	0,1	79,8	79,7
75,4	329,5	195,2	71,1	56,1	75,4	60,5	15	-19,3	7	86,3	79,3
1976,1	316,1	173	63,8	73,8	58,3	48,5	9,8	15,5	5,5	85,2	79,7
76,2	328,1	182,5	65,3	75,7	73,5	59,9	13,6	2,2	4,6	88,2	83,6
76,3	335,2	183,1	65,6	85,8	71	57,2	13,8	14,8	0,7	88,9	88,3
76,4	348,8	201,7	72,1	68,5	78,2	63,5	14,7	-9,7	6,6	94,3	87,7
1977,1	328,6	179	64,6	79,8	63,1	53,3	9,8	16,7	5,2	89,2	84
77,2	334,1	190,1	65,6	72,6	74,5	61,8	12,7	-1,9	5,8	91,6	85,8
77,3	341,8	191,7	66,3	87,2	73,9	60,8	13	13,3	-3,4	90,1	93,5
77,4	358,9	211	73,9	64,6	79,5	65,2	14,3	-14,9	9,3	97,6	88,3
1978,1	336,5	187,3	67,3	76,4	62,6	53,1	9,4	13,8	5,6	92,5	87
78,2	346,4	197,2	68,5	76,9	79,3	65,6	13,7	-2,4	3,8	95,3	91,5
78,3	354,8	199,6	68,7	87,9	78,5	64,9	13,6	9,4	-1,4	94,9	96,3
78,4	370,2	217,3	76,3	71,8	84,3	69,9	14,4	-12,5	4,7	100,9	96,2
1979,1	348,3	191,9	69,7	85,2	64,4	56	8,5	20,8	1,4	97,4	96
79,2	361,5	208,9	71,6	84,9	85,8	71,3	14,5	-0,9	-4	98,4	102,4
79,3	369,8	204,2	71,2	101,5	84,9	70,4	14,4	16,6	-7,1	100,2	107,3
79,4	384	225,4	77,7	80,2	91,6	76,4	15,2	-11,4	0,7	105	104,2

Wachstumsrate in % Vierteljahr in Preisen von 1980	BSP	privater Konsum	staatl. Konsum	Bruttoinvestitionen	Anlageinvestitionen	Anlageinvestitionen privat	Anlageinvestitionen Staat	Export	Import
1973,1									
73,2									
73,3									
73,4									
1974,1	1,6	0,3	2,6	-10,9	-8,0	-11,1	10,7	17,1	0,5
74,2	0,8	0,0	4,2	-11,7	-11,3	-14,0	2,9	12,4	0,1
74,3	-0,1	1,6	5,5	-8,6	-9,8	-12,8	4,3	13,2	10,6
74,4	-1,4	0,7	3,8	-21,6	-9,0	-12,8	8,5	6,1	-2,2
1975,1	-3,6	1,4	3,4	-14,0	-11,4	-13,4	-2,6	-9,1	-4,2
75,2	-2,0	3,5	4,1	-10,8	-7,0	-8,0	-3,6	-6,6	2,0
75,3	-1,9	3,4	4,6	-12,7	-4,5	-4,9	-2,7	-8,6	-4,8
75,4	1,6	4,4	2,9	1,4	0,9	2,0	-2,6	-2,7	4,6
1976,1	6,0	5,5	3,4	12,7	0,0	3,0	-11,7	9,4	12,4
76,2	6,5	3,3	1,7	18,5	6,7	8,3	0,7	9,6	8,4
76,3	4,1	2,9	-0,3	9,6	3,3	5,0	-2,8	11,4	10,8
76,4	5,9	3,3	1,4	22,1	3,7	5,0	-2,0	9,3	10,6
1977,1	4,0	3,5	1,3	8,1	8,2	9,9	0,0	4,7	5,4
77,2	1,8	4,2	0,5	-4,1	1,4	3,2	-6,6	3,9	2,6
77,3	2,0	4,7	1,1	1,6	4,1	6,3	-5,8	1,3	5,9
77,4	2,9	4,6	2,5	-5,7	1,7	2,7	-2,7	3,5	0,7
1978,1	2,4	4,6	4,2	-4,3	-0,8	-0,4	-4,1	3,7	3,6
78,2	3,7	3,7	4,4	5,9	6,4	6,1	7,9	4,0	6,6
78,3	3,8	4,1	3,6	0,8	6,2	6,7	4,6	5,3	3,0
78,4	3,1	3,0	3,2	11,1	6,0	7,2	0,7	3,4	8,9
1979,1	3,5	2,5	3,6	11,5	2,9	5,5	-9,6	5,3	10,3
79,2	4,4	5,9	4,5	10,4	8,2	8,7	5,8	3,3	11,9
79,3	4,2	2,3	3,6	15,5	8,2	8,5	5,9	5,6	11,4
79,4	3,7	3,7	1,8	11,7	8,7	9,3	5,6	4,1	8,3

absolute Veränderung Vierteljahr in Preisen von 1980	BSP	privater Konsum	staatl. Konsum	Brutto-investitionen	Anlage-investitionen	Anlage-investitionen privat	Anlage-investitionen Staat	Vorrats-veränderungen	Außen-beitrag	Export	Import
1973,1											
73,2											
73,3											
73,4											
1974,1	4,9	0,5	1,5	-9,3	-5,7	-6,8	1,1	-3,6	12,1	12,5	0,4
74,2	2,4	0,0	2,5	-9,5	-9,4	-9,8	0,4	-0,1	9,4	9,5	0,1
74,3	-0,3	2,7	3,3	-8,4	-7,8	-8,4	0,6	-0,6	2,2	10,2	8,0
74,4	-4,6	1,3	2,5	-15,2	-7,4	-8,7	1,2	-7,8	6,8	5,1	-1,7
1975,1	-11,2	2,2	2,0	-10,7	-7,5	-7,3	-0,3	-3,2	-4,7	-7,8	-3,1
75,2	-6,3	6,0	2,5	-7,7	-5,2	-4,8	-0,5	-2,5	-7,2	-5,7	1,5
75,3	-6,3	5,8	2,9	-11,4	-3,2	-2,8	-0,4	-8,2	-3,6	-7,5	-4,0
75,4	5,3	8,3	2,0	0,8	0,7	1,2	-0,4	0,1	-5,9	-2,4	3,5
1976,1	17,9	9,0	2,1	8,3	0,0	1,4	-1,3	8,3	-1,5	7,3	8,8
76,2	19,9	5,9	1,1	11,8	4,6	4,6	0,1	7,2	1,2	7,7	6,5
76,3	13,1	5,1	-0,2	7,5	2,3	2,7	-0,4	5,2	0,6	9,1	8,6
76,4	19,3	6,5	1,0	12,4	2,8	3,0	-0,3	9,6	-0,4	8,0	8,4
1977,1	12,5	6,0	0,8	6,0	4,8	4,8	0,0	1,2	-0,3	4,0	4,3
77,2	6,0	7,6	0,3	-3,1	1,0	1,9	-0,9	-4,1	1,2	3,4	2,2
77,3	6,6	8,6	0,7	1,4	2,9	3,6	-0,8	-1,5	-4,1	1,2	5,2
77,4	10,1	9,3	1,8	-3,9	1,3	1,7	-0,4	-5,2	2,7	3,3	0,6
1978,1	7,9	8,3	2,7	-3,4	-0,5	-0,2	-0,4	-2,9	0,4	3,3	3,0
78,2	12,3	7,1	2,9	4,3	4,8	3,8	1,0	-0,5	-2,0	3,7	5,7
78,3	13,0	7,9	2,4	0,7	4,6	4,1	0,6	-3,9	2,0	4,8	2,8
78,4	11,3	6,3	2,4	7,2	4,8	4,7	0,1	2,4	-4,6	3,3	7,9
1979,1	11,8	4,6	2,4	3,8	1,8	2,9	-0,9	7,0	-4,2	4,9	9,0
79,2	15,1	11,7	3,1	8,0	6,5	5,7	0,8	1,5	-7,8	3,1	10,9
79,3	15,0	4,6	2,5	13,6	6,4	5,5	0,8	7,2	-5,7	5,3	11,0
79,4	13,8	8,1	1,4	8,4	7,3	6,5	0,8	1,1	-4,0	4,1	8,0

Tabelle 2*

Ausgaben und Einnahmen der öffentlichen Haushalte
(Bund, Länder, Gemeinden, Gemeindeverbände, Lastenausgleichsfonds, ERP-Sondervermögen, EG-Anteile)

Jahr	Ausgaben	Wachstumsrate der Ausgaben	Einnahmen	Wachstumsrate der Einnahmen	Finanzierungssaldo	Anteil der kreditfizierten Ausgaben an Gesamtausgaben	Anteil des Finanzierungssaldos am BSP
	in Mrd.DM	in %	in Mrd.DM	in %	in Mrd.DM	in %	in %
1965	139,3	9,6	129,9	6,9	-9,4	-6,7	-2,0
1966	145,0	4,1	137,4	5,8	-7,7	-5,3	-1,6
1967	153,8	6,0	141,7	3,1	-12,1	-7,9	-2,5
1968	158,8	3,3	151,3	6,8	-7,4	-4,7	-1,4
1969	174,6	9,9	176,9	17,0	2,5	1,4	0,4
1970	196,3	12,5	188,3 **	6,4	-8,1	-4,1	-1,2
1971	226,5	15,4	211,2 **	12,2	-15,6	-6,9	-2,1
1972	252,1	11,3	239,2 **	13,3	-13,1	-5,2	-1,6
1973	280,5	11,2	271,5 **	13,5	-8,8	-3,1	-1,0
1974	318,3	13,5	290,9	7,1	-27,3	-8,6	-2,8
1975	360,5	13,3 *	296,6	2,0 *	-63,8	-17,7	-6,2
1976	376,8	4,5	328,7	10,8	-48,0	-12,7	-4,3
1977	395,2	4,9	364,0	10,7	-31,2	-7,9	-2,6
1978	433,4	9,7	393,7	8,2	-39,6	-9,1	-3,1
1979	469,9	8,4	423,5	7,6	-46,6	-9,9	-3,3
1980	509,2	8,4	452,1	6,8	-57,1	-11,2	-3,8
1981	541,8	6,4	466,1	3,1	-75,7	-14,0	-4,9
1982	561,6	3,7	491,6	5,5	-69,9	-12,4	-4,4

* bereinigt um buchmäßige Auswirkungen der Kindergeldreform.
** ohne Erhebung (1970: 2,25 Mrd.DM, 1971: 3,65 Mrd.DM) bzw. Rückzahlung (1972: 5,65 Mrd.DM, 1973: 0,18 Mrd.DM) des Konjunkturzuschlags.

Quelle:
verschiedene Finanzberichte,
SVR: JG 1987/88, Tabelle 37*, S.318.
eigene Berechnungen.

Tabelle 3*

Preisindex für die Lebenshaltung aller privaten Haushalte

Jahr	Halbjahr	Quartal	Jahr	Halbjahr	Quartal
1965			3,2		
1966			3,5		
1967			1,6		
1968			1,6		
1969			1,9		
1970			3,6		
1971			5,1		
1972	I	1	5,6	5,1	5,2
	II	2		5,9	6,5
		3			5,4
		4			6,1
1973	I	1	6,9	7,0	6,5
	II	2		7,0	7,5
		3			6,9
		4			7,2
1974	I	1	6,9	7,1	7,4
	II	2		6,8	6,9
		3			7,0
		4			6,5
1975	I	1	5,9	6,1	5,9
	II	2		5,7	6,2
		3			6,2
		4			5,6
1976	I	1	4,4	4,8	5,2
	II	2		3,8	4,5
		3			3,9
		4			3,6
1977	I	1	3,6	3,8	3,8
	II	2		3,7	3,6
		3			3,7
		4			3,6
1978	I	1	2,7	2,9	3,1
	II	2		2,4	2,9
		3			2,5
		4			2,3
1979			4,2		
1980			5,4		
1981			6,3		
1982			5,3		
1983			3,3		

Quelle:
Statistisches Bundesamt, Fachserie 17, Reihe 7, Preise und Preisindizes für die Lebenshaltung, 1987, Tabelle 1.6.1, S.108ff., eigene Berechnungen.

Tabelle 4*

Zinssatz (Umlaufsrendite festverzinslicher Wertpapiere insgesamt)

Jahr		Monat 1	2	3	4	5	6	7	8	9	10	11	12
1970	8,2	7,5	7,6	7,9	8,0	8,2	8,6	8,6	8,4	8,4	8,5	8,6	8,3
1971	8,2	7,9	7,9	8,0	8,0	8,1	8,3	8,5	8,5	8,4	8,3	8,2	8,1
1972	8,2	7,9	7,7	7,8	8,0	8,2	8,3	8,4	8,3	8,3	8,4	8,6	8,7
1973	9,5	8,6	8,6	8,7	8,9	9,4	10,2	10,3	10,1	9,8	9,9	9,6	9,7
1974	10,6	9,7	10,0	10,7	10,8	10,8	10,9	10,9	10,9	10,8	10,9	10,6	9,9
1975	8,7	9,4	9,0	8,9	8,8	8,5	8,4	8,4	8,6	8,7	8,7	8,7	8,6
1976	8,0	8,4	8,2	7,8	7,8	8,0	8,3	8,4	8,3	8,1	8,0	7,6	7,4
1977	6,4	7,2	7,1	7,0	6,6	6,4	6,4	6,3	6,1	6,0	6,0	6,0	6,0
1978	6,1	5,8	5,7	5,6	5,6	5,8	6,0	6,3	6,6	6,4	6,3	6,6	6,6
1979	7,6	6,7	7,0	7,1	7,2	7,6	8,0	7,9	7,7	7,8	7,9	8,3	8,0
1980	8,6	8,1	8,5	9,5	9,6	8,8	8,3	8,0	7,9	8,3	8,5	9,0	9,1

Quelle:
verschiedene Monatberichte der Deutschen Bundesbank.

Tabelle 5*

Diskontsatz
in Prozent

gültig ab:

22.01.1965	3,5	12.01.1973	5,0
13.08.	4,0	04.05.	6,0
27.05.1966	5,0	01.06.	7,0
06.01.1967	4,5	25.10.1974	6,5
17.02.	4,0	20.12.	6,0
14.04.	3,5	07.02.1975	5,5
12.05.	3,0	07.03.	5,0
18.04.1969	4,0	23.05.	4,5
20.06.	5,0	15.08.	4,0
11.09.	6,0	12.09.	3,5
09.03.1970	7,5	16.12.1977	3,0
16.07.	7,0	30.03.1979	4,0
18.11.	6,5	13.07.	5,0
03.12.	6,0	01.11.	6,0
01.04.1971	5,0	29.02.1980	7,0
14.10.	4,5	02.05.	7,5
23.12.	4,0	27.08.1982	7,0
25.02.1972	3,0	22.10.	6,0
09.10.	3,5	03.12.	5,0
03.11.	4,0	18.03.1983	4,0
01.12.	4,5		

Quelle:
verschiedene Monatsberichte der Deutschen Bundesbank.

Tabelle 6*

Auslastungsgrad des Produktionspotentials in Preisen von 1970
(Normalauslastung: 97,25 %)

Jahr	Prozent
1967	92,5
1968	95,2
1969	98,9
1970	100,0
1971	98,6
1972	97,5
1973	98,0
1974	95,2
1975	90,9
1976	93,2
1977	94,2
1978	95,2
1979	97,4
1980	97,0
1981	94,6

Quelle:
SVR: JG 1981/82, Schaubild 10, S.57.

FSC
www.fsc.org
MIX
Papier | Fördert gute Waldnutzung
FSC® C083411

Kolibri 360 GmbH
Ferdinand-Jühlke-Straße 7
99095 Erfurt, Deutschland
produktsicherheit@kolibri360.de

Druck:
CPI Druckdienstleistungen GmbH
im Auftrag der
Kolibri 360 GmbH
Ferdinand-Jühlke-Str. 7
99095 Erfurt